WO IST NORDEN

Barbara Handke wurde 1976 in Barth an der Ostsee geboren, lernte Buchhändlerin und studierte Anglistik und Soziologie. Längere Aufenthalte in Irland, Paris, Wien und New York. Arbeit als Verlagslektorin in Leipzig und Hamburg, inzwischen freiberufliche Autorin, Lektorin und Dozentin.

Barbara Handke

WO IST NORDEN

Roman

edition überland

1993 bis 2002

Erstes Kapitel

Mit dem Abend kamen die Mücken, surrten, landeten, stachen und ich – unfähig, einem lebenden Wesen etwas zuleide zu tun – schloss mein Fachblatt und ging hinein. Marlene war nicht mehr in der Küche, doch hörte ich sie in der Werkstatt die Leiter rücken und eilte zu ihr, um zu helfen.

»Wohin?«

»Dahin, wo Selma steht.«

Selma allerdings stand nie. Heute vielleicht, aber nicht damals mit zehn, als sie barfüßig Räder schlug und laut mitzählte. Einundsiebzig, zweiundsiebzig. Sie turnte zwischen den Böcken und Brettern, fiel weder auf die Nähmaschine noch auf die Teile des Frühbeets, die hier lagerten, und warf sich zuletzt erschöpft auf das Sofa.

»Dorthin.« Marlene zeigte auf die leere Wand.

Ich tat gern etwas für sie. Dabei war ich in den letzten beiden Jahren trotzig gewesen, hatte meine Doktorarbeit zum Vorwand genommen, fernzubleiben, mich ihrem Leben zu entziehen. Doch als ich an jenem Sommermorgen ein federleichtes, getigertes Kätzchen aus der Mülltonne barg, wo es irgendein Mensch – nie weiß man, wer so etwas macht – zum Sterben in einem Schuhkarton deponiert hatte, wurde mir auf einmal klar, wie sehr sie mir fehlten und dass es wie beim Segeln war, wenn man gegen den Wind nicht geradeaus ankommt. Meine Wohnung war nur ein Depot, eine Wartungsstätte des Alltags, da ließe sich kein Tier halten; hier in Plenskow aber gab es Platz und drei Kinder, die Ferien hatten. Konrad und Marlene nahmen es hin, in der Haustierfrage übergangen zu werden, die Kinder waren begeistert und ich erleichtert über diesen Schritt auf sie zu.

Marlene stieg auf die Leiter und kratzte mit dem Taschenmesser an dem alten Anstrich, der in Stücken zu Boden fiel. Darunter zeigte sich ein Hellblau. Marlene stieg herab, schob die Leiter nach links, stieg wieder hinauf und kratzte abermals. Nun war etwas Tannengrünes zu sehen. So ging es noch mehrmals, und dort, wo die Farbe besonders locker saß, kam eine rote, runde Form zum Vorschein.

»Das ist ein Granatapfel«, sagte Marlene und klappte ihr Messer zusammen.

»Wusste ich doch, dass da ein Bild ist«, rief Selma und stieg selbst auf die Leiter, um es sich anzusehen, »aber es ist eine Sonne. – Konrad! Laure! Jakob!« Und als die nicht kamen, lief sie los, sie zu finden.

»Schön, dass du wieder da bist«, sagte Marlene und sah mich an, als wäre auch ich ein überraschender Fund.

»Die Doktorarbeit«, winkte ich ab, hoffend, sie würde nicht nachfragen. Ich wollte nicht zugeben, wie schlecht es darum stand, nicht ihr gegenüber. »Aber ihr habt ja auch einiges geschafft. Die Fenster sind neu«, und ich schaute probehalber durch die neuen Scheiben zum Vorplatz.

»Ja«, sie schüttelte den Kopf, »es dauert länger. Wir warten seit Monaten auf die Bewilligung vom Denkmalschutz, um endlich mit dem Vestibül anfangen zu können. Immer fehlt ihnen etwas, Gutachten, Kalkulationen. Dabei muss erst der Eingang fertig sein, bevor das Café entstehen kann. Die Gäste müssen schließlich irgendwie hereinkommen.«

Mir stellte sich eher die Frage, *woher* die Gäste kommen sollten, denn Plenskow hatte zu dieser Zeit etwa vierzig Einwohner, die wohl kaum ein Café brauchten, zumal es mit dem *Hirschen* bereits eine Dorfkneipe gab, eine schlecht laufende wohlgemerkt. Doch ich fragte: »Ein Café?«

»Uns ist wichtig, dass so ein Haus zugänglich ist, es ist ja eine kulturelle Landmarke. Im Sommer können Tische im Ehrenhof stehen.«

Sie schaute nun auch hinaus auf das, was sie den Ehrenhof nannte: auf den von Baumaterial und einem Container verstellten Vorplatz, durch dessen Kies das Gras wuchs, dazu dorniges Gestrüpp und eine Tanne, die die Tür zu einem Eingang der ehemaligen Stallungen blockierte. Die

Wirtschaftsgebäude zum anderen Flügel hin waren vorzeiten abgerissen worden, sodass der Hof in eine Wildnis auslief, die sich auf dem verlassenen Nachbargrundstück fortsetzte. Der Wind spielte mit dem Vorderrad eines hingeworfenen Kinderfahrrads. Am Weg parkten Autos: neben meinem das von Konrad und ein Passat ohne Kennzeichen.

»Das stelle ich mir schön vor«, sagte ich und meinte es ehrlich, denn trotz des unermesslichen Verfalls, trotz der überwältigenden Aufgabe hatte dieser Ort einen Zauber, der zuversichtlich machte. Irgendwie würde es schon werden, und indem sich die Wunden dieses Anwesens schlossen, würden auch wir heil werden und alles, was unstimmig war an unseren Leben, wäre wie weggeweht. Hinter dem maroden Zustand war zu ahnen, dass dies eigentlich das Paradies war.

Konrad und Selma kamen herein; Laure folgte ihnen mit dem Kätzchen. Sie hatte sich in den beiden Jahren meiner Abwesenheit verändert, erinnerte nun nicht mehr an einen Barockengel, sondern an die gute Fee im Märchen, als hätte man tatsächlich drei Wünsche bei ihr frei, wenn man nur ein guter Mensch war. Jakob, der Jüngste, versuchte es gerade: »Kann ich die Katze mal nehmen?«

Laure schüttelte den Kopf: »Das mag sie nicht.«

Selma gab die Neuigkeit bekannt: »Schaut mal her, – Konrad du auch! –, dahinter ist ein Bild!«

»Darauf müssen wir anstoßen«, sagte Konrad und verließ die Werkstatt schon wieder. Jakob kletterte auf die

Leiter wie auf einen Mastbaum und rief: »Ich sehe es!« Doch Selma wusste es besser: dass er nämlich nur einen kleinen Ausschnitt sah von einem Bild, das sich über die gesamte Wand erstrecken musste. Laure, wohl unzufrieden, weil sie nicht auch nachsehen konnte, rief, dass sie einen Namen für die Katze wüsste. Konrad kam mit einer Flasche Wein und einem Korkenzieher zurück; das ärgerte Marlene, weil die Limonaden für die Kinder fehlten. Sie schnaufte empört durch die Nase, so wie Selma es auch manchmal machte, und ging selbst in die Küche. In den Moment der Stille hörten wir Laure jammern, dass die Katze Elmar heißen solle.

»Ja, ist doch gut«, sagte Konrad, der mir die Flasche zum Öffnen in die Hand drückte und Laure in den Arm nahm. »Elmar ist ein toller Name, den nehmen wir.«

Er war schon immer gut gewesen in unhaltbaren Zusagen, mein kleiner Bruder, aber das machte ihn ja so liebenswert, er legte nichts auf die Goldwaage. Diesmal hatte er die Rechnung ohne Selma gemacht, die durchaus etwas gegen diesen Namen hatte.

»Wieso Elmar? Wir wissen doch gar nicht, ob es ein Kater ist!«

Aber Laure sagte nur verrätselt: »Elmar – Selma«, und irgendetwas an diesem Gleichklang beschwichtigte ihre Schwester, ließ sie die Schultern zucken – meinetwegen –, und wenn sie zustimmte, war es ein So-sei-es!, dazu musste sie nicht erst herrisch werden. Jakob ging nicht davon aus, in der Namensfrage mitreden zu dürfen, genauso wenig wie ich, aber in mir musste sich doch eine leise Wut darüber geregt haben, denn irgendwoher wuchs mir die Kraft zu, den widerspenstigen Korken zu ziehen.

Zwei Wochen darauf fuhr ich wieder nach Plenskow. Der Denkmalschutz hatte sein Einverständnis mit den Baumaßnahmen erklärt, und Marlene hatte mich gebeten, bei den Arbeiten im Vestibül zu helfen, die nun endlich beginnen konnten. Ich sagte zu, denn, so mein Kalkül, für meine verfahrene Dissertation wäre es vielleicht förderlich, etwas ganz anderes zu tun, etwas Körperliches. Die Wahrheit war nämlich: Schon seit der Tagung im März wusste ich, dass meine Forschungsfrage von einem britischen Team umfassend beantwortet worden war. Ich musste mein Thema ändern, war aber nach den langen Schichten in der Klinik zu erschöpft für neue Ideen. Mein Doktorvater signalisierte Ungeduld. Vielleicht, dachte ich, würden mich die Bauarbeiten ja geistig beweglicher machen. Manchmal kamen einem die besten Einfälle beim Schuheputzen oder Einräumen der Waschmaschine – warum also nicht beim Entkernen des früher einmal prächtigen Entrees?

Wir hatten uns viel vorgenommen, wollten den Putz von den Wänden schlagen, den vermauerten Eingang zu Marlenes Werkstatt aufstemmen (Jakob hoffte dort auf einen Schatz), die Wände frisch mit Lehm verputzen und bei all dem darauf achtgeben, dass die bereits erneuerten Stromleitungen keinen Schaden nahmen. Dann gab es noch den Boden mit den breiten Dielen, die teils abzuschleifen, teils zu ersetzen waren. Zu viel für ein Wochenende, zumal wir am ersten Nachmittag überhaupt nicht vorankamen, weil sich das fahrbare Gerüst nicht aufbauen ließ. Ein Malermeister hatte Marlene offenbar Streben, Riegel und Bretter verschiedener Modelle verkauft. Meine Mutter Rita, die sich in diesen Tagen eigentlich den Kindern widmen sollte, stand neben uns und erteilte Ratschläge. »Da fehlen doch Teile!«, rief sie aufgebracht. Pavel, mein Vater, der aus Altersgründen keine Aufgabe übernahm, ließ sich auch manchmal bei uns blicken und stellte fröhlich fest: »Richtig, da fehlen Teile.« Worauf Rita sagte: »So wird das nichts mit dem Subotnik im Foyer.« »Nicht Foyer – Vestibül!«, sagte Marlene. »Das ist hier ein einwandfreies Foyer!«, wies Rita sie zurecht. Als sie nach einigem Streit darüber endlich auseinandergingen, kehrte Ruhe ein und Konrad sagte: »Die Bretter hierhin, die langen Streben dorthin, die Rollen erst mal zur Seite.« Wie ein chirurgisches Team setzten wir das Puzzle zusammen, bis es die ganze Wand hochgewachsen war. Wie Gerüstbauer – oder so, wie wir sie uns vorstellten – stießen wir auf dem obersten Brett an und feierten den Erfolg.

Wir lagen auf dem Rücken und schauten an die Decke.

»Stell dir vor«, sagte ich, »wir müssten ein Deckenbild malen. Michelangelo soll von seiner Arbeit in der Sixtinischen Kapelle Verspannungen bekommen haben.«

»Bloß nicht«, seufzte Konrad neben mir, »nicht noch ein Bild, sonst sind wir demnächst ruiniert.«

»Wie geht es mit dem Wandbild drüben weiter?«

»Marlene hat einen Restaurator gefunden, der scheint uns aber vergessen zu haben. Mir ist das recht, wir haben genug mit den wichtigen Sachen zu tun.«

»Das Fresko ist auch wichtig!«, hörten wir Marlenes Stimme von unten. Dann sagte sie leise: »Ach hier bist du«, und ich setzte mich auf, um zu sehen, wer uns noch belauscht hatte. Es war aber nur das Kätzchen, das auf dünnen Beinen über die Dielen taumelte. »Ein Fresko«, rief Marlene nun wieder zu uns nach oben, »ist ein Glücksfall für das Café. Außerdem kommen sie gerade.« Munter öffnete sie die Tür, vor der tatsächlich eine kleine Gruppe Unbekannter stand. Marlene, ganz Hausherrin, bat sie herein, als wäre dies bereits der prächtige Empfangsraum, den sie vor ihrem inneren Auge sah. Kein Wort der Entschuldigung, kein Wir-renovieren-hier-gerade. Marlene wurde auch gleich als die ausgemacht, die hier das Sagen hatte, und wir – man streifte uns kurz mit dem Blick – wohl als die illegal beschäftigten Bauhelfer aus dem Osten. Wir hatten unsere Shirts über die unteren Streben des Gerüsts geworfen, leider, so waren sie unerreichbar; und während ich mich dort oben ausharren sah, bis die Gesellschaft weitergezogen wäre, stieg Konrad wie selbstverständlich hinab und schüttelte den Gästen die Hand. Die Besucher, zwei Paare, nahmen seine Aufmachung nach kurzer Verwunderung hin, obwohl sie selbst sehr teuer gekleidet waren, besonders die beiden Älteren in den Beigetönen. Ich fand, sie sahen aus, als würden sie nach Pflegemitteln riechen; als wären sie in einem bronzefarbenen Mercedes angereist. Sie sahen nach Geld aus. Die beiden anderen waren der Restaurator Herr Tile und seine Frau, der Konrad nicht die Hand geben konnte, weil sie sich auf Elmar gestürzt hatte, der nicht wusste, wie ihm geschah, als er von der Dame abgeküsst wurde. »Wie herzig!«, rief sie dabei voller Leidenschaft.

»Ich habe meine Frau mitgebracht, wenn Sie entschuldigen«, sagte Herr Tile, »wir möchten eine zweite Meinung für ihr Nervenleiden einholen.« Er schaute Konrad an, der als Allgemeinarzt wohl kaum der Richtige dafür war und nichts erwiderte. »Wir haben schon viele Leute vom Fach konsultiert, etliche Koryphäen darunter, aber keiner wusste Rat«, drang Herr Tile weiter in ihn. »Da dachte ich: Sie nehmen meine Frau in Augenschein und ich ihr ominöses Fresko, nicht wahr?«

Damit war die Sache für Herrn Tile wohl abgemacht, denn er fuhr fort: »Diese beiden«, er deutete auf das Pflegemittelpaar, »interessieren sich für mecklenburgische Gutshäuser und würden gern einen Blick in dieses Kleinod werfen, an das sie Erinnerungen knüpfen, nicht wahr?«

Endlich zogen sie weiter, Frau Tile zuletzt, die nur schwer von dem herzigen Kätzchen lassen konnte. Als ich ihre Stimmen in der Werkstatt hörte, trat auch ich den Weg nach unten an, warf mein staubiges Shirt über und folgte ihnen. Inzwischen hatten sich auch meine Eltern der Gruppe angeschlossen; man betrachtete ehrfürchtig die schmucklose Wand. Im Dämmerlicht war aber nur die alte Tünche zu sehen, was Rita dazu veranlasste, das

Vorhandensein des Bildes infrage zu stellen: Marlene habe sich da verrannt; nach ihrer Ansicht sei nur eine alte Farbschicht unter der neueren, was Pavel mit fünffachem Nicken bestätigte. Herr Tile allerdings, der bereits Witterung aufgenommen hatte, bat um Beleuchtung, kletterte mit seinem Koffer die Leiter hinauf und verschwand aus unserer Welt. Seltsam, auch später, als er das Bild freilegte, vergaßen wir ihn da oben, und nur der Geruch seiner Farben und Tinkturen erinnerte daran, dass seine Frau uns nicht allein besuchte, die sich am Boden wie ein schwerfälliger Vogel plusterte und von ihrem neuen Doktor schwärmte.

Konrad muss ihr Auskünfte gegeben haben, die sie sehr für ihn einnahmen. Aber vielleicht beruhigte sie auch einfach der Umgang mit ihm, mit diesem Liebling der Götter, für den das Leben schön und zum Genießen gemacht war. Bot er Frau Tile einen Kaffee an, was er gleich an diesem ersten Abend tat, hielt sie inne, als müsse sie erst die Weltseele befragen, und sprach: »Einen schwarzen Kaffee bitte sehr, ganz schwarz, ohne Zucker, ohne Koffein«, jede Silbe betonend, als ginge sie davon aus, Konrad habe einen derart originellen Wunsch nie zuvor vernommen. »Wow! Ganz schwarz!«, kam Selmas lakonisches Echo, wofür sie von Marlene einen Rüffel bekam.

Das Pflegemittelpaar wollte nichts trinken. Ich hatte das Gefühl, sie wollten *hier* nichts trinken, aber Konrad drückte dem Herrn geistesabwesend ein Glas Kognak in die Hand, das er sich vorsichtig nippend mit seiner Frau teilte.

Als wir uns wieder an Herrn Tile auf der Leiter erinnerten, hatte der die Öffnung in der Wandfarbe vergrößert. Dahinter war eine gemalte Hand zum Vorschein gekommen, die das rote Ding hielt. Darauf lag heller Staub. Als Herr Tile wieder heruntergekommen war, nahm Marlene seinen Platz ein, um sich die Sache aus der Nähe anzusehen. »Ein Granatapfel, in einer Hand«, sagte sie und gab die Leiter wieder frei. Das Pflegemittelpaar blieb stehen, wo es war, aber Laure wollte es diesmal nicht wieder verpassen, stieg hinauf und rief: »Ein Herz!« Als ich oben war, erblickte ich in der fein gezeichneten Hand, eindeutig einer Frauenhand, einen kleinen Ball, den sie gerade für einen Hund werfen wollte. Auch Pavel schickte sich an, den Weg nach oben anzutreten, doch Rita verbot es ihm. »Wir werden sehen«, sagte Herr Tile, als seine Frau geziert die ersten beiden Leitersprossen so emporstieg, als hätten diese Wände nie etwas Feierlicheres gesehen als diesen Aufstieg. In der Mitte rief sie: »Huch, ist das hoch, mein Gott!«, flatterte noch ein wenig höher und wurde ernst. Rief, wir müssten sie retten. Woraufhin ihr Mann sagte: »Es könnte auch ein ganz gewöhnlicher roter Boskoop sein.«

Herr Tile nahm die Maße des Rechtecks unter der Farbe. Das Pflegemittelpaar beriet sich leise. Jakob fragte: »Worüber redet ihr?«, doch sie entgegneten ihm: »Du bist aber neugierig, kleiner Mann.« Und zu Marlene gewandt: »Wir suchen etwas Ähnliches für unsere Hotelkette, so wie hier, mit großem Park und Seenähe.« Die sind gut informiert, dachte ich misstrauisch. Marlene aber ergriff die Gelegenheit und führte die beiden herum; zu gern zeigte sie ihr Reich, liebte die Anwesenheit von Zeugen für ihr Lebenswerk, das sie vorführte, als wäre es bereits fertig. Wie ein Wachhund schloss ich mich ihnen an. Der Park, erklärte Marlene, als wir im Garten standen, gehöre nicht mehr zum Grundstück, er werde inzwischen Pferdewiese genannt, obwohl dort keine Pferde weideten, und der Garten des Hauses ende schon am Zaun. Durch die Pforte führe ein Weg durch den ehemaligen Park zur Kirche, erklärte sie weiter, dem Backsteinbau dort hinten mit einem träumenden Sternenhimmel an der Decke und den Dredow'schen Grabplatten auf dem Boden. Frau Niemann aus dem Dorf bewahre den Schlüssel; nur heute sei es zu spät für eine Besichtigung. Wollte Marlene wirklich, dass die beiden wiederkamen? Unruhig geworden, mischte ich mich ein: Wer hier ein leerstehendes Gutshaus suchte, könne sich eine ganze Sammlung davon zulegen, erklärte ich, denn in dieser Gegend gebe es sie zu unfassbar läppischen Kaufpreisen. Doch für das Paar war ich wohl noch immer der illegal Beschäftigte, zumindest einer, der hier nichts zu melden hatte, sie übergingen meine Einwürfe und folgten Marlene weiter über das Anwesen. Auf dem Vorplatz – ich hielt vergeblich Ausschau nach einem bronzefarbenen Mercedes, sah nur einen rostigen Ford – gab Marlene Bericht über die Instandsetzung vom Walmdach bis zur unverputzten Backsteinfassade, die Installierung der Ölheizung wenigstens für die untere Etage, was das für eine

Mühe gewesen sei, und erst die Stabilisierung des Mittelrisalits! Darüber, das sei das von Dredow'sche Wappen, das eine Kastanie, einen Kiebitz und einen Kranich zeige. Es sei nicht überliefert, warum es gleich zwei Wappentiere gab. Die zweiläufige Treppe davor würde noch ein schmiedeeisernes Geländer erhalten, dann sei es geschafft. Natürlich nur außen. Mal abgesehen vom Ehrenhof. Und den Stallungen. Das Pflegemittelpaar nickte.

Nun kam Frau Tile aus der Tür, dahinter ihr Mann, der im Vorübergehen das Versprechen abgab, sich alsbald wegen des Wandgemäldes zu melden, denn ein Fresko sei es nicht, das könne er schon sagen. Und seine Frau habe ja auch einen Termin beim Doktor. Mit Schwung öffnete er den Kofferraum des Fords, warf seine Utensilien hinein, schlug ihn mit demselben Schwung wieder zu, wobei der Wagen erstaunlicherweise vollständig blieb. Das erwähne ich nur, weil von diesem Wagen immer wieder Teile abfielen. In den nächsten Monaten fanden wir auf dem Vorplatz eine Radioantenne, beide Nummernschilder, den Auspuff und einmal sogar die Beifahrertür, was Herr Tile aber selbst rechtzeitig bemerkte. Diesmal setzte sich die ganze Gesellschaft hinein; das Pflegemittelpaar nach hinten, das ob dieser Zumutung keine Miene verzog, Frau Tile auf den Beifahrersitz, den sie sich weit nach hinten schob, und Herr Tile ans Steuer, dem ich vorenthielt, wie gefährlich platt seine Reifen wirkten, denn ich wollte ihn wirklich nicht aufhalten.

Das hatte ich mit Rita gemeinsam, auch mit den beiden

Mädchen, die beim Abendessen Spaß daran fanden, Frau Tile zu spielen. »Würden Sie mir bitte sehr das pure Salz reichen, Verehrteste?«, fragte Selma bedeutungsvoll, und Laure blickte sie reglos und königlich an und antwortete erst nach kunstvoller Pause, die Augen forschend zur Decke gerichtet: »Von ganzem Herzen gern, nur wird mir dabei stets so *anders.*« Marlene lachte zwar auch, verbat sich aber die Fortsetzung der Show, denn man solle sich nicht über andere Menschen lustig machen. Jakob mochte Frau Tile und nahm sie in Schutz; auch Konrad fand sie unterhaltsam und liebenswürdig. Nur Rita musste noch anbringen: »So ein Getue!«

Doch diesen Begriff benutzte sie für allerhand. Zum Beispiel war es für sie Getue, dass die Kinder im Gewächshaus schlafen wollten, denn dazu mussten eigens Luftmatratzen aufgepumpt, das Moskitonetz gesucht und die Batterien der Taschenlampen gegen neue ausgetauscht werden, die sich dann ebenfalls als leer erwiesen. Rita wurde ungehalten, als sie mich mit Kabeltrommel und Schreibtischlampe erwischte, denn unser Ziel sei Fortschritt im Foyer! Auch Pavel ließ sich hören: »Wer nicht arbeitet, soll auch nicht essen«, und ich merkte, wie müde ich ihrer Gesinnung war. Wie viel schöner war es im Glashaus, im Kürbispflanzenreich mit seinen Schatten und Spinnen, in dem die Kinder Fragen stellten, die Erwachsenen nicht mehr einfielen. Als ich eintrat, erzählte Laure gerade, dass sie beim Zubettgehen ihre Socken anziehe, weil es behaglich sei, sie nach einer Weile wieder auszuziehen, dann fühlten sich die Füße weich an. Selma kannte den Effekt, Jakob wollte es heute Nacht probieren und zog sich seine Socken wieder an. Dabei bat er mich zu erzählen, wie ich Marlene kennengelernt hatte.

»Ich habe eine bessere Geschichte für euch«, log ich, weil mir diese Frage nicht lieb war, und begann irgendwie: »Ein junger Seemann, vielleicht elf oder zwölf Jahre alt, wollte nach Singapur fahren ...«, aber meinen Zuhörern missfiel, dass er noch ein Kind war und keinen Namen hatte. Also begann ich die Geschichte so: »Ein junger Seemann namens Jürgen« – »Jürgen?! Nein!«, protestierten sie – »Achim? Ede? Uwe? Ernesto? – Also, Ernesto sehnte sich danach, die prächtige Stadt Singapur zu sehen, und schiffte sich ein. Sein Heimathafen war Birmingham, weil seine Mutter wegen einer Karriere beim Zoll von Barcelona nach Birmingham umgezogen war, als er elf war.« – »Jetzt komm mal zum Punkt!«, ermahnte mich Selma. – »Von Birmingham stach er in See, ein bisschen seekrank, aber vor allem glücklich, endlich die großen Meere zu überwinden, auch wenn er dazu das Deck schrubben musste. Schon bald aber waren sie zum Halt in Brest gezwungen, denn ihr Anker fehlte. So konnte man schließlich nicht fahren, weshalb sie darauf warteten, dass ihn ein Taucher auf dem Meeresgrund wiederfand.« Jakob schnarchte leise, Laures Augenlider zuckten, und Selma streichelte im Halbschlaf die Stelle auf der Decke weiter, wo der Kater gelegen hatte, bevor er sich in die Nacht schlich.

Da lagen sie und schliefen, als wäre das Leben ein großer schöner Traum. Wie gern hätte ich Kinder gehabt! Meine ganze brachliegende Vaterliebe richtete ich nun auf diese, Marlenes Kinder, die Konrad zum Vater hatten. Warum gründete ich keine eigene Familie? Mit Ende dreißig war es dafür nicht zu spät. Aber meine Frau hätte nun einmal Marlene geheißen, hätte seidenschwarzes Haar, ein paar Kilo zu viel und Kleider gehabt, die immer etwas zu bunt und selbstgenäht aussahen. In mir gab es nur dieses eine Bild von einer Frau, obwohl ich wusste, dass meine Treue nichts nützte.

Ich löschte das Licht und zog mich in die Werkstatt zurück. Hier hatte ich schon viele Nächte verbracht, früher, als sie das Haus gerade gekauft hatten. Ich mochte das Behelfsmäßige daran, das Gefühl, dass hier noch alles entstehen und gelingen konnte. Das schmale Sofa war wie die Koje in der Jolle, die Konrad und ich seetüchtig gemacht hatten, als wir noch studierten; und auch in dieser Nacht klang der Wind, der an die Scheiben drückte, nach Aufbruch. In den Schlaf geschaukelt, träumte ich, auf See zu sein und an Skorbut zu erkranken. Der Mast war morsch. Es rumpelte seltsam. Das Rumpeln klang wie ein unregelmäßiges Metronom, das die letzten Takte meiner verbliebenen Tage zählte. Erschrocken öffnete ich die Augen – und war nicht allein. Das Morgenlicht fiel auf Pavel, der in seinem gestreiften Pyjama die Leiter vor dem Wandbild so wackelnd erklomm, dass es gespenstisch war. Aus Angst, ihn zu erschrecken, hielt ich mich still und sah ihm gespannt zu: Mit den Händen klammerte er sich fest, hob langsam und sehr konzentriert das linke Bein auf die nächste Sprosse und zog das rechte Bein nach. Auf der Hälfte reckte er den Hals, ob er den Bildausschnitt schon sehen konnte, entschied sich, noch eine Sprosse höher zu steigen, und betrachtete endlich, was ihm Rita versagt hatte. Ich hoffte, er würde auch den Rückweg meistern, aber er schickte sich nicht an, ihn anzutreten, sondern schaute und schaute, richtete den Blick in die Ferne, schaute aus den Fenstern über die Felder und sagte auf einmal heiter: »Ich weiß, dass du wach bist, Nikita. Sieh dir die Rehe auf dem Feld an. Die haben's gut.« Dann erst setzte er seine alten Füße wieder in Bewegung, verlor einen Pantoffel und hatte es fast geschafft, als Rita hereinstürzte und im Versuch, ihn festzuhalten, das ganze Gefüge ins Wanken brachte. Pavel stolperte und lächelte Rita an. »Die Hand hält eine Trommel. Die jungen Menschen sind zu eilig, darum hat es niemand erkannt.« Dann bückte er sich nach seinem Schuh. »Nikita«, rief Pavel zu mir herüber, »du dachtest, es wäre ein Ball, haha!«

»Was sagt denn Konrad dazu?«, wollte Rita wissen, aber Konrad hatte sich bisher nicht die Mühe gemacht, das Ding anzusehen und ihm einen Namen zu geben.

»Es ist ein Granatapfel, hat Marlene doch gesagt«, murmelte ich und schloss die Augen wieder.

»Als ob Marlene es wüsste!«, schimpfte Rita. Auf Marlenes Meinung wollte sie nichts geben, da stieg sie lieber selbst auf die Leiter – und konnte sich keinen Reim aus dem machen, was sie sah. Also kam sie wieder herunter. »Ich sage dazu nichts!«, beschied sie, hakte Pavel unter und zog ihn hinaus. Aus der Küche hörte ich ihre Kommandos, barsch, doch irgendwie auch verletzlich, und dazu angetan, die Schlafenden im ganzen Haus zu wecken. Sie suchte nach einem Tischtuch (wahrscheinlich gab es keins), fand dafür Dinge, die sie nicht gebrauchen konnte (»Kokolores«) und gab es schließlich auf (»kein Beinbruch«).

Was sollte das nur werden mit Rita? Welche Aufgabe würde sie übernehmen können, jetzt, wo sie im Vorruhestand war? Pavel würde wahnsinnig werden, wenn sie ihre ganze Aufmerksamkeit auf ihn richtete, sie brauchte ein neues Wirkungsfeld wie in diesen Tagen: Während wir im Vestibül arbeiteten, sorgte sie für Mahlzeiten, erzählte ihren Enkeln Lehrreiches, entfernte den Staub, den wir machten, und fand dabei noch Zeit zum Aufräumen aller Küchenschränke.

Konrad, Marlene und ich klopften den lockeren Putz von den Wänden und trugen ihn in Eimern zum Container, der sich langsam füllte. In den Pausen muteten wir unseren Lungen noch mehr zu und rauchten, bis Pavel uns ermunternd zurief: »Da hilft nur dreierlei – erstens Kopf hoch, zweitens Kopf hoch, drittens Kopf hoch!« Als ich abfuhr, hatte ich Ermutigung wirklich nötig. Ich brauchte Urlaub, am besten in einem Luftkurort, hatte aber meine nächsten freien Tage schon für die unerledigten Arbeiten im Vestibül versprochen.

Zweites Kapitel

Der Herbst ging dahin, ohne dass ich die Doktorarbeit wieder in Angriff nahm. Meine wenigen freien Tage verbrachte ich in Plenskow, im Baustaub des Vestibüls, wo ich meist auch meine Eltern antraf. Rita brauchte Gesellschaft und konnte ihre großen Hände nicht stillhalten; so wie an dem Nachmittag, an dem die Dielen frisch geölt worden wären, wenn Rita nicht auf ihnen gestanden hätte, um ihre Gründe für die Frührente darzulegen, die wir allesamt schon kannten. Als Lehrerin für Geschichte und Russisch sei sie das ganze Durcheinander leid, das Chaos der sogenannten Gymnasialstruktur – das Wort sprach sie wie mit spitzen Fingern aus –, und schlimmer noch: Die alten Genossen weinten vor ihren Klassen! Plötzlich werde gar das Englische zur Erstsprache erklärt, dieses schlichte Lautsystem ohne vernünftige Deklination und Konjugation, während sich niemand mehr für das erhabene Russisch begeistere. Man verwerfe Tolstoi,

Puschkin und Gorki, ein kultureller Rückschritt um ein Jahrhundert! Mindestens! Die Entscheidungsträger haben den Verstand verloren. Die kennen die UdSSR höchstens vom Hörensagen, und was solle eigentlich so falsch sein an der deutsch-sowjetischen Freundschaft? Es sei doch gut, Freunde zu haben, aber davon wolle nun niemand mehr etwas wissen. Rita hatte sich so in Rage geredet, dass nicht einmal Pavel eine Pause fand, ihr beizupflichten. So nickte er fünffach.

»Ist ja gut«, sagte Konrad in einen von Ritas Sätzen hinein.

»Gar nichts ist gut!«, protestierte sie.

»Er meint: Lass es gut sein«, erklärte Marlene.

»Was verstehst du schon davon?«, entgegnete Rita, doch Marlene hatte genug.

»Geh mal von den Dielen runter.«

»Ich stehe zu meinen Überzeugungen!«, sagte Rita störrisch und rührte sich nicht vom Fleck.

»Mein Gott, ich auch, und deswegen bin ich froh, dass dein ganzes Scheißsystem zusammengebrochen ist«, rief Marlene.

»Konrad konnte Medizin studieren, weil ich in der Partei war! Davon profitierst du auch!«, rief Rita. »Oder wer bezahlt das hier alles? Du mit deinen Marktständen und dem ganzen Kokolores?«

Marlene schnaufte empört durch die Nase. »Leute wie du haben mir nichts als Steine in den Weg gelegt. Während deine Kinder alle schön studierten, habe ich in der

Großgärtnerei Tomaten mit Pestiziden behandelt. Und jetzt wirfst du mir vor, es nicht geschafft zu haben?«

Pavel mochte das nicht. Er wollte, dass alle sich vertrugen, und da Rita noch nach einer gepfefferten Antwort suchte, sagte er mild zu Marlene: »Es lag ja nicht *nur* an der Partei. Du hattest doch auch nicht so gute Noten. Und Rita war keine von den Karrieristen, die alles verdorben haben. Sie wollte eben eine gerechte Gesellschaft.«

Jetzt hatte Rita ihr Stichwort. »Du stellst dir das so leicht vor, in der Partei zu sein. Aber man musste erst mal aufgenommen werden, würdig sein. Die meisten denken jetzt: Da ist man einfach eingetreten, um ein paar Vorteile zu haben, aber so war das nicht.«

»Ja, also, dann ist es ja gut«, sagte Pavel und wandte sich zum Gehen. Jetzt konnten sich alle vertragen. Aber dann fiel ihm doch noch etwas ein: »Und Agnes konnte auch nicht studieren. Sie war ja auch schlecht in der Schule, aber Englisch kann sie gut.« Damit öffnete er die Tür, durch die ein aufgebrachter Jakob hereinstürzte, der Marlenes Trost benötigte, denn offenbar hatte es auch unter den Kindern Streit gegeben.

Konrad steckte sich eine Zigarette an und trat zu Rita: »Wenn ihr hier einziehen wollt, musst du das Thema fallen lassen.« Als Rita mich hilfesuchend ansah, sagte ich im Scherz: »Jetzt werden die überwundenen Strukturen sowieso alle wieder aufgebaut« und deutete auf das Vestibül. Ich hörte nur noch, wie die Tür knallte.

»Sie ziehen nicht her!«, sagte Marlene, Jakob schaukelnd.

Ich konnte Konflikte so schwer ertragen wie Pavel, das schien sich in väterlicher Linie weiterzuvererben, doch am meisten belastete es mich, für Marlenes Verteidigung unzuständig zu sein. Wäre sie meine Frau gewesen, ich hätte es nicht zugelassen, dass meine Eltern so mit ihr sprachen, doch Konrad setzte sich nur halbherzig für sie ein, als wäre es ihm egal. Und was war das überhaupt für eine absurde Idee: Rita und Pavel in Plenskow? Das konnte niemals gutgehen.

Draußen war es noch hell, ich konnte noch eine Runde drehen, dachte ich mir. Aufgewühlt warf ich mir meinen Parka über und wandte mich zum Wald, in den ich bald eintauchte. Hier würde ich zur Ruhe kommen. Es roch nach Herbst und Pilzen, und es war still bis auf das Knacken der Äste und die seltenen Vogelrufe. Der Waldboden federte weich unter meinen Schritten.

Diesen Weg war ich oft gegangen, vor Jahren schon, denn ich war der Erste von uns gewesen, den es nach Plenskow verschlug. Allerdings entdeckte ich den Ort nicht freiwillig, sondern man hatte mir gegen meinen Wunsch beschieden, ich möge meine Arbeit im hiesigen Landambulatorium aufnehmen. Das war Ende der achtziger Jahre gewesen, nachdem ich endlich, nach zähem Ringen, die Pflichtassistenz und die Facharztausbildung geschafft hatte. Als Lohn wurde ich in ein Dorf geschickt, das damals vier Reisestunden von Berlin entfernt lag, wo ich damals lebte. Der ohnehin langsame Zug fuhr nur bis zur nächsten Kleinstadt, in der anderthalb öde Stunden zuzubringen waren, bis der Bus kam, der in weitem Bogen über die Dörfer fuhr. Zwar sollte ich binnen Monatsfrist einen Dienstwagen erhalten, doch linderte diese Aussicht meine Enttäuschung kaum. Meine Hoffnungen waren zunichte gemacht: In der tiefsten Provinz würde ich weder eine glänzende Karriere als Arzt durchlaufen noch den festgezurrten Knoten meiner Einsamkeit lösen. Marlene hatte mich damals schon für meinen Bruder verlassen, der mir vorführte, wie sich der lange Weg zum Arzt ganz entspannt und ohne großen Kraftaufwand bewältigen ließ. Er war eben in allem besser, außer im Selbstzweifel – das war die Kategorie, in der mir nur unsere Schwester Agnes Konkurrenz machte. Als ich erfuhr, dass ich ans Ende der Welt versetzt werden sollte, fürchtete ich, mein Leben sei besiegelt: Ein fleißiges, unerfülltes Dasein würde mir bevorstehen.

Der Bus, der mich damals nach Plenskow brachte, hielt oft. Ich weiß noch, wie ich bei jeder Station bang aus dem Fenster sah und hoffte, dies möge nicht der Ort sein, an dem ich leben musste. Die Dörfer waren hässlich. Überall stiegen Fahrgäste aus, aber keine zu, sodass unsere Reisegesellschaft immer kleiner wurde. Zwischen den Dörfern lag eine große, leergeräumte Landschaft. Auf einigen Feldern rote Traktoren; auf anderen wurden die letzten Futterrüben ein- und das Wintergetreide ausgebracht, mit riesigen Maschinen, mit denen man sich gegen diese Endlosigkeit zu stemmen versuchte, gegen diese beklemmende Weite, aus der sich sogar der Himmel weit nach oben zurückgezogen hatte.

Zwei Reihen vor mir saß eine alte Frau. Eine Schweinemastanlage war offenbar ihr Zeichen, denn als wir sie passierten, zerrte sie mit wunderbarer Zähigkeit ihren Handkoffer aus dem Gepäcknetz, griff nach ihren Einkaufsnetzen und bewegte sich derart beladen zur Tür. Ich wollte ihr beim Ausstieg helfen, aber sie sah mich an, als hätte ich den Verstand verloren. Am Bushäuschen entdeckte ich die Buchstaben *P en ow*, bat den Busfahrer um Geduld, hatte schließlich auch mein Gepäck hinausgeschafft und stand endlich da, wo ich fortan hingehören würde.

Die alte Frau löste das Fahrradschloss an einem Handwagen, in den sie ihre Einkäufe verstaute. Die Räder rumpelten über das Pflaster, dann wurde es still. Die Herbstluft war aromatisch, eine riesige Kastanie warf ihre Blätter auf den Gehsteig, Wolken jagten über die kleine rote Kirche, deren rostiger Wetterhahn seine Schritte energisch nach Westen lenkte. An der Straße eine Pappelreihe, elf hohe Bäume, an denen die letzten Blätter raschelten. Als ich die Dorfstraße entlanglief, erfasste mich eine überraschende Welle des Glücks. Später ging es mir immer wieder so, wenn ich in Plenskow eintraf: Ich atmete tiefer, sah mit wacheren Augen und fühlte, wie sich mein Puls in einem wohligen Takt einpendelte.

Das Ambulatorium war damals im Gutshaus untergebracht. Der Mann, der mich empfing, hieß Dr. Liedmann, reichte mir knapp bis zur Brust und bekundete wortreich seine Freude über die Hilfe, die ihm in meiner Person gesandt worden war. Wir kamen gut miteinander aus. Er war ein hervorragender Arzt, von dem ich viel lernte, der allerdings als ›reaktionär‹ galt, und das war wohl auch der Grund, warum von seinem Können nicht an besser geeigneter Stelle Gebrauch gemacht wurde. Liedmann redete gern, und während er sprach, schaute er immer geradeaus, sodass er meinen mittleren Hemdknopf adressierte. Erst fühlte ich mich für seine Körperlänge verantwortlich und bückte mich, um nicht auf ihn herabzublicken, bis ich lernte, mir unauffällig einen Stuhl heranzurollen, wenn er ins Plaudern kam. Sein Lieblingsthema war das Gutshaus, und so habe ich einiges über die Geschichte des Dorfes erfahren, auch über die von Dredows, denen das Gut bis zum Kriegsende gehörte. Liedmann selbst hatte den alten Hugo von Dredow sogar noch persönlich gekannt und geschätzt und fühlte sich als sein Nachfolger im Geiste. Verließ er das Ambulatorium zu einem Hausbesuch, schritt er aufrecht über das lachsrote Linoleum, das die alten Böden überzog, und übersah die grellen Neonröhren, welche die Leuchter so schlecht ersetzten. Umständlich bestieg er seinen zitronenfaltergelben Wartburg und startete ihn so unbeholfen, als hätte sein Chauffeur nur gerade einen Tag frei. Seine liebste Feindin war Frau Schulze, die im Konsum arbeitete, genau dort also, wo später das

Wandbild auftauchte. Liedmanns und Konsum-Schulzes Zusammenstöße waren furchterregend wie die zweier Raubtiere im Kampf um ein Revier. Manchmal kippte Frau Schulze einen Eimer schmutziges Spülwasser vor seine Füße, wenn er – arrogant, wie sie fand – über den Vorplatz ging. Dann sprach er zu Schulzes mächtigem Busen, der zwischen zwei nackten Armen hinter einer Kittelschürze saß: »Sie taugen nicht einmal zur einfachen Küchenmagd.«

Und sie erwiderte: »Spiel mal nicht den feinen Pinkel.«

Daraufhin stellte sie ihren Eimer ab und kreuzte die Arme vor der Brust, während er an ihr vorbeiflitzte, dem Eimer einen Fußtritt versetzte, sodass er quer über den Hof flog, den Wagen anließ und darüberfuhr. In meiner kurzen Zeit in Plenskow wurde ich Zeuge mehrerer überfahrener Eimer, mehrerer Treffer mit faulen Tomaten, die Frau Schulze aus ihrem Gemüse sortierte, und eines Handgemenges, bei dem Liedmann unterlegen war – weil er keine Frau schlagen konnte, wie er sagte, als ich seine Platzwunden versorgte. Woher ihre erbitterte Feindschaft rührte, konnte ich nicht in Erfahrung bringen, aber wahrscheinlich hatte Liedmann sie direkt vom alten Dredow übernommen. Schulzes Vater, Hermann Bau, hatte sich, wie Liedmann es ausdrückte, allzu eifrig in jenem Komitee engagiert, das den Gutsherrn nach einer langen Reihe großer und kleiner Feindseligkeiten schon bald nach Kriegsende aus dem Haus geworfen hatte. Liedmann hielt etwas davon, Traditionen fortzusetzen.

Brauchte Frau Schulze einen Arzt, kam sie zu mir. Zwar war ich in diesem hausinternen Zwist nicht unparteiisch, aber ich gab mein Bestes, einen jeden Patienten gleichzubehandeln. So riet ich ihr zu einer Diät und körperlicher Ertüchtigung, empfahl, die Beine nach der Arbeit hochzulegen, um die Blutgefäße zu entlasten, stellte ihr Simagel- und Bisobeta-Rezepte aus und schrieb sie krank, wann immer sie wünschte. Im Behandlungszimmer war sie still, fast schüchtern, brachte nuschelnd ihre Beschwerden vor, zweifelte meinen Rat nie an und war erst wieder ganz sie selbst, wenn sie das Behandlungszimmer verlassen konnte – schon in der Tür erkannte ich wieder ganz die Konsum-Schulze.

Gleich in meiner ersten Arbeitswoche kam auch Förster Klonski mit einem Leiden zu mir, das er selbstgefällig schilderte: Mit seiner Verdauung stehe es nicht zum Besten. Ich reichte ihm die Hand. Ob ich der Nachfolger von Plonschek sei. Ich bejahte und bat ihn, Platz zu nehmen. Wo ich denn studiert habe. Wo ich wohne. Wie ich mit Liedmann zurechtkomme. Ich fragte nach seinem Stuhlgang und bat ihn, in der Frühe zur Blutabnahme zu erscheinen. Seine Verdauung war völlig in Ordnung, sein Blutbild unauffällig und der ganze Mann beneidenswert gesund.

Konrad und Marlene besuchten mich zum ersten Mal in Plenskow, als ich mich gerade in meiner Dienstwohnung eingerichtet hatte. Eigentlich war es nur ein Raum im Parterre des Gutshauses; um ins Bad oder die Küche zu gelangen, die ich mir mit Liedmann teilte, musste ich in den ersten Stock hinauf. Das hatte etwas Abenteuerliches, zumal mein Wohnraum groß und herrschaftlich war und der gesprungene blaue Ofen darin wunderbare Wärme spendete. Marlene nannte diesen Raum ungerührt den Salon, heizte den Kachelofen an, den sie für *ihren* Ofen hielt, obwohl es damals *meiner* war, und schaute sich hingerissen um. Bei der Ankunft war auch in ihr diese Veränderung vorgegangen: Sie spürte, dass das Dorf etwas an sich hatte, das sie in einer ihrer Übertreibungen auch gleich »das Heilige« nannte. Bereits bei ihrem ersten Besuch malten wir uns aus, wie das Gutshaus früher einmal ausgesehen haben mochte, sein alter Glanz trat uns deutlich vor Augen, als wir in Gedanken die Räume möblierten, den Landadel in Liebschaften verwickelten und die Ernte üppig ausfallen ließen. Zum Abschied sagte Marlene, im Vestibül wartend: »Und hier kommt die Praxis hinein, dort das Café.« Ja, wirklich, das sagte sie.

Ich blieb nicht lange in Plenskow, anderthalb Jahre höchstens, denn schon 1990 schloss das Ambulatorium. Liedmann verschwand, und man hörte, er habe sich darauf verlegt, alte Besitzansprüche rechtlich durchzusetzen (er hielt sich für den Alleinerben einer Strandvilla in Ahlbeck auf Usedom, und vielleicht war er es sogar). Ich dagegen fand meine Stelle am Universitätsklinikum in der nächsten Hafenstadt, wo ich noch immer arbeite. Der Abschied fiel mir leicht, denn bis auf Liedmann hatte ich im Dorf kaum Anschluss gefunden. Nur der alte Badstüber hatte mich damals öfter eingeladen, und wenn ich es an seinem Dobermann vorbeischaffte, der die Gartenzwerge, Hühner und Autoreifen scharf bewachte, wurde ich mit einem Kaffee bewirtet, der mir den Magen gründlich umdrehte. Badstüber brühte den Filterkaffee aus Zichorienwurzeln, und als wäre das nicht schlimm genug, hatte er sich seit dem Tod seiner Frau angewöhnt, die gesamte Wochenration schon am Sonntag herzustellen, denn da hatte er Zeit. Mein erster Besuch war auf einen Freitag gefallen. Aber Badstüber, immerhin, hegte mir gegenüber keine Vorbehalte, genauso wenig wie Frau Niemann, die zwei Häuser weiter im Niederweg wohnte. Ja, und die Walters, die ständig den Rasen mähten, schienen mir auch wohlgesinnt zu sein.

Ich war zügig gegangen; der Wald lichtete sich, vor mir lag der See. Von hier aus würde ich den Weg zurück über die Felder nehmen, den man bei Sturm besser mied. Heute aber wehte nur eine leichte Brise aus dem Norden, als ich über das frisch gepflügte Feld lief, auf dem eine Gruppe Kraniche nach Nahrung suchte. Als ich mich näherte, flogen sie auf und zogen majestätisch über die Siedlung, die wie ein Fossil unter ihnen in der Dämmerung lag: die bucklige Backsteinkirche, die Bruchweiden am Graben, die rotgeziegelten Dächer, die gerade Linie der Pappeln und endlich das Gutshaus. Und da sah ich ihn, den warmen Schein aus den Fenstern des Salons und der Küche, den ich so liebte. Das war, trotz allem, das Bild eines Zuhauses für mich, das ich mir nicht nehmen lassen würde.

Als ich mich durch den Garten näherte, hörte ich Marlene leise im Gewächshaus singen. Sie trug trotz der Trockenheit Gummistiefel zu ihrem gemusterten Kleid und ihrer Strickjacke. Die Haare hatte sie wie in Eile hochgesteckt, aber offenbar noch Zeit gefunden, ein unechtes Ohrgehänge anzulegen. Es wurde nicht deutlich, was sie in diesem Aufzug darstellen wollte – Gärtnerin, Gutsherrin, Göttin? –, doch auf eine mir unbegreifliche Weise fand ich sie in diesem Durcheinander hinreißend und musste nach meinen Zigaretten kramen, um den Blick von ihr loszureißen.

»Möchtest du?« Ich hielt ihr die Schachtel hin, aber sie schüttelte den Kopf, wollte lieber mit dem zu Ende kommen, was sie gerade tat: ein rätselhaftes, aber zielsicheres Blattgezupfe, das den beruhigenden Eindruck erweckte, hier wüsste jemand, was zu tun war.

»Gibt es schon Neuigkeiten von Herrn Tile?«, frage ich.

»Nun, wir haben die Wahl, die Wand so zu verschalen, dass das Fresko keinen weiteren Schaden nimmt, oder wir stellen lauter komplizierte Förderanträge, legen noch einen Haufen Geld drauf, das wir gar nicht haben, und restaurieren es.« Sie hielt inne und sah mich leuchtend an. »Ich finde, wir sollten es freilegen. Es würde Leute ins Café bringen.«

Sie zupfte weiter. Die Haare in ihrem Nacken waren noch nass vom Duschen.

»Der Nägelhof wurde übrigens verkauft. Er gehört jetzt einem Biobauern«, plauderte sie weiter. »Ich habe schon mit ihm gesprochen und könnte Produkte von ihm beziehen. Das dauert natürlich alles noch, aber es bewegt sich etwas.«

»Ob die Schulzes jetzt auf Bio umstellen?«

»Da brennt die Luft!« Sie lachte. »Jost, das ist der Bauer, hat es sich schon mit Klonski verscherzt, weil er hier einen Nationalpark gründen will. Ich finde es aber gut, wenn es neue Ideen gibt.«

»Woher sollen deine Gäste denn kommen?«

»Aus der Stadt, aus dem Umland. Das Nationalparktreffen könnte in meinem Café stattfinden und Feste und Märkte. Außerdem soll der Fernradwanderweg hier vorbeiführen, hast du gehört? Ich habe mir das alles überlegt und weiß einfach, dass es klappt.« Sie holte einen Eimer für die trockenen Blätter und fuhr nach einer kurzen Pause fort: »Weißt du, Niketsch, du könntest Mitinhaber werden. Nach ein paar Anfangsinvestitionen müsstest du keinen Finger mehr rühren und wirst am Gewinn beteiligt. Was hältst du davon?«

Ich klopfte die Asche in einem Terrakottatopf ab und dachte an meine Ersparnisse, die für ein Segelboot gedacht waren. Konrad und ich hatten unsere Jolle verkauft, als er Geld für das Haus brauchte, doch ein Segelboot war mein Traum geblieben, den ich mir nach dem Abschluss der Promotion erfüllen wollte. Allerdings würde das ja noch dauern. Ich wollte auf keinen Fall egoistisch erscheinen, wollte Marlenes Glück mindestens so sehr wie das meine und hatte auch keinen Grund zu glauben, dass sie sich mit ihrer Einschätzung irrte: Sie hatte ja tatsächlich ein untrügliches Gespür dafür, wo es langging; fand sie, dass sich hier ein Café tragen würde, war mit Sicherheit etwas daran. Sie hatte ein Händchen für solche Dinge. Wahrscheinlich würde aus dieser Investition wirklich etwas in mein Boot zurückfließen, zumindest war das nicht völlig blauäugig, und wenn nicht, wäre das Geld eben weg. Ich brauchte es ja nicht zum Leben. Mich würde das Ganze trotzdem aus der Klemme befreien, in der ich steckte: Niemand würde mehr glauben, dass ich es Konrad und Marlene übelnahm, dass sie nach der ganzen Vorgeschichte auch noch ›mein‹ Haus gekauft hatten; man würde glauben, ich hätte Marlene und Plenskow aufgegeben; ich würde nicht mehr bemitleidet werden, sondern einer sein, der es sich leisten konnte, ihnen unter die Arme zu greifen. Ein Förderer, ein Sponsor. Mein Ansehen würde steigen. Ich drückte die Zigarette aus und versuchte, wie Konrad zu klingen: »Ich denke darüber nach.«

Marlene drückte mir einen Kuss auf die Wange. Ihr Ohrgehänge klimperte wie ein Windspiel.

Auch Konrad war seit der Entdeckung des Wandbildes nicht untätig geblieben, Mittel für die Restaurierung aufzutreiben. Nach seiner Vorstellung sollten Rita und Pavel nach Plenskow ziehen, wie er mir munter berichtete, denn Ritas Hilfe bei den Kindern und im Haushalt wäre sehr willkommen, wenn sich Marlene ernsthaft einem widmete. Außerdem war hier Platz genug, sie könn also getrost ihr Haus verkaufen und den Erlös in den Ausbau des Gutshauses stecken. Rita betrachtete die Sache schon als entschieden. Dass das auch Agnes und mich betraf, kam Konrad gar nicht in den Sinn, aber wie sollte ich es ihm übel nehmen, strahlte er doch diese ansteckende Zufriedenheit über die gute Lösung aus, die er gefunden hatte.

Café
·n

Drittes Kapitel

Die Weihnachtstage standen bevor. Als ich diesmal vom dunklen Vorplatz in das erleuchtete Vestibül trat, sah ich mich staunend um: Der Tischler hatte die prächtige Treppe restauriert, die sich mit bernsteinfarbenem Schimmer nach oben wand, die breiten Dielen kamen mir wie Planken eines weitgereisten Schiffes vor, und der frische Putz leuchtete in herrlichem Renaissanceblau. Nach links ging die Tür in Konrads Praxis ab, wo jetzt wieder das Messingschild glänzte, nach rechts – demnächst – ins Café. Hier fehlte noch die Tür, doch das konnte den Eindruck nicht stören: Was für ein Entree war das geworden! Was für eine Einstimmung in ein solches Haus! Allein, neben der Tür zur Wohnung irritierte Ritas Schuhregal. Sie hatten sich also eingerichtet.

Ihr Eigenheim war binnen einer Woche ausgeräumt gewesen. Sortiert wurde nichts, denn Rita vertrat die Ansicht, dass sie ihren gesamten Besitz nach Plenskow mitnehmen konnten – wer in ein Gutshaus ziehe, müsse sich nicht verkleinern. Zwecklos, ihr die Größe der beiden Zimmer im Parterre vor Augen zu führen, die zwar geräumig waren, aber viel kleiner als das Haus, das sie verließen. In die obere Etage konnten sie nicht ziehen, wo mehr Platz gewesen wäre, weil Pavel das Treppensteigen quälte. Blieb also nur die Zimmerflucht hinter dem Salon, die früher einmal die von Dredow'sche Bibliothek und ein Arbeitszimmer beherbergt hatte (auf den alten Plänen steht unbegreiflicherweise »Kontor«). Nach einem erfolglosen Anlauf, die Werkstatt und damit das zukünftige Café zu beanspruchen, hatte Rita sich damit zufriedengegeben, ihre Habe im Haus zu verteilen: ihre Waschmaschine neben die vorhandene, ihr Lieblingsservice aus Bürgeler Porzellan in den Küchenschrank, in dem nun Überfüllung herrschte, Pavels Klavier in den Salon und die Umzugskisten, denen sie sich später widmen wollte, in die Werkstatt. Den Kampf um das alte Schuhregal hatte Marlene allerdings noch nicht verloren gegeben.

Auch als sie mich begrüßte, fiel ihr Blick darauf, und sie drohte Rita, nicht ganz im Scherz, das Ding müsse verschwinden, sonst werde es im nächsten Laubfeuer aufgehen. Rita zuckte nur die Schultern, gab mir einen mütterlichen Kuss, doch als Selma das Treppengeländer herunterrutschte, entlud sich ihr Ärger doch: Selma wolle sich wohl den Hals brechen! Warum, dachte ich kurz und reumütig, hatte ich für diese Weihnachtstage keine Klinikschicht übernommen?

»Dann sind wir ja vollzählig«, versuchte Marlene die Stimmung zu heben, und Pavel fragte zögernd: »Agnes kommt wohl nicht?«

»Nein, diesmal nicht«, erklärte Rita offenbar nicht zum ersten Mal. »Das lohnt sich nicht: der Jetlag, die Kosten! Und Mr Maynard spricht nur Englisch, mit dem könnten wir uns gar nicht unterhalten.«

Pavel schlurfte geknickt aus der Tür, schaute von der Freitreppe in den dunklen Winterhimmel und suchte den Polarstern, den er seinen Enkeln einmal zeigen wollte. Vergeblich, wir blickten nach Süden. Ich teilte meine Zigarette mit ihm, und wir erinnerten uns an Agnes, meine getürmte Schwester, die uns hier sitzen gelassen hatte. Pavel, noch mit siebzig ein rüstiger Mann, war damals ganz plötzlich vergreist: nicht, als die Mauer fiel, nicht, als Rita völlig verstört war, weil man sie verdächtigte, bei der Stasi gewesen zu sein (»Ich war in der SED, nicht in der Stasi!«, rief sie immer wieder, selbst jetzt noch), sondern als seine Tochter verschwand, über deren Verbleib nichts bekannt war. Einundzwanzig Tage Stille. Als sie sich endlich aus New York meldete, sahen Pavels Haare wie Schaumkronen aus, und Rita begann, ihn einen alten Nölpott zu nennen, was zuvor undenkbar gewesen wäre.

»Das ist doch kein Beinbruch! Agnes wird schneller wieder hier sein, als du gucken kannst«, versuchte sie ihn aufzumuntern. Doch Pavels Pessimismus erwies sich als weitsichtiger, denn Agnes war und blieb abwesend.

Nun kam Selma so kreuzunglücklich aus dem Haus,

dass ich nicht wusste, wohin mit meinem Mitgefühl, das sich in mir verknäulte und mich glauben ließ, ich selbst sei eigentlich am meisten zu bemitleiden. Mir ging es entsetzlich! Zum Verzweifeln! Wie war ich nur so einsam geworden? Warum bekam ich nichts mehr hin? Am liebsten hätte auch ich geweint wie Selma, geklagt wie Pavel, aber mir fehlte wohl die Übung.

»Selma«, hörte ich Pavel, »komm her und erzähl mir deinen Kummer.«

»Nein!«, rief sie verstockt irgendwo vom Vorplatz. Die einzige Straßenlaterne am Weg warf nur einen mageren Schein auf den Feldrand, doch den Platz ließ sie im Dunkeln. Selma musste bei den alten Stallungen sein.

»Selma!«, rief auch ich. »Lass uns in den Garten gehen, Pavel zeigt uns den Polarstern.«

»Lasst mich in Ruhe!«, kam ihre Stimme zurück, und es klang so, als wolle sie auf keinen Fall in Ruhe gelassen werden.

»Ach, ist das ärgerlich!«, zeterte Pavel. »Wo es doch heute so sternenklar ist. Ohne dich mag ich nicht, Selma.«

»Na gut. Aber ich geh da nicht rein, ihr müsst meinen Mantel holen.«

»Abgemacht«, rief ihr Pavel zu und zog sich ins Haus zurück. Ich tastete mich vor, dahin, wo ich Selma vermutete, und entdeckte sie auf einer Schubkarre.

»Was ist denn passiert?«, fragte ich.

»Die wollen die Kaukasustanne fällen«, schluchzte sie. Ich verstand nicht. Wer wollte was fällen?

»Wo steht sie denn, diese Kaukasustanne?«, fragte ich nach.

»Na hier! Das ist sie doch. Sie können sie doch nicht einfach als Weihnachtsbaum nehmen.« Selma klang ungeduldig, weil ich das Augenscheinliche nicht begriff. Der Nadelbaum, der hier so deplatziert herumstand, war also eine Kaukasustanne.

»Ah«, sagte ich, »sie steht hier in der Tat ungünstig. Man kommt ja nicht mehr durch die Tür dahinter, und in ein paar Jahren wird sie so groß sein wie der Nussbaum da vorn.«

»Das ist Quatsch«, sagte Selma und rieb sich die Oberarme, »nicht in ein paar Jahren.«

»In ein paar Jahren ist sie zu groß als Weihnachtsbaum. Und es ist doch viel schöner, wenn sie nicht einfach gefällt und verheizt wird, sondern vorher noch ein großes Finale erlebt. So ein Weihnachtsbaum wird von allen geliebt, besonders von den Kindern. Stell dir mal vor, was Jakob und Laure sagen würden, wenn es in diesem Jahr keinen Tannenbaum gäbe!«

»Ja, da wären sie wohl traurig«, gestand mir Selma zu, und ich hoffte schon, das Ruder herumgerissen zu haben. »Aber sie würden es verschmerzen.«

Auf der Treppe tauchte Pavels Umriss auf. Selma lief zu ihm und zog sich die warmen Sachen über. Auch Pavel trug jetzt einen Mantel und die Uschanka auf dem Kopf, die Rita ihm einst aus dem Kaufhaus Gum mitgebracht hatte, und war nunmehr bereit für einen sternenkundlichen

Ausflug. Er ging voran in den dunklen Garten, wir folgten dem Knacken seiner Schritte auf dem frostigen Boden.

»Früher war Astronomie ein Schulfach, und zwar in der zehnten Klasse«, sagte Pavel zu Selma, »und ich habe es unterrichtet.«

»Ich dachte, du warst Musiklehrer«, erwiderte Selma.

»Geht beides. Schade, dass du keine Astronomiestunden haben wirst, aber wozu auch. Wir müssen ja nicht mehr zuerst auf dem Mond landen. Dein Onkel Nikita wollte früher Kosmonaut werden …«

»Wir sollten auf die Pferdewiese gehen«, unterbrach ich ihn, denn die Geschichte war allzu oft aufgewärmt worden. Dass ich gern Juri geheißen hätte wie Gagarin und all das, als wäre mein Name nicht seltsam genug. Rita hatte zum Zeitpunkt meiner Geburt alle Hoffnungen auf Chruschtschow gesetzt – damals immerhin schon Parteichef –, und als der zu Konrads Geburt auch noch Regierungschef geworden war, verhinderte es nur Pavels sture Weigerung, dass sein zweiter Sohn auf den Namen Sergejewitsch hören sollte. Wie immer hatte Konrad mehr Glück gehabt.

»Hier stört das Licht aus den Fenstern«, erklärte ich den anderen und ärgerte mich, dass ich immer alles begründete. Menschen, die sich durchsetzen konnten, begründeten nichts. Pavel und Selma zogen weiter, und auf der Pferdewiese legten wir die Köpfe in den Nacken.

»Dort ist der Große Wagen!«, rief Selma und zeigte nach oben.

»Dann sieh dir die Hinterachse an. Zieh von unten – vom Rad – nach oben die Linie weiter und noch weiter, und dann kommt ein heller Stern, der zum Kleinen Bären gehört. Siehst du ihn?«

Selma grübelte noch, welches wohl die Hinterachse war, kam dann aber dahinter. »Warum sagst du Kleiner Bär? Das ist doch der Kleine Wagen.«

»Geht beides. Also der helle Stern an der Deichsel ...«

»Was ist eine Deichsel?«

»Das Ding, an dem man den Wagen zieht. Also der helle Stern ganz vorn, das ist der Nordstern.«

»Du wolltest uns aber den Polarstern zeigen.«

»Jaja, das ist er. Nordstern, Polarstern, Stella Polaris. Geht alles.«

»Wozu braucht ein Bär eine Deichsel?« Pavel stutzte kurz. Dann setzte er seinen Vortrag fort, denn er wollte endlich sein Wissen anbringen. »Der Polarstern befindet sich in der Nähe des Nordpols, deswegen die beiden Namen. Und er zeigt an, wo Norden ist. Seefahrer zum Beispiel haben sich daran orientiert.«

»Ganz schön hell«, sagte Selma.

»Und golden«, schloss Pavel.

Für mich waren alle Sterne weiß, aber Selma, die gute Augen hatte, schien zu begreifen, wovon er sprach. Wir suchten den Orion und das Winterdreieck und mein Nacken schmerzte, aber was bedeutete das schon im Angesicht des Universums? Aus dieser Perspektive waren wir alle unmaßgeblich – der Sternenhimmel war ein großer

Gleichmacher, der uns alle in die Randzone schickte. Plenskow oder New York, Konrad oder ich, alles Kleinkram. Doch als uns die Kälte weiter zusetzte, kehrten wir zurück in die Räume, die wir zum Mittelpunkt unserer Welt erklärt hatten; Pavel und Selma durch den Wintergarten, ich, um mein Gepäck aus dem Wagen zu holen, durch die Vordertür.

Auf der Freitreppe hatten sich Marlene und Konrad ebenfalls einem Stern zugewendet, einem dreidimensionalen Ungetüm mit reichlich Zacken, das sich im Vergleich zu unseren echten Sternen wie eine grobe Fälschung ausnahm. Konrad stand auf der zitternden Leiter, freute sich an der intakten Beleuchtung und daran, dass am Mittelrisalit schon ein Haken war. Wie praktisch. Marlene aber fand, dort würde der Stern zu tief hängen, man müsse ihn in den ersten Stock hinaufziehen. »Findest du nicht auch, Niketsch?« Ich aber wollte nichts damit zu tun haben, wollte lieber vom Universum träumen und schob mich entschuldigend zwischen Marlene und der Leiter hindurch ins Haus, räumte das Sofa in der Werkstatt frei von dem, was sich über den Tag angesammelt hatte, und sank sogleich in einen tiefen Schlaf.

Der Kater, der zu meinen Füßen eingeschlummert war, reckte sich und blinzelte ins Licht. Marlene stellte den dreibeinigen Hocker ab, den heißen Kaffee darauf, den sie mir mitgebracht hatte, und setzte sich zu mir auf das Sofa, nahm den Kater in den Arm und befühlte die dünne

Wolldecke, unter der ich in der Nacht gefroren hatte. »Zu kalt«, sagte sie. Diese selten gewordene Vertrautheit liebte ich. Ich nahm die Tasse, lehnte mich zurück und lauschte Marlene, die plauderte, wie sie es oft tat, über das, was sie sich in naher und ferner Zukunft erträumte, was heute werden sollte, was sie Lustiges gehört hatte. Es war ein melodischer Singsang, dem ich noch lange hätte zuhören können, denn Marlene gehörte zu den Menschen, die allein schon durch ihre Gegenwart beschenken, durch ihre Art zu sein. Aber es war der 24. Dezember, da konnte sie nicht lange herumsitzen. Ein Weihnachtsbaum musste her, und Marlene wäre es am liebsten gewesen, wenn es die Nordmanntanne vom Vorplatz wäre. Ob sie die Kaukasustanne meinte, fragte ich, und sie tat, als hätte sie mich erwischt als Selmas Komplizen.

»Meinetwegen Kaukasustanne«, rief sie, noch lachend.

»Selma hängt daran«, sagte ich. »Ich fahre los und kaufe einen Tannenbaum, dann enttäuschen wir sie nicht.«

»Selma hängt an allem, was aus dem Boden wächst, sie durchläuft gerade ihre botanische Phase. Hast du noch nie davon gehört? Trotzphase, blaue Phase, botanische Phase – alles ganz normale Entwicklungsstufen. Ein anderer Baum löst das Problem keinesfalls, dann ist es ihr darum schade. Außerdem –«, sie lehnte sich zu mir, sodass der Kater unwillig aus ihrem Arm sprang, »wir müssen die Tanne fällen, sonst können wir den Originalzustand des Platzes nicht mehr herstellen. Klonski hat genau im Blick, wann ein Baum die Größe erreicht, wenn er nur noch mit Genehmigung gefällt werden darf. Schon das nächste Frühjahr können wir nicht mehr abwarten.«

»Weiß Selma das?«

»Ja klar, nur ist der Originalzustand für sie kein Argument. Er lebt ja nicht.« Sie seufzte. »Ich werde noch einmal mit ihr sprechen. Wenn sie versteht, dass es zum Gärtnern dazugehört, eine Auswahl zu treffen, nicht alles wuchern zu lassen, sieht sie es vielleicht ein.« Sie stand auf. »Würdest du den Baum dann fällen? Die Axt ist im Stall, den Ständer muss ich erst suchen. Konrad hat heute Vormittag Patienten, sonst hätte ich ihn gefragt.«

»Wenn Selma zustimmt, meinetwegen«, erwiderte ich. Doch war mir nicht wohl dabei.

»Du hast sie wirklich gern.«

»Wen hat er gern?« Jakob und Laure liefen barfüßig herum und verteilten ihre Vorfreude.

»Die Schokolade solltet ihr doch nicht vor dem Frühstück essen«, versuchte Marlene erzieherisch einzugreifen. »Und zieht euch was an die Füße!« Sie war entwischt, ich wieder allein.

Um die Mittagszeit fand ich keine Ausreden mehr, ich musste den Baum fällen, holte die Axt aus dem Holzschuppen und redete mir gut zu: dass ein Baum zu einem Weihnachtsfest dazugehöre, dass Selma sich hatte erweichen lassen, diesen Brauch nicht zu boykottieren, dass der Baum im Weg stand. Trotzdem mochte ich diese Aufgabe nicht. Sie erinnerte mich an das Präparieren von Leichen im Anatomiekurs oder an das Setzen von Schnitten in heile Haut. Es verstieß gegen mein Empfinden –, und wie immer tat ich es trotzdem.

Es nieselte aus grauen Wolken. Ich betrachtete die Axt und zündete mir eine Zigarette an. Der Postbote kam und übergab mir die Zeitung und ein paar Sendungen. Nichts von Agnes, doch Tiles hatten einen Gruß geschrieben, Freundlichkeiten auf Edelbütten. Nachdem ich die Post ins Vestibül getragen hatte, nahm ich einen neuen Anlauf, versuchte die Säge, griff doch wieder zur Axt. Vielleicht sollte jemand den Baum festhalten, dachte ich, aber es kam nur einer der Schulzes den Weg entlang, LPG-Schulze, der mit einem Nicken grüßte. Der Baum krachte zu Boden. Ich stellte ihn auf, prüfte ihn auf Schäden. Ein Patient von Konrad verließ das Haus, ließ seinen Wagen an und rollte vom Platz. Es roch nach Mineralöl. Meine Hände waren taub. Selma und Laure kamen mit einem Korb zurück, in dem die Geschenke gewesen waren, die sie Frau Niemann, dem alten Badstüber und anderen Plenskowern überbringen sollten; nun war er voller Gegengaben, wie ich sie noch aus meiner Zeit hier kannte: Honig, frische Eier, Obstbrand.

»Das ist doch mal ein Weihnachtsbaum!«, rief ich den beiden zu. Selma ließ mich abblitzen, aber Laure hüpfte nun über den Platz, die Treppe hinauf, zeigte auf den Stern darüber, falls Selma ihn noch nicht bemerkt hatte, hüpfte ins Haus, wovon sich ihre große Schwester nicht anstecken ließ, die noch immer schmollte.

Doch als wir den Baum im Salon aufstellten, war Selma dabei. Marlene hatte einen Platz nahe der hinteren Salonwand ausgewählt, wo er gut zu sehen sein würde, auch aus der Küche. Der Weihnachtsschmuck lag bereit: getrocknete Orangenscheiben, Strohsterne, die Laure und Jakob in der Adventszeit gebastelt hatten, Kerzen aus Bienenwachs.

»Warum soll der Baum denn dorthin? Am Fenster wäre es doch viel besser«, rief Rita aus der Küche. Und als sie keine Antwort erhielt, lief sie an uns vorbei in ihre Zimmer.

»Ihr werdet es nicht glauben, ich habe beim Umzug schönes altes Staniol-Lametta gefunden«, rief Rita von nebenan.

»Brauchen wir nicht«, rief Marlene zurück, die jetzt die Kerzen im Baum befestigte.

Rita kam mit einer großen Kiste zu uns, fand echte Kerzen bedenklich und holte eine Lichterkette heraus.

»Nein!« Jakob und Laure lachten über solche Unbedarftheit. »Nachher müssen die Kerzen doch angezündet werden!«

»Ihr seid altmodisch«, jammerte Rita, die den Sieg mit dem Lametta davontrug, weil die Kinder es mochten. Und es war nicht nur Lametta, das sie zu diesem Weihnachtsbaum beisteuerte, sondern auch in Silberfolie verpackte Schokoladenfiguren (»Aber nicht gleich alles aufessen!«), die alten Silberkugeln unserer Familie (»Na, Nikita, erkennst du sie wieder?«) und beinahe noch eine silbrige Spitze, gegen die sich Marlene so leidenschaftlich wehrte, dass Rita unentschlossen in die Runde schaute, mich entdeckte und sagte: »Nun sag doch auch einmal etwas dazu, Nikita!«

Ich setzte mich in die Fensternische, machte eine Kunstpause und erklärte, dass diese herrliche Kaukasustanne wundervoll gewachsen und ihre Spitze von so vollkommener natürlicher Schönheit sei, dass hier – anders als bei gekrümmten Exemplaren, bei denen man stets ausgezeichnete Effekte mit dem Spitzenschmuck erzielen könne und in vergangenen Jahren zweifelsfrei erzielt habe – kein solcher Trick vonnöten sei, dass er im Gegenteil verhüllen würde, was doch den Blicken preisgegeben sein sollte. – Verdutzt schauten sie mich an. Ich hätte noch ein Weile so dozieren können, war gerade in Fahrt gekommen, aber Rita rief stolz: »Ganz der Doktor!«

Marlene fragte: »Ach ja, was macht eigentlich deine Doktorarbeit?« Gut, dass ich saß. Was sollte ich antworten? Seit Monaten wusste ich nicht weiter.

»Naja«, sagte ich, die Wahrheit musste doch einmal heraus, »ich habe auf einem Symposion erfahren, dass eine andere Forschergruppe die Antwort auf meine Fragestellung gefunden hat. Sie sind mir zuvorgekommen. Ich muss von vorne anfangen.«

»Oh, das tut mir leid!«, rief Marlene erschüttert, kam auf mich zu, als wolle sie mich in den Arm nehmen wie ihre Kinder nach einem Sturz, blieb aber irgendwo hängen und rief noch einmal: »Oh, das tut mir so leid! Die ganze Arbeit umsonst!«

Rita hatte beide Hände an die Wangen gelegt, drehte den Kopf trotzdem nach rechts und links und musste sich erst einmal sammeln. Das dauerte nicht allzu lange, und sie konnte mir schon zureden: »Das ist doch kein Beinbruch, Nikita, selbst Konrad hat keinen Doktortitel.«

»Was ist ein Sympositum?«, fragte Selma.

»So eine Art Kongress«, sagte ich.

»Wenn sich viele Wissenschaftler treffen und über ein Thema sprechen, an dem sie alle gerade forschen«, sagte Marlene.

»Naja, so ungefähr«, sagte Rita. Sie musste jetzt zurück in die Küche, damit es nachher etwas zu essen gab, es war schon drei Uhr geworden.

»Oh, in einer Stunde beginnt die Christvesper«, erinnerte sich Marlene, und Rita sagte: »Na und? Wir gehen doch nicht zur Kirche.«

»Du musst ja nicht mitkommen«, entgegnete Marlene, und Rita murmelte im Hinausgehen etwas von Restauration, Konterrevolution und Opium für das ...

»Was ist eine Konterrevolution?«, fragte Selma.

»Wenn man die Feudalherrschaft wiederhaben will«, schimpfte Rita.

»Wenn man gegen eine bestimmte Veränderung ist, die andere durchgesetzt haben«, sagte Marlene müde. Konnten sie wirklich nie einer Meinung sein?

Der Weg durch den ehemaligen Park war am Heiligen Abend voller Geheimnis, finster und still bis auf die Kirchenglocken, die mit ihrem ärmlichen Scheppern nach der kleinen Gemeinde riefen. Die Kinder liefen vor mir her bis zum Kirchhof, auf dem sie sich gegenseitig erschreckten, und als ihnen lange genug schaurig gewesen war, mussten wir immer noch eine Weile am Portal auf die anderen warten, die allzu langsam über die Dorfstraße kamen. Von denen, die es in die alte Backsteinkirche zog, kannten wir manche, wie den LPG-Schulze mit Frau und Kindern oder das Ehepaar Klonski, doch manche waren auch nicht aus dem Dorf. Da tauchten die anderen endlich auf, Rita zuerst, die auf den letzten Metern ausschritt. Sie hatte doch nicht zu Hause warten wollen, während wir etwas erlebten, und sei es auch nur die Konterrevolution. »Stillsitzen und nur flüstern!«, klärte sie die Kinder über richtiges Verhalten in der Kirche auf.

Wir nahmen in einer der hinteren Bänke Platz, flüsterten nicht, sondern schwiegen und nahmen diese seltsame Versammlung in Augenschein. Die Gemeinde war erstaunlich zahlreich und schon auf den ersten Blick so unsicher. Nur wenige Bänke vor uns machte ich Konsum-Schulze aus, die reglos zwischen Frau Niemann und dem alten Badstüber saß. Die anderen Schulzes saßen zusammen in den vorderen Bänken und sahen sich scheu um. Nur Klonski tat, als sei er ein erfahrener Kirchgänger. Über uns allen schwebte ein jahrhundertealter Sternenhimmel, goldene Explosionen im tiefblauen Firmament.

Die Orgel begann zu spielen. Woher kannte ich eigentlich die Melodie? Bestimmt nicht aus meinem Elternhaus, aber vielleicht von Marlenes Schallplatten. Im Kerzenlicht sah ich den Atem der Sänger. Die Kinder waren ganz bei der Sache. Laure, die rechts neben mir saß, traf mit ihrer klaren Stimme jeden Ton, während Selma zu meiner Linken oft falsch sang. Während der Predigt bewarf sie Jakob mit Wachsklümpchen, was ihn jauchzen ließ. Die Pfarrerin, eine großgewachsene Frau mit roten Apfelbäckchen, mühte sich auf der Kanzel redlich ab. Weihnachten sei doch das Fest der Liebe, an dem wir die Not unseres Nächsten sahen und linderten. Ein Gesicht habe der Heiland bekommen, und auch wir sollten einmal unserem Nächsten ins Gesicht schauen, und nun dauerte es eine Weile, bis die Menschen in den Bänken verstanden, dass sie sich jetzt anschauen sollten, was sie verlegen taten. Ja doch, die Not des Nächsten ließ sich gut an den Gesichtern ablesen. Befreiend die Orgeltöne, auch wenn der Spieler oft danebengriff, *Es ist ein Ros entsprungen*. Das musste Selma gefallen, mit ihrem Fühlen für alles aus dem Boden Wachsende. Neben ihr Rita, die laut und immer einen Achtelton zu tief sang, während Jakob die Wachsgeschosse zurück zu Selma schnipste, von denen eins dem singenden Pavel auf das Notenblatt fiel: Er richtete den Blick zur Decke, um zu schauen, was da rieselte, und blieb im Sternenhimmel hängen. Ich fühlte mich weich und warm werden und dachte, dass wir weniger reden und mehr miteinander singen sollten. Das schien mir eine gute Lösung zu sein.

Plötzlich standen Walters und Frau Niemann auf. War es schon zu Ende? Nach und nach erhob sich die ganze

Versammlung, und ein Gemurmel setzte an. Von uns kannte nur Marlene den Murmeltext und die Pfarrerin sprach ihn sehr laut für all die Heiden mit, die sich in ihre Messe verirrt hatten und die betreten schwiegen. Das abschließende *O du fröhliche* brachte Erleichterung; jeder kannte die Melodie, und da sich der Text von Strophe zu Strophe nicht groß unterschied, fühlten wir uns alle befähigt, zur Festlichkeit beizutragen.

Als wir aus der Kirche traten, war die Temperatur gefallen. Fröstelnd zogen wir über die Dorfstraße, und als der falsche Stern über der Freitreppe in Sicht kam, war mir sein Licht doch willkommen, das uns den Weg über den Vorplatz wies. Auch Rita hatte eine Veränderung durchlaufen: Sie war vom Singen in der Kirche so begeistert, dass sie ihre Religionskritik über Bord warf und in Plenskow einen Chor gründen wollte. Und gleich heute Abend am Weihnachtsbaum sollten wir auch noch singen, zum Beispiel *Tausend Sterne sind ein Dom*, ihr Lieblingslied, das in der Kirche leider ausgelassen worden sei.

Mir oblag es, die Kerzen am Baum anzuzünden, während Pavel schon am Klavier wartete, um auf mein Zeichen in die Tasten zu greifen. Mit den ersten Klängen öffnete sich die Tür, und die Kinder kamen herein, gefolgt von Marlene, die nun ein dunkelrotes Kleid und die Haare in einem kunstvollen Knoten trug, den ich gern berührt hätte. Nicht anstarren, sagte ich mir und betrachtete den festlichen Baum, den herrlichen Salon, die beglückten Kinder und Konrad, der mit einem Cognacglas zu uns trat und den freien Arm um Marlene legte. Sie nahm ihm das Glas aus der Hand und stellte es auf das Klavier. So klein die Geste war, so ungewöhnlich kam sie mir vor, hatte Marlene doch sonst nichts Bevormundendes an sich – sie ließ andere sein, wie sie waren, zumindest solange das auch andersherum galt. Glaubte sie, dass Konrad zu viel trank? War das Maß schon bedenklich?

Rita rief: »Und jetzt *Leise rieselt der Schnee*«, und Pavel sagte: »Nachher, meine Liebe, jetzt hört ihr zu.«

Laure trat zum Klavier und begann sogleich ein Lied vorzutragen, das sie mit Pavel geübt haben musste. Dabei zog sie beständig an ihrem Zopf und lächelte so breit durch ihre Zahnlücke, dass der Text kaum zu verstehen war. Doch ihre Stimme war hell und dunkel zugleich, kindlich, aber schon kraftvoll. Konrad bat um eine Zugabe, die Pavel und Laure bereitwillig gaben. Jakob ließ sich nicht dazu bewegen, nun seinerseits etwas vorzutragen, die Latte lag einfach zu hoch. Er begnügte sich damit, neidlos zu applaudieren. Selma aber versprach uns eine Überraschung, später.

Endlose Bescherung; das Geschenkpapier möge man nicht einfach aufreißen, sagte ausgerechnet Rita, die es sonst immer so eilig hatte, und Pavel, dem Geschenke einerlei waren, brachte viel Zeit damit hin, herumzuraten, was sich in jedem Schächtelchen befand, wahrscheinlich in der Annahme, die Kinder fänden es umso lustiger, je falscher er lag. Die begannen sich aber zu langweilen, während ich Hunger bekam und Konrad Durst. Jakob freute sich mäßig über seine Geschenke, weil kein Hund darunter war; Laure hatte es besser getroffen, begann gleich mit ihrem Puppentheater zu spielen, das ihr Marlene gebaut hatte; Selma vertiefte sich, als Pavel sein Notenbuch endlich ausgepackt hatte, in ihr botanisches Nachschlagewerk, und ich klapperte mit dem Deckel des Kirschholzhumidors, den man mir zugedacht hatte, obwohl ich keine Zigarren rauchte. Ich merkte auf, als Marlene die Rubinohrringe anlegte, die Konrad ihr ausgesucht hatte, und ja, er hatte ihren Geschmack getroffen, was ich bedauerte, denn nun bekam er auch noch einen Kuss. Er dagegen fuchtelte nur mit seiner neuen Angel, und Rita legte ihr Kochbuch gleich zur Seite (»Ich brauche doch nichts mehr!«). Mir wurde heiß. Der blaue Kachelofen war zur Höchstform aufgelaufen, und die Kerzen heizten den Raum noch weiter auf, der sonst immer so kalt war.

Endlich war der Gabenberg bewältigt. Wir hofften auf das Abendessen, unruhig vom langen Sitzen, als Selma noch etwas vortragen wollte. Dazu stellte sie sich vor den Weihnachtsbaum und begann mit einer Geschichte von der Art wie die vom aufgehaltenen Segler Ernesto.

»Hier ist eine Weihnachtsgeschichte, erfunden von Selma Wander am 24. Dezember«, begann sie und legte Ernst in ihre Stimme. *»Unser Kater Elmar geht durch den Wald und spricht mit den Bäumen. ›Lieber Götterbaum, was hast du zu Weihnachten bekommen?‹ – ›Eine Eisenbahn‹, antwortet der Baum.«*

»Ich auch!«, rief Jakob begeistert.

»›Und du, liebes Maiglöckchen, was hast du bekommen?‹ – ›Ein Theater‹, sagt das Maiglöckchen.«

Jetzt strahlte Laure. »Genau wie ich!«

»›Und du, meine liebe Kaukasustanne, was hast du bekommen?‹ – ›Ohrringe, damit ich schön glitzere.‹«

Wie war das zu verstehen? Marlene als Weihnachtsbaum?

»Elmar geht weiter durch den Wald. Da sieht er einen Judasbaum und fragt ihn, was er zu Weihnachten bekommen hat, und erhält zur Antwort: ›eine Angel‹.«

Alle Augen richteten sich auf Konrad, der sein Cognacglas schwenkte und sich sein seltsames Doppelleben als Baum nicht weiter zu Herzen nahm.

»Als Nächstes fragt Elmar die Mistel: ›Was hast du zu Weihnachten bekommen?‹ – ›Eine Zigarrenkiste‹, sagt sie.«

Mistel. Das war kein Baum. Und auch nicht die Pflanze, in der ich mich wiedererkennen wollte. Ich schlug ein Bein über das andere, wippte damit und versuchte mich an einem Lächeln, das aber wohl misslang.

»Nun geht unser Kater weiter durch den Schnee. Als er den Essigbaum sieht, traut er sich erst gar nicht zu fragen und macht es dann doch: ›Was hast du bekommen?‹ – ›Oh, nur ein Buch.‹«

Die als Essigbaum Bezeichnete sah streng zu Marlene und schüttelte den Kopf, doch Selma fuhr fort.

»Elmar fragt das Pfaffenhütchen, und es antwortet ›Noten‹.«

Pavel, der das Prinzip noch nicht verstanden hatte, lächelte wohlwollend zur Enkelin.

»Elmar ist zufrieden, denn alle Bäume haben etwas Schönes bekommen. Da sieht er die Zaubernuss und fragt: ›Hast du auch ein Geschenk bekommen?‹ – Da antwortet sie ihm: ›Ja, dich, Elmar!‹«

Selma strahlte und war mit ihrer Pointe zufrieden, auch wenn es ihr an Logik mangelte. Jakob klatschte in die Hände, und einige von uns schlossen sich ihm an.

»Ist das der Dank?«, fragte Rita scharf. »Wir haben auch dir sehr schöne Geschenke gemacht, Selma, und du nennst Pavel Pfaffenhütchen und mich einen Essigstrauch?« Es war plötzlich sehr still.

Jakob erschrak darüber und brach in Tränen aus. Laure tröstete ihn schwesterlich, während Selma nicht verstand, wo das Problem lag. »Was ist denn?«, fragte sie zögernd.

»Darauf wirst du doch wohl selbst kommen! Am besten, du gehst in dein Zimmer, um in Ruhe darüber nachzudenken.« Rita musste wirklich gekränkt sein.

»Selma, komm zu mir«, griff Marlene ein. »Ich habe deine Gesellschaft gern. Und deine Geschichte hat mir auch gefallen. All die Pflanzen! Du bist wirklich eine Zaubernuss!« Sie gab Selma einen Kuss, ganz die liebe Mama. Aber nicht die liebe Schwiegertochter, als die sie noch anbrachte: »Rita, du kannst natürlich jederzeit auf dein Zimmer gehen.«

»Das ist doch unnötig«, Konrad nahm ihre Hand. »Lass es gut sein.«

Marlene entzog ihm die Hand. Sie ließ es nicht gut sein, solange ihre Tochter zu verteidigen war.

»Rita ist doch auch nur ein Mensch«, fügte Konrad etwas hilflos hinzu.

»Ja, ein Mensch und kein Essigstrauch!«, entfuhr es Rita. Ein Zweig des Weihnachtsbaums fing Feuer, und ich brauchte einen langen Moment, um mich von meinem Hocker zu lösen und die Flamme zu löschen.

»Da seht ihr es«, schrillte es aus Ritas Sofaecke, »Marlene muss ihren Kopf durchsetzen, und sei es mit diesen kreuzgefährlichen Kerzen! Da brennt noch mal das Haus ab!«

»Jetzt lass es doch mal gut sein«, hörte ich mich sagen, ich wollte, dass Rita aufgab. »Marlene hat doch gar nicht in allem ihren Kopf durchgesetzt.«

»Ja, Marlene kann noch viel von Rita lernen«, Pavel goss sein Öl langsam ins Feuer.

»Es war doch nur eine ausgedachte Kindergeschichte«, sagte Konrad so, dass es abschließend klingen sollte.

»Du hast gut reden! Sich selbst schmeichelt sie: eine Zaubernuss, haha! Eigentlich hätte sie sich einen ...« – Rita suchte in ihrem Gedächtnis nach einem Baum, aber keiner fiel ihr ein – »eine Distel nennen müssen!«

»Jetzt reicht's aber mal!«, fuhr Marlene sie an.

»Ach Marlenchen, verdreh doch nicht alles«, meldete sich Pavel wieder zu Wort, doch was auch immer er hatte sagen wollen, er kam nicht dazu, denn er wurde von Ritas brechender Stimme übertönt: »Ach, du findest wohl auch, dass ich ein Essigstrauch bin? Ich muss wohl alles auf mir sitzen lassen?« Konrad nahm nun Ritas Hand, vielleicht hätte er damit mehr Glück, und bot ihr einen Schluck seines Cognacs an, wie bei der Versöhnung harter Kerle. Rita aber war gerade kein harter Kerl und starrte ihn an.

»Kommt, schließt Frieden«, sagte Konrad, aber es war nicht klar, wen er eigentlich meinte, und alle schwiegen ratlos. Bis Pavel sagte: »Ob Agnes am Weihnachtsabend auch Bismarckheringe isst?«

»Was für Dinger?«, fragte Laure erstaunt.

»Jetzt gibt es Essen!«, rief Rita aus, schnäuzte sich und stapfte in die Küche.

Konrad goss Cognac nach, klemmte sich eine Zigarette zwischen die Lippen und verzog sich in den Garten. Im Hinausgehen rief er den Kindern zu: »Wo steckt der Kater eigentlich?« Und schon waren auch sie auf den Beinen. Marlene und ich löschten die Kerzen. »Du stehst auf meiner Seite, danke«, raunte sie mir durch die Zweige zu. Für mich klang es, als hätte sie gesagt: Konrad steht nicht auf meiner Seite, ich habe falsch gewählt; und wider besseres Wissen meldete sich die alte Hoffnung zurück, die törichte Hoffnung, dass sich die Zeit zurückdrehen ließe.

Rita rief zu Tisch. Sie hatte ihre Idee eines schlichten Mahls am Heiligabend umgesetzt, allerdings ohne die Festgesellschaft zuvor auf ihren Geschmack zu befragen, und so stellte es sich erst jetzt heraus, dass die eine Hälfte von uns partout keine Bismarckheringe zu sich nehmen wollte. Laure und Jakob machten eine große Show des

Ekels daraus, und Marlene ließ sie gewähren, auch wenn sie derlei Spiele sonst nicht duldete. »Sie sind doch köstlich!«, behauptete Rita, und Pavel nickte fünffach. Selma, blass, sagte nur, sie wolle nichts. Konrad schob ohne viel Aufsehen eine Tiefkühlpizza für die Kinder in den Ofen. Rita hielt das Besteck in den Fäusten, ihr Gesicht rot, und ich fürchtete das Schlimmste: Entladung, Zusammenbruch, Schaden mit unabsehbaren Folgen. Da krachte es auch schon. Ich fuhr herum. Der Weihnachtsbaum war in den Salon gestürzt, der Verursacher des Unfalls flüchtete sich mit gesträubtem Fell auf das Klavier, erschrak über die Töne und sprang nochmals empor, wo er einen Engel und einen Bergmann erfasste, die auf die Tasten knallten.

»Elmar!«, rief Selma und lief zu ihm. »Was machst du denn?«

»Er hat doch nur mit den Kugeln gespielt«, erklärte Jakob.

»Zum Glück waren die Kerzen nicht an«, sagte Marlene wirklich erleichtert. Sie hatte genug, wünschte sich gute Stimmung oder mindestens Ruhe. Doch wir konnten uns alle schlecht ertragen: Rita, die allein am Küchentisch sitzen blieb und zu viele Heringe aß, Konrad, der sich noch ein Glas eingoss und damit entwich, Pavel, der im Sessel am Ofen einschlief, die Kinder und Marlene, die den Baum wieder aufstellten, die Scherben auffegten und den Kater besänftigten.

Später warf ich die verbrannte Pizza in den Müll. Als das Telefon klingelte, war nur noch Pavel im Salon, der aufschreckte und mir zurief, dies sei nun endlich Agnes, ich möge bitte den Hörer abnehmen. Aber es war nicht Agnes, es war eine junge Frau, die dringend nach einem Arzt fragte. Ich notierte die Adresse, erinnerte mich an das Dorf, das vier oder fünf Kilometer von Plenskow entfernt sein mochte, dachte an all die Drinks, die Konrad an diesem Abend getrunken hatte, und sagte zu, dass ein Arzt kommen werde, ja, so schnell wie möglich. Konrad fand ich schlafend auf meinem Sofa in der Werkstatt, ich rüttelte ihn wach, holte seinen Arztkoffer aus der Praxis und warf mir schon den Mantel über. An der Tür schlug mir ein scharfer Wind entgegen, durch den ich zum Wagen rannte. Während ich das Eis von den Scheiben kratzte, schaute ich zum Haus, doch Konrad war nicht zu sehen – nur hinter den schwach erleuchteten Scheiben an der Westseite zeichneten sich die Umrisse drei kleiner Köpfe ab. Daneben ragten die schwarzen, leeren Äste des alten Nussbaums in den Himmel. Ich machte mich allein auf den Weg.

Über die Alleen wehte dünner Pulverschnee. Im Lichtkegel der Scheinwerfer nur die verlassene Straße und die weiß erstarrten Bäume. Ich stellte das Radio an – Weihnachtsmusik, viel zu hymnisch jetzt –, schaltete es wieder aus und zündete eine Zigarette an, vergaß sie zu rauchen und klopfte sie nur ab und zu in oder neben dem Aschenbecher ab. Dort das Dorf mit meinem Patienten. Das zweite Haus sollte es sein. Ich griff den Koffer, klingelte und wurde sogleich von einer schwangeren Frau eingelassen. Ihr Freund, sagte sie, habe sich vorhin so sehr über das Fernsehprogramm geärgert, dass er kaum noch Luft bekam. Sie wies mir den Weg ins Wohnzimmer, wo der Fernseher noch lief. Der Patient war ein junger Mann mit Tätowierungen am Arm, der auf dem Boden lag, die Hände in Pfötchenstellung verkrampft, offenbar ein Hyperventilationssyndrom. Ob er an einer Lungenkrankheit leide, fragte ich die Frau und schaltete den Fernseher aus. Sie wusste nicht genau, er schüttelte den Kopf. Ich bat sie um einen Gefrierbeutel, redete beruhigend auf meinen Patienten ein, streichelte ihm sogar seinen kurz geschorenen Kopf und ließ ihn schließlich in die Tüte atmen. Bald löste sich sein Krampf. Kaum ging es ihm besser, brüllte er seine Freundin an, über *sie* habe er sich aufgeregt, nicht über das Fernsehen. Offensichtlich ein Hysteriker, bestimmt fing er gleich wieder an zu hyperventilieren. Ich verabreichte ihm ein Beruhigungsmittel.

Mein Eingreifen war einfach und effektiv gewesen. Ich hatte auch mich selbst wieder zusammengesetzt, fand nichts mehr dabei, den Eiswind zu ertragen und zu meiner Familie zu fahren. Als ich den Motor startete, fühlte ich mich – gebraucht? Nein, es war mehr, es war wie beim Segeln, wenn man sein Boot bis ins Letzte kennt, es unter Kontrolle hat. Nur der Umstand, dass die Menschen am Heiligabend nicht miteinander auskamen, lag jenseits meiner Heilkraft.

Nur Konrad war noch wach. Er saß neben dem erloschenen Weihnachtsbaum am ausgekühlten Ofen und drehte ein Glas zwischen den Fingern.

»Ich hatte keinen Bereitschaftsdienst«, sagte er ohne aufzublicken.

Als ich ihm den Fall schilderte, nickte er und wandte sich wortlos ab. Ich blieb mit dem Gefühl zurück, ihm eine Verletzung zugefügt zu haben – als hätte ich mich unrechtmäßig stark und ihn schwach gemacht; als hätte ich mich zum Meister erhoben und ihn zum Nichtskönner erklärt. Diese Nacht wurde mir lang und schwarz. Panik vor einem frühen Tod befiel mich. Dann fürchtete ich, Konrad würde sich mit Alkohol zugrunde richten, was mein Herz rasen ließ. Ich machte Licht, zwei Uhr, starrte an die Wand, an der sich das Bild verbarg wie ein Puzzle, von dem nur wenige Teile erhalten sind, ein burgunderrotes und ein azurblaues; ich glaubte eigentlich nicht daran, dass es jemals wieder vollständig sein könnte. Wie wünschte ich mir, einen Vorwand zur Abreise zu finden, um mich aus dieser Verstrickung herauszuwinden, raus ins Freie. Ja, das Freie: Das waren für mich die Schichten in der sterilen Klinik, Wochenenden und Abende an der Dissertation. Und ich konnte nicht mehr begreifen, warum ich mich so hatte treiben lassen. Im neuen Jahr würde ich die Kurve bekommen, würde mit dem Rauchen aufhören, meine Dissertation ernsthaft vorantreiben und mich von Plenskow fernhalten. Dieses Haus war ihr Projekt. Ich hatte hier nichts verloren.

Viertes Kapitel

Die letzten Tage des Jahres waren trist. Trist hingen die leeren Papiertüten an ihren Schnüren, die mit kleinen Gaben und vorweihnachtlicher Hoffnung gefüllt gewesen waren – einer Hoffnung, die uneingelöst blieb. Konrad verschlief die Zeit, Marlene zog sich zurück, Rita litt an einer Magenverstimmung, und Selma lag fiebernd im Bett. Nach draußen in die schmutzigen Schneereste zog es nicht einmal Elmar, denn auch wenn der Eisregen einmal aussetzte, blieb es nasskalt und düster. Ich fütterte den blauen Ofen, an dem sich Pavel wärmte, der meist das einzige Publikum der wirren Theaterstücke war, die Laure und Jakob aufführten. Sie stellten Geschichten nach, in denen sich leicht Rita und Marlene erkennen ließen, ihr Kampf der Generationen, der zwar wild geführt, aber nie entschieden wurde. Unter den handelnden Figuren war auch ein dienstbarer Geist namens Amur, der stets aufräumte, was die beiden Furien an Chaos hinterließen, und der in Zeiten größter Not kleine Wunder vollbrachte. War er damit fertig, gehörte es zu Amurs Ritus, sich eine Zigarette anzuzünden – mit falschen Zigaretten aus Stroh und echten Streichhölzern –, und Pavel rief dann jedes Mal: »Aufgepasst!«, und hielt den fahlen Zeigefinger in die Luft.

Brachte ich Selma Tee ans Bett, fragte sie nach den anderen. Aber wenn ich die Theaterstücke nacherzählt hatte, gab es nichts mehr zu berichten. Ich versuchte es mit dem aufgehaltenen Seemann Ernesto, aber was sie wirklich wissen wollte, war etwas anderes: Wie ich Marlene kennengelernt hatte und wie das alles mit uns gewesen war.

»Oh, das ist so lange her«, entgegnete ich ihr, denn diese Geschichte gehörte Marlene und mir. Man konnte sie nicht selten genug erzählen.

»Marlene war doch früher einmal deine Freundin gewesen«, beharrte sie. »Wie war denn das?«

»Da warst du noch nicht einmal geboren!«, unternahm ich noch einen Anlauf, aus der Sache herauszukommen. Als wäre die Zeit darüber hinweggegangen wie Ebbe und Flut über das Wattenmeer. Doch meine Vergangenheit ist ein Wiedergänger. Sie lässt nicht los, erneuert sich in der Gegenwart, und dieses fiebernde Kind, für das ich väterliche Gefühle hegte, ermahnte mich, sie anzuschauen. Also gut. Aber ich würde alles so erzählen, als wäre es eigentlich die absurde Geschichte von Ernesto; für Selma wollte ich das Ganze von seiner komischen Seite anschauen, was mir umso weniger gelang, je tiefer ich eintauchte.

Doch wo anfangen? Ich könnte mit der Menschenschlange beginnen, die sich an Sommertagen vor der Eisdiele bildete. In der Stadt, in der wir aufwuchsen, gab es nur diese eine Eisdiele, einen runden Bau mit einem breiten Fenster, dem man sich auf Bretterstufen näherte und aus dem die Eiswaffeln nach draußen gereicht wurden. Hinter diesem Fenster stand eines Tages Marlene, fünfzehn Jahre alt und schön wie Schneewittchen selbst.

»Schoko ist leider aus«, sagte sie zu denen, die vor mir an der Reihe waren. Auch ich fragte nach Schoko, damit sie es auch zu mir sagte. Dann nahm ich Vanille. Am nächsten Tag fragte ich wieder nach Schoko und nahm Vanille. Am übernächsten Tag stellte ich mich zweimal an. Am vierten Tag sagte sie gleich, als sie mich sah: »Schoko ist aus.«

»Dann nehme ich Vanille.«

»Vanille ist auch aus.«

Mehr hatte ich nicht vorbereitet. Noch heute wird mir heiß und kalt, wenn ich an die Sprachlosigkeit dieses Augenblicks denke. Was sagt ein Mann zu der Frau, die er liebt, wenn er plötzlich etwas sagen muss? Gab es überhaupt etwas, was ein Mann zu einer Frau sagen konnte, wenn er sie liebte?

»Nimmst du dann Frucht?«, fragte sie.

Selma hatte die ganze Zeit gekichert. »Es kommt noch dicker«, versprach ich ihr, was sie offenbar freute.

Erst nach Tagen, fuhr ich fort, hatte ich mich so weit gesammelt, dass ich mich wieder in die Schlange stellen konnte. Um nicht abermals eine so lächerliche Figur abzugeben, hatte ich mir einige Sätze notiert, die sich je nach Situation anbringen ließen. Den Zettel trug ich in der Hosentasche:

1. *Schmeckt das denn?*
2. *Stimmt so.*
3. *Wie heißt du eigentlich? (beiläufig)*
4. *Wann gibt es denn wieder Schoko?*
5. *Wann hast du hier Schluss? (desinteressiert)*

Ich hatte mir alle Möglichkeiten eingeprägt, war sie beim Warten noch einmal durchgegangen und hoffte auf genügend Geistesgegenwart, Marlenes und meine Sätze bestmöglich zu verknüpfen.

»Also eine Kugel Schoko?«, fragte sie.

»Was heißt hier stimmt so. Ich meine, wann ist Schokoschluss?«

»Wie?«

»Schmeckt das denn?«, fragte ich.

Sie gab mir Schoko.

»Ich habe kein Kleingeld«, sagte ich und gab ihr einen großen Schein, um sie mit meinem Reichtum zu beeindrucken.

Sie sah ihn an und sagte: »Ich bin Marlene. Du kannst mich um zehn nach sechs abholen. Das Eis geht aufs Haus.« Dann reichte sie mir die Waffel und gab mir den Zettel mit meinen Gedächtnisstützen zurück.

Selma rief: »Oh nein!« und vergrub ihr Gesicht in den Händen.

Es war aber erst halb fünf, erklärte ich ihr nun. Es lohnte sich also nicht, sich weit zu entfernen. Am besten, ich wartete in der Eisdiele, nein, dann würde sie mich sehen, besser im Park, dann könnte ich schon einmal die Bank aussuchen, auf der wir nachher sitzen würden. Das war doch alles Unsinn. Ich konnte nicht mit Frauen, erst recht nicht mit schönen. Also würde ich sie nicht abholen, schließlich hatte ich gar nicht eingewilligt, stand viertel vor sechs vor der Eisdiele, wartete auf sie, wollte fünf nach sechs doch lieber nach Hause gehen und meiner Mutter im Haushalt helfen, als Marlene auf mich zukam. Sie fragte nach meinem Namen, dann, ob sie mich auch anders nennen dürfe, Niketsch zum Beispiel. Sie erzählte von ihrem Ferienjob in der Eisdiele und von ihren Kolleginnen. Von da an liefen unsere Gespräche besser. Mit der Zeit, als wir uns öfter sahen, verschwanden die Themen Eis und Eisdiele ganz, nun redeten wir über die Haustiere, die wir beide nicht haben durften: sie nicht wegen Frau Semmelweiß, wie sie ihre Stiefmutter nannte, ich nicht wegen meiner Mutter und der vielen Arbeit, die sie sowieso schon hatte. Als es Herbst wurde, sprachen wir vor allem über unsere Zukunft, über unser Gefühl, irgendwie anders zu sein, und über die Freiheit, die uns viel bedeutete. Oft saßen wir am Rand des Hafenbeckens. Wir waren uns so nah, dass es undenkbar schien, daran könne sich je etwas ändern. Alles, was ich in unseren gemeinsamen Jahren tat, war für sie. Für Marlene lohnte es sich, Abitur zu machen und Medizin zu studieren, was man eigentlich nur meinem Bruder Konrad zutraute. Ich hielt all die Jahre stoisch durch, was mir auferlegt wurde: Das Krankenpflegepraktikum war eine Tortur, aber noch nichts gegen die Armee, sodass mir die nächtelange Paukerei der ersten Semester im Vergleich dazu erträglich erschien. Das Studium fiel mir schwer. Welches Krankheitsbild auch immer zu lernen war – ich glaubte, selbst daran zu leiden, und so verbrachte ich meine Studienzeit mit Beulenpest, Kropf und Fußpilz; musste Prüfungen wiederholen, mich von Professoren beschimpfen lassen und dachte doch nie ans Aufgeben, denn für das gemeinsame Leben mit Marlene ergab dieser Weg einen Sinn.

An den Wochenenden sahen wir uns, die übrigen Tage dachte ich an sie. Sie hatte nach dem Schulabschluss eine Lehre in der Gärtnerei begonnen, froh, es nicht schlimmer getroffen zu haben, und unglücklich, dass ihr keine anderen Türen offenstanden. Hunderte Male verabschiedeten wir uns auf schmutzigen Bahnsteigen, und ebenso oft suchten wir nach Wegen, wie wir näher zusammenrücken konnten. Doch es war nicht die Zeit der vielen Möglichkeiten. Uns blieb die Hoffnung auf später, wenn ich endlich Arzt sein würde.

Konrad spielte keine Rolle, weder für Marlene noch für mich. Er war mein kleiner Bruder, der Musterschüler, der Liebling meiner Mutter, und erst als auch er schon studierte – an derselben Universität wie ich – und sich die Chance bot, eine alte Jolle zu kaufen, entdeckten wir Brüder unsere gemeinsame Leidenschaft und reparierten den heruntergekommenen Kahn. Dabei schwiegen wir, sprachen nur das Nötigste, als wären wir ein chirurgisches Team bei der Operation. Die Zange bitte. Manchmal pfiff Konrad vor sich hin. Dann begann einer von uns unvermittelt ein Gespräch über unmögliche Reisen, darüber, ob man in diese Welt Kinder setzen konnte, oder über irgendeine anatomische Frage. Ich stellte fest, Konrads Gesellschaft zu genießen. Seine Weigerung, sich den Druck zu eigen zu machen, der allenthalben an der Medizinischen Fakultät erzeugt wurde, verlieh ihm Größe, adelte ihn. Er ließ sich einfach nicht anstecken von all dem Stress wie wir Normalmenschen, kannte keinen Ehrgeiz. Wozu Stoff wiederholen, den er sich schon gemerkt hatte? Wozu viel reden, wenn er längst im Mittelpunkt stand? Niemand sah so gut aus wie er, niemand war so lässig, niemand so großmütig mit den Schwächen anderer. Und auch er schien meine Gegenwart zu mögen. Manchmal sagte er in nautischem Kauderwelsch, ich sei ›lotrecht‹, was für mich nach einer Eigenschaft klang, die einen guten Untertan ausmachte. Das erschien mir ganz in Ordnung.

Die Arbeiten am Boot dauerten Monate, länger als ein Jahr sogar. Mal fehlte es an Zeit, mal an Material, sodass es oft nicht danach aussah, als würden wir die Jolle je seetüchtig bekommen. Doch irgendwann war es doch geschafft. An einem Sonntag im Mai drehten wir die erste Runde durch das Hafenbecken. Der Wind wehte nur schwach und reichte gerade, langsam in Fahrt zu kommen. An Bord Konrad und ich, am Hafenrand unsere

Kommilitoninnen Ines, Ina und Inga, die uns zusahen. Nur Marlene war nicht wie vereinbart gekommen, doch nach kurzer Enttäuschung darüber ging ich ganz in der Herrlichkeit des Augenblicks auf. Das Leben schien nur noch aus windigen Frühsommertagen zu bestehen, aus klaren Gewässern, freien Tagen und der Gewissheit, ganz außerordentliches Glück zu haben. Und da sah ich Marlene doch, die von der Mole aus gestikulierte, sie wolle mit. Ich gestikulierte zurück, dass sie hier nicht würde einsteigen können, sondern da drüben, auf der anderen Seite, dort wo die drei Is standen. Sei es, dass Konrad den dreien nicht zu nah kommen wollte – womöglich wussten sie voneinander nicht, wie weit sie es bei ihm jeweils gebracht hatten –, sei es aus Übermut, lenkte er uns nah an die Mole heran. Auf dieser Seite schlugen kaum Wellen an die Steine, er überließ mir das Ruder und sprang ins Wasser, um Marlene zu holen. Triefend kamen sie an Bord und sahen sich begeistert an. In diesem Moment war mir vollkommen bewusst, dass mein Lebensglück auf der Kippe stand. Aber es schien so abwegig, dass die beiden, deren Leben sich seit Jahren gekreuzt hatten, plötzlich irgendetwas Besonderes füreinander empfinden sollten.

Ich muss ihnen zugutehalten, dass sie sich noch lange bemühten, lediglich die zu sein, die sie sein sollten: meine Freundin und mein Bruder. Erst im Jahr darauf, ich war Pflichtassistent in Berlin, sagte mir Marlene, sie sei von Konrad schwanger. Ich gab ihr eine Ohrfeige. In all den Jahren danach erwähnte sie weder diese verkehrte Reaktion noch meinen peinlichen Spickzettel vom Eisladen, nicht unseren Anfang und nicht unser Ende, aber ich weiß mit Sicherheit, dass sie sich gut an beides erinnert – auch ohne meine Chronistentätigkeit.

Selma hatte mir zugehört, erst kichernd, dann entsetzt, zuletzt mitfühlend. Jetzt, da die Geschichte heraus war, überlegte sie nicht lange: »Vielleicht bist du ja mein Vater.«

»Nein«, erwiderte ich munter, »Konrad ist dein Vater.«

»Woher weißt du das?«

»Weil Marlene es weiß, und Mütter wissen so etwas. Und frag mal Konrad: Der wird dir das Gleiche sagen.«

»Bist du sehr sauer auf ihn?«

»Nein, ein bisschen vielleicht. Aber er ist ja immer noch mein Bruder.«

»Ich wäre an deiner Stelle mordsmäßig sauer«, sagte Selma, »auf beide.«

»Aber was kann man ihnen vorwerfen? Sie lieben sich eben.«

»Interessiert mich nicht die Bohne«, sagte Selma, die gerade auf meiner Seite stehen wollte. Mir hätte es gefallen, so eine Tochter zu haben.

Den Silvesterfeiern entging ich glücklich in der Klinik, ebenso meinem Geburtstag, der auf den 1. Januar fiel. Das neue Jahr, mein neues Lebensjahr, sollte der Dissertation gewidmet sein, wirklich. Dieses Vorhaben ergänzte ich durch eine Reihe guter Vorsätze, die ich sehr ernst nahm, und als ich das nächste Mal – es war schon April –

wieder nach Plenskow kam, war ich Nichtraucher, hatte zusammen mit meinem Doktorvater einen gangbaren Weg für die Dissertation gefunden (Teile des Erarbeiteten würden sich als Vorstudien nutzen lassen) und war frisch mit Katja zusammen, einer außergewöhnlich hübschen OP-Schwester, die zwölf Jahre jünger war als ich. Was sie an mir fand, weiß ich nicht, aber ich mochte sie, weil sie viel lachte und weil ihr blondierter Zopf auf eine so fröhliche Weise an ihrem Hinterkopf wippte. Alles an ihr war ein bisschen klein, aber sie war wie ein blühender Kirschbaum, ein Lichtblick, ein Lächeln.

Mit diesem Rückhalt war es nicht schwer, zu meiner Familie zu fahren. Ich schaute nur mal vorbei, einfach so, wie andere Menschen das auch machten. Als ich an jenem Frühlingstag auf dem Vorplatz hielt, blühte der Löwenzahn aus allen Ritzen. Die Luft war frisch, die Pfützen vor den Stallungen tief, der Weihnachtsstern über der Freitreppe zur Hälfte mit Regenwasser gefüllt. Im Vestibül stand unverändert Ritas Schuhregal und die Tür zum Café fehlte noch immer. Lediglich im Café selbst gab es Bewegung, denn bis auf das Baugerüst vor dem Wandbild war es nun ganz leer geräumt. Hier traf ich Marlene an, die mich schon erwartete. »Komm mit«, sagte sie und zog mich an der Hand die Treppe hinauf, vorbei an den Kinderzimmern, bis zum hinteren Ende des Flurs, wo sie mich aufforderte, die Tür zu öffnen. Ich drückte die Klinke und blickte in einen weißgetünchten Raum, eine Kammer eher, deren Fenster über den alten Park ging. Vor den Scheiben ein Tisch mit dem dreibeinigen Hocker, an der linken Wand eine Liege, an der rechten ein hölzernes Regal.

»Das ist dein Zimmer«, sagte Marlene und setzte sich auf den Hocker. »Jetzt, wo unten das Café entsteht, kannst du dort ja nicht mehr bleiben.« Sie zog die Schublade des Tisches auf, nahm einen Schlüssel heraus und gab ihn mir. »So, jetzt kannst du immer kommen.«

Ich starrte sie an. Sie war, das stimmte, nicht so jung und schmal wie meine junge Freundin, sie hatte aufgesprungene Hände und trug ein Kleid, auf dem grüne Kängurus Kopf standen – und doch wollte ich sie so gern in die Arme schließen. Stattdessen ließ ich mich auf die Liege sinken und sehnte mich nach einer Zigarette. Zehn Minuten hatte ich mich gut gehalten, vielleicht war es sogar eine Viertelstunde gewesen, doch diese Fürsorge erwischte mich kalt, verwickelte mich abermals in das Plenskower Leben, von dem ich trotz allem nicht Teil werden konnte. Diese Kammer gefiel mir außerordentlich, das erschwerte die Sache. Ich mochte Räume, die karg möbliert waren, mochte es provisorisch, als könnte ich jeden Moment alles zusammenpacken und abreisen. Und dieser Ort entsprach diesem Wunsch vollkommen, er zeigte mir, dass Marlene mich kannte, sehr gut kannte, und dass es ihr nicht egal war, ob ich sie besuchte oder nicht.

»Danke, das Gästezimmer ist hübsch. Ich kann es in nächster Zeit nur selten nutzen, weil ich mit der Dissertation fertig werden muss«, versuchte ich noch einmal, meine Unabhängigkeit zu verteidigen.

»Du kannst auch hier arbeiten.« Sie drehte sich so an den Tisch, als wollte sie gleich damit anfangen. »Zum Schreiben braucht man bestimmt Ruhe. Laure spielt zwar neuerdings Klavier, aber man hört sie hier oben kaum, du wirst gut vorankommen.« Sie drehte sich wieder zu mir und lächelte: »Außerdem wollen wir dich in unserer Nähe haben. Pavel hat Angst, dass ihm noch ein Kind abhandenkommt, und Selma hängt an dir. Neulich hat sie mich sogar gefragt, ob du in Wahrheit ihr Vater bist, stell dir vor.«

»Aha.«

»Wie sie nur darauf kommt!«

»Und? Bin ich?«

Stille.

»Wahrscheinlich nicht«, sagte sie leise, schaute aus dem Fenster, als flöge dort gerade etwas Interessantes vorbei.

»Wahrscheinlich?«

»Du weißt doch, wie es damals gewesen ist.«

»Du warst dir so sicher, dass das Kind von Konrad ist.«

»Wahrscheinlich schon«, entgegnete Marlene.

»Machen wir einen Vaterschaftstest?«

»Ja, nicht jetzt.« Marlene wollte keine Klarheit.

Wie abgeschieden meine Kammer war, merkte ich erst, als wir die Treppe wieder hinunterkamen, denn im Parterre ging es inzwischen lebhaft zu: Herr Tile und sein Helfer richteten sich vor dem Wandbild ein, was Frau Tile mit begeisterten Ausrufen begleitete: Wie sehr sie dieses Haus doch liebe!, was klang, als sei es ihres. Pavel gab Laure im Salon eine Klavierstunde. Rita hatte eine von Konrads Patientinnen – eine groß gewachsene Frau mit langen mohrrübenfarbenen Haaren – im Vestibül abgefangen, um sie für ihren Chor zu gewinnen, weil sie unglaublich laut lachte und folglich eine gute Gesangsstimme besitzen musste. Als Frau Tile Marlene entdeckte, hakte sie sich bei ihr unter, als wären sie Vertraute, zwang sie ins Café und erklärte ihr langsam und deutlich, dass es ein Riesenfehler wäre, bei der Inneneinrichtung zu sparen, dass eine *Rancilio* unabdingbar sei, um den Kaffee mit *Crema* brühen zu können, und dass sie jederzeit zu helfen bereit sei, zum Beispiel über ihre Kontakte zu wichtigen Persönlichkeiten aus der Kaffeebranche. Die Serviererinnen müssten Schürzchen und Häubchen tragen wie um die Jahrhundertwende, und im Vorraum zur Damentoilette brauchte es eine Chaiselongue, ohne die es wirklich nicht ginge.

Das neue Chormitglied hatte das gehört und brachte mit beeindruckender Stimme hervor: »Damit sich die Damen von den Schürzchen und Häubchen erholen können. Und man muss immer Palmwedel bereithalten, nie die Palmwedel vergessen!« Jetzt lachte sie wirklich sehr laut. Marlene ließ sich anstecken, befreite ihren Arm aus Frau Tiles und stellte sich vor. Marlene – Sybille. Ach, die Mutter von Marie, Selmas Freundin, kellnern Sie nicht beim *Hirschen*? Man könne sich auch duzen. Frau Tile betrachtete Sybille wie unter ihrer Würde und schlenderte Richtung Praxis, während Rita ihre Chor-Errungenschaft zurückhaben wollte und Marlene fragte, wo denn Jakob sei, sie hätte ihn zuletzt mit der Axt spielen sehen.

Ich hätte jetzt wirklich gern eine geraucht. Stattdessen ging ich schnell, als wäre mir gerade etwas Wichtiges eingefallen, ins Vestibül, wusste dort nicht weiter und öffnete die Tür zu Konrads Praxis. Der Warteraum war leer, auch Frau Klonski, die hier Sprechstundenhilfe war, musste schon gegangen sein. Ich setzte mich auf einen Stuhl und schloss die Augen. Erstens nicht rauchen, sagte ich mir. Zweitens keine Zusagen machen. Drittens ... jemand lachte wie gekitzelt. Ach so, Frau Tile, die ja Konrad wegen ihres Nervenleidens konsultierte. Drittens. Die Tür zum Behandlungsraum war nur angelehnt, von dort ein Murmeln. Es klang, wie soll ich es beschreiben, es klang nicht nach Anamnese. Frau Tile klang anders hysterisch als üblich. Jetzt hörte ich auch noch, wie Konrad sie Heidrun nannte und scharrte laut mit den Stuhlbeinen, damit sie gewarnt waren, und die Tür öffnete sich vollends. Eine strahlende Frau Tile trat heraus, sah mir vielsagend in die Augen und zwinkerte mir auch noch zu, was mich peinlich berührte. Ich trat ins Behandlungszimmer.

»Was hast du der denn gegeben?«, fragte ich Konrad mit gespieltem Entsetzen, hinter dem ich ein echtes verbarg.

»Nur ein paar Stimmungsaufheller.«

»Und wirklich?«

»Wieso? Eine Dosis Kokain wirkt Wunder.« Er wollte mir nichts erzählen.

Konrad zog den Kittel aus, griff hinter die Reihe der Fachbücher und holte nacheinander eine Flasche, ein Glas und einen Plastikbecher hervor. Ich sollte jetzt ablehnen, dachte ich, denn Konrad trank zu viel, doch auch mir war etwas zum Festhalten willkommen, und immerhin war es keine Zigarette.

»Auf dieses Irrenhaus«, sagte Konrad und prostete mir zu. Es schmeckte wie etwas, was Jäger trinken, um sich warmzuhalten. Auf dieses Irrenhaus also. Wusste, ahnte er, dass er vielleicht nicht Selmas Vater war? Sollte ich das Gespräch darauf lenken? Aber er brachte die Sprache erst auf die Frauen (das Foto von Katja fand sein Wohlwollen), dann auf die Praxis (sie warf nicht genug ab), dann auf die Plenskower, die ihm rätselhaft blieben (sie erzählten ihm immer neue Geschichten, wie der Mann von Konsum-Schulze umgekommen sei, mal war es eine Lungenentzündung, mal war er vom Trecker gefallen und mal im See ertrunken). Wir tranken noch ein Glas. Danach war Konrad vollkommen nüchtern, doch ich wankte in meine Kammer, fiel aufs Bett, schlief ein.

Ich träumte vom Pfeifen des Windes und einem seltsamen Gesang, der mich in die Tiefe zog. Dort unten schlenderte ich mit Selma über die Milchstraße, und sie nannte mir zu jedem Stern die Pflanzen, die darauf wuchsen. Dann breitete sie ihre Flügel aus und flog als Eule davon. Ich folgte ihr und sah, wie Konrad Katja küsste. Konrad rief: Nicht berühren, sie ist ansteckend! Da legte ich meinen Arm um Marlene, die sich bei näherem Hinsehen doch als Frau Tile erwies, erschrak, öffnete die Augen und wusste nicht, wo ich war. Nur langsam fand ich die Orientierung wieder. Ich tastete nach dem Lichtschalter und hörte tatsächlich einen gedämpften Gesang.

Auf dem Weg nach unten wurde er deutlicher. Neben den hohen nahm ich nun auch tiefe Stimmen wahr, und als ich die Salontür öffnete, hielt Rita dirigierend – als wollte sie zwei Topfdeckel mit Kraft aneinanderschlagen – den kleinen Chor zusammen, den Pavel auf dem Klavier begleitete. Die Frauenstimmen waren Laure, Frau Klonski, Frau Walter, Frau Niemann, Sybille mit den Mohrrübenhaaren und ihre Tochter, die Männerstimmen der alte Badstüber, Klonski und Herr Walter, dazu ein Unbekannter mit finsterem Gesicht. Wer das wohl war? Zwar breit in den Schultern, war er nicht groß gewachsen, und seine grobe Schafswolljacke machte ihn als Auswärtigen kenntlich, denn in Plenskow trug man keine ländliche Kleidung, hier kleidete man sich lediglich nachlässig. Pavel, der einzige Tenor in der Runde, sang laut mit, Rita hingegen war zu stark auf das Dirigieren konzentriert, um selbst eine Stimme zu halten. Als sie mich sah, winkte sie mich heran, doch ich klopfte mir auf den Bauch zum Zeichen meines Hungers und zog weiter in die Küche.

Marlene rückte zur Seite, sodass ich mir einen Stuhl an den Küchentisch ziehen konnte. Herr Tile, den wir nun Winfried nennen sollten, berichtete gerade von der Freilegung des Wandbildes, und Selma fragte nach den Hintergründen: Ob Maler das alles aus dem Kopf malten, warum die Gutsleute das Bild nicht in einem Rahmen haben wollten, warum ein Granatapfel darauf sei. Ihr Interesse war so lebhaft, dass es auch das meine weckte. Ich erinnerte mich noch an vieles, was Dr. Liedmann vor Jahren über die von Dredows erzählt hatte, und auch an die Anekdoten des alten Badstübers, auf die man sich allerdings nicht verlassen konnte. Winfried Tile aber war meinem Wissensstand weit voraus, trieb Recherchen in Archiven und deutete uns eine weitere geheime Quelle an. Versuchte er uns einzuweihen – etwa in den Umstand, dass von Dredows ein wendisches Geschlecht gewesen seien, erstmals erwähnt im 13. Jahrhundert –, unterbrach ihn seine Gattin und rief ungehalten: »Wie langweilig!«, klappte ihren Taschenspiegel auf und betrachtete ihr Antlitz.

Doch aus dem, was uns Herr Tile diesen Umständen zum Trotz zutrug, lässt sich Folgendes zusammenfassen: nämlich, dass von Dredows es wohl erst Anfang des 18. Jahrhunderts zu etwas Reichtum gebracht hatten, während sie zuvor nur kleine Lichter unter den hiesigen Landadeligen gewesen waren. Der Spross der Familie, der die Blütezeit einläutete, war das Sorgenkind seiner Mutter gewesen, die in schlaflosen Nächten zum Herrgott betete, ihr Heinrich möge nicht so gänzlich aus der Art schlagen. Ihre Ermahnungen, seine niederen Beschäftigungen zugunsten eines standesgemäßen Zeitvertreibs aufzugeben, fruchteten nichts – der Junge wuchs zu einem Mann heran, der sich aufs Wirtschaften verstand. Im Alter von siebenundzwanzig Jahren heiratete er eine riesige Mitgift, mit der er Flächen ankaufte, die die Größe des Gutes bis in das 20. Jahrhundert hinein maßgeblich ausmachten. Er war es auch, der das alte Gutshaus abreißen und ein neues, größeres bauen ließ, denn Heinrich und Mathilde hatten acht Kinder, die Platz benötigten. Der Zweitgeborene wurde Diplomat im dänischen Dienst und reiste als Gesandter nach Madrid. Es ist verbürgt, dass seine unverheiratete Schwester ihn dort besuchte. Heinrichs erstgeborener Sohn Heinrich reiste allerdings lieber kürzere Strecken, und zwar zu Pferde. Seit er 1822 auf Einladung des Barons von Biel einem Galopprennen in Bad Doberan beigewohnt und dort die Bekanntschaft des Grafen Plessek gemacht hatte, regte sich in ihm die Leidenschaft für Vollblüter, die sich in zweierlei Hinsicht günstig auswirkte: Erstens festigte das die Plenskower Beziehungen nach Ivenak, Zierow und Weitendorf, zweitens gingen aus seiner Zucht einige vorzügliche Pferde hervor, die er mit beachtlichem Gewinn veräußerte. Auch Heinrichs jüngster Sohn Carl, der Bruder des Pferdeheinrichs, blieb zeitlebens in Plenskow. Er litt häufig an Zahnweh, sodass er meist in Baumwolle gewickelte Breitwegerichwurzeln in den Ohren trug, von denen er sich Schmerzlinderung erhoffte. Ihm kommt das Verdienst zu, die Zahnreinigung im Hause von Dredow eingeführt oder zumindest verfeinert zu haben, indem er Familienmitglieder, Gesinde und Landarbeiter dazu anhielt, die Blätter des Echten Salbeis zu kauen. Nur mit seinem Vorschlag, die Salbeiblätter in das Familienwappen aufzunehmen, konnte er sich nicht durchsetzen.

Mitte des 19. Jahrhunderts wendete sich das Schicksal des Geschlechts wieder, als ein Sohn des Hauses, ein Ururenkel Heinrichs, im Duell erschossen wurde. Fast mutet die treffsichere Kugel wie der Startschuss für den Niedergang der Familie an, denn von nun an ging es in mehrfacher Hinsicht bergab. Einerseits zeigte sich, dass der Kindersegen in allen folgenden Dredow'schen Ehen nur noch dürftig gespendet wurde – mal gab es ein, mal zwei kränkliche Nachfahren –, bis mit Hugos Tod die gesamte Linie erlosch; andererseits wollte sich auch das wirtschaftliche Glück nicht wieder einstellen. Fast wäre das Gut an eine Hamburger Bankiersfamilie verkauft worden, wäre nicht der damalige Gutsverwalter auf den Gedanken gekommen, den Landarbeitern mehr Arbeitsleistung abzupressen, zu der sie samt ihren Geräten und Tieren verpflichtet waren. Er rechnete dem damaligen von Dredow auf einem bis heute erhaltenen Papier vor, wie sich auf diese Weise der Gewinn fast verdoppeln ließe, was diesen traurig stimmte (zu erkennen, wie Winfried Tile darlegte, an einer Tränenspur, die die Tinte verwischt hatte). Man hätte längst auf größerem Fuße leben können! Letztlich aber ließ er seinem Verwalter freie Hand, und das Gut blieb weiterhin in Dredow'schem Besitz. Zwar wurde die eigene Vollblutzucht im Zuge der Reformen aufgegeben, aber man begann, Hannoversche Hengstfohlen aufzuziehen, sodass die Gutsherren ihr Steckenpferd nicht ganz aufgeben mussten. Der Gutsverwalter erhielt ein schönes gelbes Haus auf der linken Seite des Vorplatzes, das Ende der vierziger Jahre abgerissen wurde, als Steine für die Neubauerngehöfte gebraucht wurden. Dass das Haupthaus noch steht, ist übrigens dem Einsatz von Dr. Liedmann zu verdanken, ergänzte ich, schenkt man seinen eigenen Aussagen hierzu Glauben.

Wir wissen auch, dass das Rad der Zeit den Landarbeitern zu mehr Freiheit verhalf, was einen ungünstigen Einfluss auf die Geschäfte der Familie hatte, und dass die Weltwirtschaftskrise endlich und unwiderruflich ihren Ruin herbeiführte. 1930 stand der Verkauf der gesamten Güter an eine Siedlungsgesellschaft an, der aus unbekannten Gründen nicht zustande kam. Bei der Enteignung lagen Hugo von Dredows Felder schon lange brach, und in den Ställen schnaufte nur noch eine Mähre, die nichts mehr mit den stolzen Rennpferden aus früherer Zeit gemeinsam hatte. Als 1946 die Aufforderung erging, Hugo möge sich binnen achtundvierzig Stunden mit einem Handgepäck, das keine Wertsachen enthalten dürfe, aus dem Kreis entfernen, hatte er sein Vermögen bereits zu Geld gemacht und es für laufende Kosten und Lotterielose ausgegeben.

Jakob war schon auf Marlenes Schoß eingeschlafen, als nebenan die Stühle scharrten. Laure kam herein, begeistert und müde, summte etwas vor sich hin und lehnte sich an Konrad. Nur Selma war noch hellwach, lief hinüber in den Salon, damit ihre Freundin Marie nicht aufbrach, bevor sie sich gesprochen hatten. Kurz darauf trat Sybille in die Küche, weil sie ihre Tochter nicht mehr fand, und begegnete in der Tür dem düsteren Sänger, dem Biobauern Jost, wie Marlene mir zuflüsterte. – Und da war er! Der leuchtende Blick von zweien, die sich erkannten. Marlene sah es auch und flüsterte mir zu: »Schade, ich wollte euch beide eigentlich verkuppeln.« Worauf ich antworten konnte: »Ich bin schon vergeben.« Katja sei Dank. Frau Niemann unterbrach unser Getuschel, denn sie hatte etwas für Marlene; ich bot ihr meinen Platz an, doch sie blieb kerzengerade und zäh wie eine alte Elfe stehen. Stattdessen setzte sich Pavel und lauschte Frau Niemann ergriffen, die Marlene unterwies, sie möge die Bärlauchsamen unter den Bäumen ausbringen, denn nur im Schatten würden sie gedeihen. Pavel, der Frau Niemann als einziger von uns Alice nannte, zupfte an ihrer hellblauen Schürze, um ihre Aufmerksamkeit zu erlangen. Frau Tile rief Rita zu: »Wenn Sie eine Sängerin für die Solopartien brauchen, übernehme ich das sehr gern.« Und Rita rief zurück über den Tisch, dass jemand noch das Lied *Feinstliebchen, du sollst mir nicht barfuß gehn* solo singen sollte, weil der Chor es nicht hatte proben wollen, obwohl es ein vortreffliches Stück sei. Frau Tile begann sogleich, es zu trällern, ihr Tremolo ließ uns verstummen, sie stand auf, ging gemessen und mit ausladenden Gesten durch den Raum und sang, zwischendurch einzelnen von uns tief in die Augen schauend und beim »Tralalala« trunken zur Decke blickend, dass ich vor Scham nicht wusste, wohin mit mir. Nach der zweiten Strophe begann ich heftig zu klatschen, die anderen fielen ein, aber Frau Tile sang trotzdem weiter. Als sie geendet hatte, wartete sie auf erneuten Applaus, aber man hörte jetzt nur Laure: »Das Lied ist doof.«

»Es ist eine mährische Weise«, behauptete Frau Tile.

»Na und?«, parierte Laure.

»Bloß weil du es nicht magst, junge Dame, ist es noch lange nicht doof«, entgegnete Rita, und Marlene sagte: »Ich mag es auch nicht.«

»Dieser Zickenkrieg«, sprach Frau Tile langsam und schüttelte ihr Haupt wie von weit oben.

Konrad sagte: »Lasst uns nicht streiten.«

Marlene schnaufte empört durch die Nase. »Jakob, Laure, ab ins Bett«, besann sie sich und stapfte hinaus, Laure an der Hand, Jakob im Arm.

Auch die Gäste verabschiedeten sich nun, Herr Tile verlor seine Antenne auf dem Vorplatz, während Frau Tile im Wagen weiter tirilierte; Jost und Sybille hatten Marie mit irgendeinem Versprechen aus Selmas Zimmer gelockt und machten sich zusammen auf Richtung Dorfstraße; Frau Niemann ging durch den Garten nach Hause.

Endlich allein in meiner Kammer, holte ich ein Fachmagazin heraus, in dem ein neuer Artikel über Wachstumshormone erschienen war, doch ich konnte mich nicht konzentrieren. Von draußen Stimmen: Marlene klang aufgebracht, Konrad schlecht gelaunt, aber es war nichts zu verstehen. Ich erhob mich und ging hinunter in die Küche, um mir noch einen Tee zu kochen. Im Vorübergehen hörte ich Marlenes Stimme hinter der Schlafzimmertür, die

Konrad Heidrun Tile vorhielt. Unten hörte ich den nächsten Streit: Rita schimpfte mit Pavel, den sie einen alten Nölpott nannte und der seinerseits schwieg. Alice war hier der Stein des Anstoßes. Ich sah es vor mir: Pavel, der stolz seinen Arm um die zarte Frau Niemann legt und verliebt in ihre wasserblauen Augen schaut. Aber nein, nahm ich mich abermals zusammen, es ist absurd, sich seine eigenen Eltern so vorzustellen. Alles sträubt sich in einem.

Fünftes Kapitel

Meine Familie raufte sich wieder zusammen, ohne dass ich je ein Wort der Versöhnung hörte. Alle schienen einfach von den Konflikten abzulassen, beschäftigten sich mit anderen Dingen oder schätzten wieder die Seiten, die sie am anderen mochten. Irgendwie setzte sich die Nachsicht miteinander durch, ohne Vorsatz und ohne große Gesten. Und in dem Maße, in dem sich die Bewohner des Gutshauses besser verstanden, verbesserte sich auch ihr Ansehen im Dorf, zumal die Konfliktlinien ohnehin gerade woanders verliefen: Jost und Sybille, die nun im Nägelhof zusammenlebten, standen auf der einen, der Schulze-Clan und Klonskis auf der anderen Seite. Sybille verlor ihre Stelle im *Hirschen*, und Frau Schulze verbreitete von ihrer Kiosktheke herab haarsträubende Geschichten. Besonders Marie, die ein Bein nachzog, erfuhr das schmerzlich, denn die Kinder vom Hirschen-Schulze begannen, sie nun Hinkemarie zu rufen, zumindest, wenn Selma nicht in der Nähe war, vor der sie sich hüteten.

Allerdings kann ich zu all dem wenig sagen, denn in jenem Sommer war ich selten in Plenskow zu Gast. Ich arbeitete fieberhaft an meiner Dissertationsschrift und verbrachte meine wenigen freien Stunden mit Katja, die mir wohltat und mich ablenkte. Fragte sie allerdings nach mehr gemeinsamer Zeit, nach meiner Familie, nach einer gemeinsamen Wohnung, vertröstete ich sie auf die Zeit nach der Promotion; und fuhr ich doch einmal nach Plenskow, nahm ich sie nicht mit.

Bei jedem meiner weit auseinanderliegenden Besuche im Gutshaus war mehr vom Wandbild zu sehen. Selma und Marie saßen oft auf dem Gerüst, um Winfried Tile dabei zuzusehen, wie er die Farbschichten sorgsam abtrug. Zunächst waren botanische Details erschienen, für Selma leicht zuzuordnen, denn die Pflanzen wuchsen allesamt im Plenskower Wald. Sie zeigte uns die Blätter der Vogelkirsche und den silbernen Stamm der Buche, die gelben Sterne des Wald-Bingelkrauts und die trübroten Blüten des Hohlen Lerchensporns, eines duftenden Erdrauchgewächses, das in dieser Gegend häufig war. Die Landschaft, erklärte sie, müsse im Frühjahr gemalt worden sein, denn die Akelei, der Weißdorn und das Besenmoos blühten, doch das Licht passe nicht dazu – so stelle sie sich eher Italien vor, im Hochsommer. Was sich der Maler dabei wohl gedacht hatte?

Später legte Herr Tile ein schwarzes Pferd frei, in dem

Marie einen englischen Vollblüter zu erkennen glaubte. Jemand hielt das Tier am Halfter. Vielleicht war es ein Tausch, überlegten wir, oder der Beginn einer Reise. Nach und nach wurden auch zwei Gestalten sichtbar, schlank und aufrecht, vielleicht junge Männer mit weichen Zügen oder junge Frauen, als Männer verkleidet. Der oder die eine, die das Pferd führte, trug das Drewdow'sche, die andere ein karmesinrotes Wappen auf der Brust. Die Figuren wirkten sehr innig und schauten einander versunken an. »Wer mögen sie sein?«, fragte Selma. »Warum wurden sie gemalt, gab es sie wirklich, und was machen sie da bloß?«

Zu unseren Füßen war Marlene dabei, das Café einzurichten. Sybille hatte ihr in den letzten Wochen dabei geholfen, und auch jetzt war sie da und verbreitete Heiterkeit: Immer wieder hörte man nun irgendwo im Haus ihr Lachen. Die beiden trieben mürbes Mobiliar auf, das sie geduldig instand setzten, sie leimten Stühle, besserten das Korbgeflecht aus, schliffen und ölten Tische, bis das alte Holz glänzte. Sie malten Schilder, die am nahegelegenen Radweg Appetit auf Kaffee und Kuchen machen sollten, außerdem ein großes für die Dorfstraße und ein letztes für die Hofeinfahrt. Lange konnten sie sich nicht einigen, wie das Café heißen sollte. Marlene dachte an *Granatapfel*, Rita an *Café im alten Gutshaus*, denn dann wüsste die Kundschaft, woran sie war, während sich Sybille mit Namen wie *Kaffeeklatsch* und *Kuchenschenke* durchzusetzen hoffte. Am Ende hieß es *Granatapfel*, und als Zugeständnis an andere Vorlieben erschienen auf den Schildern Zeichnungen von dampfenden Kaffeetassen. Ich hätte das Café *Marlene* genannt.

Zum Ende des Sommers kam die Restaurierung des Wandgemäldes zum Abschluss. Nun tauchte ein Zimmermann auf, der eine Galerie errichtete, die es nach historischen Plänen unter dem Bild einmal gegeben haben musste. Das Geländer interpretierte er allerdings nach Marlenes Vorgaben neu: Er verzierte den Handlauf mit geschnitzten Pflanzenornamenten, mit Äpfeln und Granatäpfeln, Ahorn- und Gingkoblättern, Mistelzweigen und seltsamen Knollen. Als das Café im Spätherbst zur Eröffnung bereit war, trug es Marlenes Handschrift, wirkte so wunderlich einheitlich in seinen zusammengewürfelten Elementen, dass es Nachsicht und Versöhnlichkeit vermittelte. Hier entsprang alles ganz unterschiedlichen Quellen und Epochen. Nichts hätte zusammengepasst ohne Marlenes magische Einsicht in das, was sich dennoch vertrug; wie zum Beispiel das Geschirr, das ein Kunsthandwerker aus der Gegend angefertigt und granatrot lasiert hatte, und das zwar neu, aber mit seinen Dellen und Flecken so wenig perfekt war wie alles Übrige. Das Parkett wiederum war alt, aber so symmetrisch verlegt, dass es in seiner Strenge zur technisch-kühlen Kaffeemaschine passte, die durch Frau Tiles Vermittlung hierher geraten war. Alles sprach hier miteinander. Der Austausch in diesem Café begann schon, bevor der erste Gast über die Schwelle getreten war. Der ganze Ort offenbarte Marlenes Vollkommenheit.

Als das Café eröffnen sollte, wurden die Tage schon

merklich kürzer, und der erste Frost ließ nachts die Felder erstarren. Oft lag nun Raureif auf dem Feld, den der Nebel dort hinterließ, wenn er von der müden Sonne doch in den Himmel gelockt worden war. An einem solchen Morgen stellte der Postbote jedem Dorfbewohner eine Einladung zu, während Marlene eine Reporterin der Lokalzeitung durch das Gutshaus führte, die am Tag vor der Eröffnung diesen wiedererstandenen Raum geselligen Lebens auf der viel gelesenen Kulturseite pries. Schon am Vormittag des Eröffnungsfestes war der Feldweg von einer Schlange parkender Autos gesäumt: Die Gäste kamen aus den umliegenden Dörfern, der Kreisstadt, aus meiner Hafenstadt und sogar aus Berlin. Unter diesen Umständen konnten auch die Plenskower, die gerade noch ihre Vorbehalte an Frau Schulzes Kiosk diskutiert hatten, nicht fernbleiben; sie schlenderten wie gleichgültig über den Handwerksmarkt auf dem Vorplatz, berührten vorsichtig die Auslagen, unterhielten sich nur mit denen, die sie kannten, und kauften einen geflochtenen Brotkorb, ein geschnitztes Obstbrett oder eine Bienenwachsseife. Erst nach dieser Vorstufe wagten sie sich über die herrschaftliche Freitreppe durch den Mittelrisalit hindurch in den *Granatapfel*, der selbst wie ein sonderbarer Jahrmarkt anmutete und in eine vielversprechende Wolke frischen Kaffeeduftes gehüllt war. Die Stühle waren allesamt besetzt, etliche Gäste mussten stehen oder auf den Stufen zur Galerie Platz nehmen, während sich Marlene und Sybille mit ihren Tabletts und granatroten Schürzen durch die

Menge schoben. Die meisten bestellten einen Kaffee aus der erstaunlich zischenden Maschine, die heute von Selma bedient wurde, während Marie Ritas Pflaumen- und Käsekuchen auf Teller schichtete und dazu granatrote Servietten faltete.

Ich war zusammen mit Katja, die zum ersten Mal mit nach Plenskow gekommen war, etwas ungünstig zwischen Frau Niemann und Frau Tile zum Sitzen gekommen und bemühte mich, die angeregten Gespräche vom anderen Tischende aufzufangen. Doch Frau Tile verhinderte das. Sie wollte meine Meinung zu ihren gerade erworbenen gefilzten Eierwärmern wissen, schien unsicher, ob die stilisierten Ohren daran nicht vulgär seien. Ich schwankte kurz, wog Höflichkeit gegen Ehrlichkeit ab, und versicherte sie der Vorzüglichkeit ihrer Anschaffung. Am anderen Ende wurde die Espressomaschine diskutiert. Rita erklärte, sie trinke nur normalen Kaffee, womit sie ihren gewohnten Filterkaffee meinte. Frau Tile hörte das auch, erinnerte daran, dass sie die Maschine besorgt hatte, und trug darüber hinaus zum Gespräch bei, sie würde ihren Kaffee immer schwarz, einfach schwarz und ohne Koffein trinken, ihres Nervenleidens wegen. Dann wartete sie die Wirkung ihrer Worte ab. Der alte Badstüber – er saß Rita gegenüber und hatte die Daumen unter die ausgeleierten Hosenträger geschoben – ergriff die Gelegenheit, um das Thema auf alte Zeiten zu lenken, in denen er sich insgesamt lieber aufhielt. Da hätten sie nämlich Kaffeeersatz aus Kornelkirschen hergestellt, Teufelszeug, aber besser als nichts. Und besser als Kaffee aus gerösteten Weißdornbeeren, der alte Schulze habe sich mit dem Gebräu ein lebenslanges Magenleiden zugezogen.

»*Mich* würde das umbringen«, rief Frau Tile.

»Früher, als hier noch der Konsum war, gab es nur selten Kaffee zu kaufen«, sagte Frau Niemann neben mir, und ihre Glasharfenstimme drang durch zu den anderen, die nun schwiegen. Frau Niemann hielt ihren neu erworbenen Besen in der Rechten wie ein Zepter. »Früher dachte ich, das Haus wird bald abgerissen, und jetzt ist es so aufgeblüht. Das Wandbild dort, wer hätte so etwas in unserem Konsum vermutet?« Sie schaute es heiter an. »Es passt gar nicht zu uns, aber es sieht schön aus, nicht wahr?«

»Es sieht nicht nur schön aus, es *ist* schön«, beschied ihr Frau Tile. »Mein Mann hat es freigelegt. Neulich sagte er zu mir, die Figur mit dem Apfel sehe mir sehr ähnlich, wie aus dem Gesicht geschnitten. Sehen Sie es auch?«

Frau Niemann sah sie verblüfft an. Heidrun Tile war robust gebaut und erinnerte dort, wo die Figur auf dem Gemälde ein fein geschnittenes Profil zeigte, an einen Auerhahn. Frau Niemann rang nach Worten, schaute abwechselnd das Bild und Frau Tile an und entschuldigte sich schließlich, pardon, das könne sie nicht beurteilen. Herr Badstüber nutzte die Pause, um seine Geschichten aus alten Zeiten wieder aufzunehmen. Doktor Liedmann, der Reaktionär, habe ihm früher unter der Hand Borsalbe besorgt, und im See habe es früher weniger Fische gegeben. Heute seien sie wieder so zahlreich, dass er sich nur noch von selbst geangelten Fischen ernähre. Aber hier dieser Kuchen sei durchaus passabel. Katja fielen neben mir die Augen zu.

Als es dunkel wurde, erhellten Lampions den belebten Platz mit ihrem kleinen runden Schein. Jakob und ich standen am Grill, Katja schenkte Glühwein aus. Aus dem Café klang Musik zu uns herüber: Auf der Galerie waren tatsächlich zwei Geiger und ein Cellist erschienen, die Streichquartette spielten, obwohl ihr Bratscher wegen eines Pfeifferschen Drüsenfiebers zu Hause bleiben musste. Sie waren angeblich Mitglieder der Philharmonie, trugen jeweils einen schwarzen Frack und eine durchgescheuerte Hose und spielten unambitioniert Mozart, was sehr feierlich auf uns wirkte, und bei dem einen oder anderen Divertimento wurde im Café wohl auch getanzt. Viele kamen zu uns an den Grill. Ich sah in beseelte Gesichter, bekannte und unbekannte, hörte Frau Tile zu Konrad sagen: »Weißt du, was ich habe? – *So* einen Durst!«, sah ihn charmant zum Glühweinstand eilen und Frau Tile eine dampfende Tasse überreichen, wofür sie ihn zärtlich zwickte. Marlene blickte von der Freitreppe so schön und strahlend über ihren Hof, dass es mir einen Stich gab.

Ich hatte Klonski nicht kommen sehen, aber jetzt stellte ich fest, dass die Skatrunde versammelt war, die sich sonst im *Hirschen* traf. Auch Marlene entging nicht, wie sich die Stimmung bei uns veränderte, und kam zu uns herüber. Als sie in Katjas Glühweintopf schaute, schob sich eine feiste Wirtshand über ihren Rock. LPG-Schulze, der Zeuge des brüderlichen Vorstoßes geworden war, lachte laut durch gelbe Zähne, während Klonski nur auf seine eigene Gelegenheit zu warten schien. Marlene wand sich aus der Berührung heraus.

»Du kannst deine Spelunke bald wieder zumachen, wetten?« Hirschen-Schulze stellte sich vor ihr auf. »Weil – keine Gäste.« Die Skatbrüder klopften sich auf die Schenkel.

»Dann wetten wir eben«, erwiderte Marlene kühl.

»Sie will mit mir wetten!«, rief Schulze in die Runde, die sich um aufmerksam gewordene Umstehende erweitert hatte. »Das Weib will wetten«, seine quengelnde Stimme sollte wohl unschuldig klingen, »wahrscheinlich um einen *Granatapfel.*«

Die Skatbrüder lachten sehr, und auch einige der Gäste begannen, die Sache unterhaltsam zu finden. Da entdeckte Hirschen-Schulze Frau Niemann, die mit ihrem Besen aus dem Haus trat und sich anschickte, das Fest zu verlassen.

»Frau Niemann, kommse mal her!«, brüllte er zur Treppe hin, »wir brauchen Ihre Meinung.« Und als sie bei uns eintraf: »Wird dieses Café ein halbes Jahr durchhalten oder macht es vorher pleite?«

»Das hoffe ich sehr«, sagte Frau Niemann aus tiefstem Herzen.

Marlene fasste Frau Niemann am Arm und zog sie aus der Arena. Dann kehrte sie zu Schulze zurück: »So, und jetzt ist gut.« Sie sagte es leise. »Sie gehen nach Hause und schlafen Ihren Rausch aus. Und die Herren auch«, fügte sie zu seinen Begleitern gewandt hinzu.

»Nö«, sagte LPG-Schulze.

»Oh doch«, sagte nun Jost.

»Was will der denn?«, maulte Hirschen-Schulze.

Breitbeinig standen sie da. Es fanden sich sechs, die die Entlassenen vom Hof schafften: Jost, der zweite Geiger, der Zimmermann, Konrad, Winfried Tile und ich. Als Rita davon erfuhr, ärgerte sie sich, weil sie auch gern mit angepackt hätte.

An jenem Abend saßen wir noch lange im Café zusammen, die Streicher hatten sich zu uns gesellt, und wir schauten dann und wann empor zu dem Bild, den zwei Figuren mit dem Pferd in der Landschaft, deren Tun sich nicht enträtseln ließ. Es war erfüllt von Liebe, Fernweh und einer unvertrauten Eleganz, die als leise Unruhe in unsere Seelen drang. Eine Erwartung lag in der Luft. Katjas kleiner Kopf lehnte an meiner Schulter, Marlenes an Konrads, der Cellist spielte unter der Galerie mit Frau Tiles Haar, und Sybille stand mit Jost am Tresen und lachte.

Dabei hatten die beiden nicht viel zu lachen. Die Vorbehalte gegen Josts Ideen nahmen nicht ab – man glaubte hier weder biologische Landwirtschaft noch einen Nationalpark zu benötigen. Seine Beziehung zu Sybille machte es schlimmer, stand sie doch in der Plenskower Hierarchie so weit unten, dass ich mich oft fragte, warum sie eigentlich blieb. An Frau Schulzes Kiosk waren sie und ihre Tochter noch immer Thema, nie freundlich, höchstens auf die herablassende Weise mitleidig; und seit Sybilles Scheidung von einem der Söhne des alten Badstüber (ich erinnere mich nicht an seinen Namen, aber es war der Sohn, der fast zwei Meter lang war) wurde zunehmend niederträchtig, was man ihr zuschrieb. Die neue Ehe ihres Exmannes war im Dorf mit viel Beifall aufgenommen worden, doch an Sybilles neuer Beziehung wollte man kein gutes Haar lassen. Am Kiosk verdrehte man die Augen – mal über sie, weil sie sich dem Bio-Wessi in die Arme warf, mal über ihn, weil er sich mit ihr abgab.

Sybille und die Vorfälle bei der Einweihung mögen ihre Rolle dabei gespielt haben, dass Frau Klonski als Sprechstundenhilfe kündigte – sie trat bald darauf eine Stelle beim Augenarzt in der Stadt an – und dass die Klonskis aus dem Chor austraten. Rita bedauerte das zwar, besonders das Ausscheiden von Herrn Klonski, weil es an Männerstimmen fehlte, sah aber gleich ihre Chance: In Zukunft könne doch sie Konrads Praxis führen. Die Abrechnungen dürften so kompliziert nicht sein, und Blut müsse sie ja nicht abnehmen, wenngleich sie sich auch das zutraute. Konrad aber kannte Rita gut genug, um zu wissen, wer dann das Sagen in der Praxis haben würde. Da er lieber selbst Herr über dieses Reich bleiben wollte, überstürzte er die Einstellung einer neuen Sprechstundenhilfe, Claudia Badstüber, die ausgerechnet die neue Frau von Sybilles Exmann war. Konrad weihte Sybille erst in seine Pläne ein, als es schon entschieden war. »Das macht mir gar nichts«, wiederholte Sybille so oft, dass einem Zweifel kamen. Doch die Etablierung ihrer Konkurrentin im Gutshaus stand der großen Freundschaft nicht im Weg, die Marie und Sybille in den nächsten Jahren fast zu Familienmitgliedern machte. Wären sie in Plenskow geblieben, wären Marlene und Konrad sicher auch noch hier.

Das Café lief gut an. Auf ein Nikolausfest folgte ein Weihnachtsmarkt, und fast alle von Konrads Patienten besuchten nach ihrem Termin den *Granatapfel*, um einen Kaffee aus der legendären Maschine und den hausgemachten Kuchen zu probieren, der in der Tat seinesgleichen suchte. Ab Januar traf sich der Wanderverein in den Räumen, dem kein einziger Plenskower angehörte, und ab dem Frühjahr machten die ersten Radfahrer hier Rast, die auf dem Fernradweg unterwegs waren. Das Café war aus dem Dorf nicht mehr wegzudenken, die alten Vorbehalte schwanden. Nur Frau Schulze erinnerte von ihrer Theke gelegentlich daran, dass zur Eröffnung das Feuerwerk gefehlt habe.

Sybille hatte Marlene mitgeteilt, dass sie von nun an im *Granatapfel* arbeiten würde. Das habe sie auch schon Hirschen-Schulze erzählt, der daraufhin beleidigt ausgesehen habe. »So etwa«, – und sie plusterte ihre Wangen auf, dass ich lachen musste. Marlene aber war beunruhigt.

»Ich hatte noch nicht an Angestellte gedacht. Das Café hat doch gerade erst eröffnet. Wovon soll ich dich bezahlen?« Doch Sybille lachte nur schallend.

»Du wirst mich brauchen. Was willst du machen, wenn

es plötzlich rappelvoll ist oder wenn du mit Fieber im Bett liegst? Na? Etwa die Gäste alle wieder nach Hause schicken? Aber ich kann dir nicht ständig helfen, ich habe noch andere Pläne.«

»Nämlich?«, fragten Marlene und ich gleichzeitig.

»Landwirtschaft. Die Pferdewiese gehört ja mir, und der Pachtvertrag läuft demnächst aus.«

»Mit einer Weide und ein paar Stunden Kellnern wirst du den Lebensunterhalt für dich und Marie nicht verdienen können«, wandte Marlene ein, hielt dann aber inne. »Oh je, ich klinge schon wie meine eigene Schwiegermutter. Seit wann rede ich anderen Menschen ihre Flausen aus?«

Es stellte sich heraus, dass Sybille oft im Café gebraucht wurde. Sie nannte sich selbst das Mädchen für alles, wenn sie Einkäufe erledigte, Sahne schlug oder den Boden fegte. Oft fand sie Anlass für ihr Lachen, das lauter wurde, wenn sie Konrads neue Sprechstundenhilfe in der Nähe wusste. *Clau–di*, wie Sybille sie mit verdrehten Augen nannte, schlich sich still durchs Vestibül und verließ den Schutz der Praxis erst zum Feierabend. Sybille fühlte sich dennoch herausgefordert. Einmal war ich Zeuge, wie sie mit einem Stück Kuchen zur Anmeldung ging und *Clau–di* in einen Schlagabtausch verwickelte. »Wie geht's dem alten Esel, schnarcht er noch?«

Claudia rutschte unruhig auf ihrem Stuhl herum und fragte zurück: »Warum möchtest du den Herrn Doktor denn sprechen?«

»Ich habe Konrad gerade nichts Besonderes mitzuteilen, *Clau–di*!« Sybille knallte den Teller auf den Tresen, dass die Gabel über die Abrechnungen flog.

»Du siehst schlecht aus. Da dachte ich, du wärst krank«, sagte Claudia säuerlich, allerdings schon zu Sybilles Rücken, über den ihre Mohrrübenhaare wehten.

Wann immer ich solche Szenen mitbekam, konnte ich nicht umhin, Sybille für ihren Kampfgeist zu bewundern. Marlene allerdings, die selbst so viel davon besaß, benötigte den ihren in dieser Zeit so wenig wie nie zuvor. Sie musste nicht mehr auf Märkten Selbstgemachtes verkaufen, stand fest verwurzelt an ihrem Zauberort, der sich wie ein Schutzschild um sie legte und den Menschen Respekt abverlangte. Selbst Rita, die Marlene wenig zugetraut hatte, wunderte sich zunächst, wurde kleinlaut und kam zu dem Schluss, dass Marlene sie überraschte: Sie zog ihre Sache durch, auch wenn Rita die Sache selbst nicht überzeugen konnte. Je mehr Zeit verstrich, desto wärmer wurde sie allerdings auch mit dem Cafébetrieb, gab er ihr doch die Möglichkeit, unter Menschen zu kommen. Marlene ging es gut, und bald würde sie die letzten Schwierigkeiten hinter sich haben, nicht nur die finanziellen Engpässe, sondern auch den Widerstand der Plenskower. Und vielleicht auch irgendwann das unsichere Terrain ihrer Herkunft – die stumpfe Enge ihres Elternhauses, der sie im Leben etwas entgegensetzen musste.

Ich erinnere mich gut an dieses Elternhaus: an ihren friedfertigen Vater, zu dem sie schon Jahre vor seinem Tod kaum Kontakt gehabt hatte. Er schien schon damals, als er noch keine fünfzig war, mit dem blassgrünen Sessel verwachsen zu sein, der vor einem nackten Fenster stand. Seit dem frühen Tod seiner Frau war er schweigsam und matt geworden, und diesem Umstand war es wohl geschuldet, dass er sich den Heiratswünschen von Frau Semmelweiß nicht widersetzte, die Einzug in Marlenes Leben hielt, als sie vierzehn war. Frau Semmelweiß war keine böse Stiefmutter, sie war unscheinbar und kraftlos. Ihre Energie reichte gerade für ein kleines und überschaubares Dasein, und dafür, die Fallstricke der Vergangenheit, tote Gattinnen und deren heranwachsende Kinder auf Abstand zu halten. Wie sie zu sagen pflegte, machte sie keinen Hehl daraus, dass ihr Marlenes allzu große Freiräume missfielen. Ihr missfiel auch die Nachlässigkeit, mit der ihr Vater sie erzog. Ihr missfiel die Höhe ihres Taschengeldes. Ihr missfiel wohl – und daraus machte sie durchaus einen Hehl – ganz allgemein der Umstand, dass Marlene sie an die Vorgeschichte ihres Mannes erinnerte, in der sie selbst nicht vorkam. Als Marlene sechzehnjährig auszog, wurde ihr binnen eines Monats klar, dass sie nicht einfach nach Hause fahren konnte – sie musste sich vorher anmelden. Binnen dreier weiterer Monate war klar, dass eine Anmeldung nicht hinreichte, sondern dass ein formloser Antrag zu stellen war, der auch ablehnend beschieden werden konnte. Es dauerte keinen weiteren Monat mehr, bis sie wusste, dass sie, wenn sie nach vorheriger Anfrage und Erlaubnis gekommen war, störte, und zwar so sehr, dass ihre Stiefmutter heftige Migräneanfälle erlitt. Marlenes Vater fiel dann die Aufgabe zu, Ruhe und Frieden um seine Frau zu schaffen. Der litt in seiner sanftmütigen Art mit ihr, stellte sich vor, wie ihr Kopf fast zerspringen wollte, und war zutiefst überzeugt, dass es besser wäre, Marlene würde ein anderes Mal zu Besuch kommen. Sie war doch kein Unmensch und würde das verstehen.

Der endgültige Abschied vom Vater vollzog sich leise, sie fielen auseinander, als hätte nur niemand die Schrauben nachgezogen, die sie als Familie zusammenhielten. Marlene gab auf, machte aber die Vorstellung von einer heilen Familie zu ihrem Ideal: Sie würde es allen beweisen, würde ein schillerndes Leben führen, das ihre Stiefmutter in den Schatten stellte. Stundenlang hatte sie mir damals von ihren märchenhaften Ideen erzählt, von Schlössern, Hochzeiten und Festen, die drei Tage und drei Nächte dauern sollten, auf denen Sternenstaub liegen würde, wie sie sich ausdrückte. Irgendetwas an diesen Träumen war schon damals etwas überspannt, auch wenn ich es nicht hätte benennen können.

Doch nun entfaltete Marlenes Welt in der Tat den Zauber, den sie sich ausgemalt hatte. Das Leben konnte doch anders und besser sein, als es für sie begonnen hatte. Ihr Gutshaus mit dem Café, der vorzeigbare Konrad, die herrlichen Kinder übten einen Sog aus, der Menschen anzog und beeinflusste. Selbst ich wurde nun um meine Nähe zum Zentrum dieser Welt bewundert. Dass ich hier aus- und einging, einen Schlüssel besaß und zu jedem Fest geladen war, wirkte auf Außenstehende wie eine Auszeichnung, und ich liebte ja auch Marlenes Universum mit all seinen Seitenpfaden, liebte die Stallungen, in denen ich Holz hackte, oder die Kinderzimmer, in die ich auf dem Weg zu meiner Kammer spähte, wenn ihre Türen offen standen. Jakobs Raum war eine phantastische Höhle, in deren Mitte abends ein weißes Bett aufgeschüttelt wurde; Laures Zimmer glich einem goldgelben Kostümfundus und Selmas dem Inneren einer Botanisiertrommel. Nur Marlene brachte es fertig, dann und wann an diesen Orten zu staubsaugen, ohne dass die auf dem Boden verstreuten Kostbarkeiten durcheinandergerieten, und nur sie schien den Sinn eines jeden Dinges und einer jeden Anordnung zu erfassen. Sie brachte Laures Spiegel zum Glänzen und ordnete die Fotos wieder so im Rahmen an, wie sie zuvor gewesen waren. Sie trat nicht auf Jakobs Legoteile und hielt kein Weidelgras, das Selma in eine Dielenritze gerutscht war, für Abfall.

Nur ganz aus der Ferne sah Marlene eine Sorge auf sich zukommen, fürchtete das Auseinanderfallen ihrer Familie durch das Vergehen der Zeit, das Heranwachsen der Kinder. Und gerade Selma begann früh ihr eigenes Leben. Sie war oft den ganzen Tag unterwegs, und nur an ihren Gummistiefeln ließ sich hinterher ablesen, ob sie im Wald oder auf dem Nägelhof gewesen war. Hier bestimmte sie Käfer und Gräser, dort striegelte sie das Pony und molk die Ziegen. Erst in der Dämmerung pflegte sie von ihren Ausflügen heimzukehren, nach vollbrachten Taten und in der tiefen Gewissheit, hierherzugehören. Die Frage nach meiner Vaterschaft stellte sie nicht mehr.

Auch Laure wuchs mit dieser inneren Unerschütterlichkeit heran, blieb aber näher bei ihrer Mutter. Vielleicht hatte sie das Gefühl, dass die Welt da draußen schon von Selma beansprucht wurde, denn sie verlegte sich mit etwa neun oder zehn Jahren ganz auf das Innere des Hauses, höchstens noch auf seinen Vorplatz und den Garten. Sie spielte Klavier, sang, half im Café, bemutterte Jakob und wurde immer schöner. Freunde im Dorf hatte sie keine, aber manchmal schloss sie sich Marie und Selma an oder fuhr für eine Theater-AG in die Stadt. Pavel hegte eine besondere Vorliebe für diese Enkelin, die ihn an Agnes erinnerte und die endlich einmal musikalisch war.

Jakob ließ sich Zeit mit dem Heranwachsen, er war der Kleine, den alle lieb hatten. Sein engster Freund war der Kater Elmar, doch hätte er gern auch einen Hund gehabt. Er klopfte im Gutshaus die Wände und Dielen nach Schätzen ab, die er überall vermutete, war mäßig in der Schule und machte selten auf sich aufmerksam. Als er sieben oder acht war, kam er einmal ins Café gewankt – wo Pavel mir an seinem angestammten Platz gerade von Agnes erzählte – und erbrach sich in die Spüle, doch das blieb sein einziger Versuch mit Konrads Flaschen. Rita verkündete, sie werde ab jetzt jeden Alkohol, den sie in die Finger bekomme, ins Klo schütten, und stapfte hinüber in die Praxis, damit Konrad diese Warnung ernst nahm. Marlene brachte Jakob ins Bett, und Pavel und ich blieben allein zurück.

»Der arme Jakob«, sagte ich.

»Ach, es gibt zwei Arten von Glück«, sagte Pavel vergnügt, »Dur und Moll.«

»Konrad ist ein schlechtes Vorbild«, versuchte ich es anders.

»Er sollte es lieber wie ich machen und zur Entspannung Patiencen legen«, sagte Pavel und mischte die Karten neu.

Der Gedanke brachte mich zum Lachen. Konrad war viel zuzutrauen. Es war durchaus denkbar, dass er Claudia Badstüber verführte, in einem Krisengebiet Seuchen bekämpfte oder seine gesamte Habe verspielte –, aber mit Roulette. Er könnte auch auf Litfaßsäulen für Gauloises werben, für ein politisches Amt kandidieren, es ganz nach oben schaffen oder irgendwo ein weiteres Kind haben, von dem hier niemand wusste. Aber mit Pampuschen am Tisch sitzen wie Pavel, von alten Zeiten schwärmen und Patiencen legen – ausgeschlossen.

»Wie soll er sich denn sonst erholen?«, frage Pavel vorwurfsvoll.

»Spazieren gehen. Eine halbe Stunde schlafen. Zum Ausgleich mal den Abwasch machen«, schlug ich vor, aber nichts davon wollte zu ihm passen.

Gäste traten ein, die mir bekannt vorkamen. Ein Ehepaar, das sich in seiner hellen Kleidung angeglichen hatte, wohlgepflegte Haut, weiße Zähne. Sie grüßten verschlossen, wandten sich zum Wandbild und schauten es an. Richtig, das Pflegemittelpaar, jetzt erinnerte ich mich, die beiden, die mit Tiles gekommen waren und ein Gutshaus kaufen wollten. Ob sie eines gefunden hätten, fragte ich sie, doch sie erwiderten nur ausweichend, das Fresko gefalle ihnen. Die Person, die der anderen das Geldsäckchen reiche, erwerbe bestimmt gerade das Pferd, mutmaßten sie. Ihre Tochter reite auch. Ich berichtigte sie: ein Granatapfel sei das, kein Geldsäckchen, weswegen dieses Café auch so heiße. Ob Kaffee und Kuchen gewünscht seien. Kuchen nein, sie waren nach der Mode dünn und wollten es wohl bleiben, aber einen Espresso würden sie wohl nehmen. Sie setzten sich an einen Fenstertisch, und als ich mit den Tassen zu ihnen trat, sah ich draußen einen bronzefarbenen Mercedes parken. »Ist das Ihr Wagen?«, fragte ich.

»Die S-Klasse? O ja!«, lebte der Mann nun auf. »Die Baureihe ist längst nicht mehr so untermotorisiert wie …«, doch da legte sich die Hand der Frau auf seine, und er brach ab.

»Nun, Herr Tile hat mit dem Bild vorzügliche Arbeit geleistet«, sprach sie nun. »Es muss ungeheuer wertvoll sein!«

»Soweit ich weiß, gab es für die Restaurierung Zuschüsse vom Denkmalschutz. So etwas können Menschen nicht privat bezahlen.«

»Nein, die meisten nicht«, seufzte sie.

»Nur wenige sind begütert«, stimmte ihr Mann zu. »Falls das Haus den Eigentümern einmal finanziell über den Kopf wächst …«

»… dann helfen Sie aus. Ich werde das Angebot übermitteln«, sagte ich und wandte mich um.

»Nein, nein«, rief sie mir hinterher, »dann würden wir das Anwesen vielleicht kaufen. Es wird ja schwer sein, einen Käufer für ein Haus in dieser Lage zu finden.«

»Die Lage ist vertrackt«, fluchte Pavel und betrachtete seine Patiencen.

Mit der Dämmerung kam ein kalter Wind auf, drückte gegen die Scheiben und zerrte jaulend an den Strommasten. Die Gäste brachen auf. Zuletzt verabschiedete auch ich mich und fuhr zurück in die Stadt, wo inzwischen wieder nur die Arbeit und die Dissertationsschrift auf mich warteten. Katja hatte mich verlassen und ja, es warf mich in die Einsamkeit zurück, doch litt ich mehr an meinem schlechten Gewissen als an der Trennung. Ich begann wieder zu rauchen und stürzte mich in den Abschluss meiner Doktorarbeit, in der ich nun intrauterine Wachstumsverzögerungen und eine optimierte Methode zur Bestimmung der Skelettreife behandelte. Aber das alles lässt sich in der Publikation nachlesen, die inzwischen in den Bibliotheken einzusehen ist; deswegen fasse ich es kurz: Im Dezember 1996, mit vierzig Jahren endlich, wurde ich promoviert. Und als ob ein Bann gebrochen wäre, vielleicht weil ich meinen Bruder überholt hatte, wurde ich im Frühjahr Oberarzt. Diese Nachricht überbrachte ich den Plenskowern allerdings telefonisch, sodass ich nicht weiß, ob sie das Erdbeben auslöste, das ich mir erhoffte. Pavel, der am Apparat war, gratulierte mir nur in einem Nebensatz und wies mich auf das wirklich Wichtige hin, nämlich, dass sich ein Komet am Himmel zeige: der Hale-Bopp, ich solle nach ihm Ausschau halten.

Sechstes Kapitel

Einige Wochen später und wieder am Telefon malten mir die Kinder das bevorstehende Sommerfest in so bunten Farben aus, dass sie mich mit ihrer Vorfreude ansteckten. Jakob behauptete, dieses Fest würde sogar Weihnachten übertreffen, und erging sich in so phantastischen Schilderungen von Elefanten, Clowns und Flamenco-Tänzern, dass Selma ihn bremste. Dann aber begann sie selbst die Speisen aufzuzählen, die ganz anders klangen als die Kiwis und Caprese-Salate, auf die man sonst so viel gab. Zu diesem Fest würde ich endlich einmal wieder nach Plenskow fahren, auch wenn die Arbeit es kaum zuließ.

Schon am Vorabend packte ich meine Tasche, damit ich gleich nach der Schicht aufbrechen konnte. Doch als ich in Plenskow eintraf, war ich trotzdem zu spät, fand nur mit Mühe einen Parkplatz am Waldrand und stellte fest, dass auch die Wände der alten Stallungen von Fahrrädern verstellt waren. Ich hörte Stimmengewirr und Musik, sah

Paare im Laternenlicht tanzen, darunter Pavel mit Heidrun Tile, der er galant auf die Füße trat, Jakob mit Marie, Badstüber mit Frau Niemann. Marlene musste wirklich einen halben Zirkus engagiert haben, denn eine fabelhafte Person mit grünen Haaren zog ein widerwilliges Lama über den Hof, auf dem sich eine zierliche Dame in cremigem Tüll warmturnte. Im Café war ein enormes Buffet mit Canapés, Pasteten und Fischplatten aufgebaut, von orangeleuchtender Kapuzinerkresse umrankt; daneben eine Tafel, die allein den Desserts gewidmet war: Quarkmousse mit karamellisierten Himbeeren, Makronen mit Maracuja-Creme, gestürzte Pfirsichtarte, Zwetschgen-Crumble und weiße Mousse au Chocolat an Limette, las ich auf handgeschriebenen Schildern. Elmar putzte sich die Reste der Mokkacreme von den Schnurrhaaren, als Frau Tile auf ihn aufmerksam wurde und einen spitzen Schrei ausstieß: »Ich bin allergisch auf Katzenhaare!«

Ich nahm Elmar auf den Arm, der zu schnurren begann.

»Seit Neuestem«, fügte sie stolz hinzu. Ich empfahl ihr die andere Tafel. »Beginnen Sie doch mit den Vorspeisen. Es gibt exzellente marinierte Auberginen, wie ich sehe.«

»Nein!«, mit großer Geste schob sie die Hände in meine Richtung. »Ich faste und werde mich mit einem Glas Quellwasser begnügen.«

Sybille, die ihren schwangeren Bauch zum Buffet schob, lachte darüber. »Ich werde es andersherum machen. Nichts trinken, aber für zwei essen.«

»Meine Teuerste«, ließ sich Rita vernehmen. »Setzen Sie sich hin! Sie können doch keinen Sport treiben in Ihrem Zustand! Nikita, stell schon einen Teller für sie zusammen.«

»Du bist so ein Gentleman, da hat Rita ganz recht«, sagte Pavel hinter mir, der für heute genug getanzt hatte und sich an den Nachspeisen bediente.

»Pavel, iss erst etwas Herzhaftes!«, rief Rita, und er löffelte schnell sein Glas aus und fischte sich ein zweites.

»Was möchtest du denn?«, fragte ich Sybille.

»Das schaffe ich selbst. Was willst du mit dem Kater?«

»Raussetzen. Ich wollte ihn gerade in den Garten bringen.«

»Warum?«, fragte nun Marie, die zur Feier des Tages ein dunkelblaues Samtkleid und zwei ordentliche Zöpfe trug.

»Er kann sich nicht benehmen, hat mit der Nachspeise angefangen.«

»Das geht aber nicht«, sagte Marie streng, nahm ihn mir ab und trug ihn zu den Vorspeisen, wo Frau Tile gerade ihr Fasten brach.

»Wieder das haarige Tier!«, entfuhr es ihr, und Elmar befreite sich aus Maries Arm und flitzte zwischen den Beine der Gäste davon.

»Sehr prachtvoll«, gestand Frau Tile Marlene zu, als sie sich zur Erholung von dem Schreck doch einen Weißwein einschenken ließ.

»Nur das Fest, das mein Mann und ich kürzlich in New York erlebten, war noch opulenter. Ich habe ja Freunde dort, ganz kreative Menschen: er Künstler, sie Modemacherin. Ach, bitte noch ein Glas Wasser dazu, ohne Kohlensäure. Wenn sich mein Mann öfter losmachen könnte, würden wir mehr reisen. Aber er ist so gefragt.«

Marlene gähnte. Ich wollte sie auch um ein Glas Wein bitten, aber da kam Konrad, den Marlene in ein Gespräch zog – wie um Frau Tile vorzuführen, wer für ihn eine Rolle spielte und wer nicht.

»Sieht Sybille mit ihrem Bauch nicht schön aus?«, fragte ihn Marlene.

»Wir haben genug Kinder«, antwortete Konrad lakonisch.

»Kann man je genug Kinder haben?«

»*Ich* möchte keine Kinder«, sagte Frau Tile entschieden. »Aber wisst ihr, was ich möchte?« – Wir schwiegen wie so oft verdutzt in ihre Kunstpause – »Etwas singen!« Und mit einem schrillen Darf-ich-mal? trieb sie uns auseinander und nahm die Stufen zur Galerie. Ein Mandolinenspieler kletterte hinterdrein. Der begann nun, die Saiten zu zupfen, es wurde still im Raum, man sah empor, als Frau Tile mit gewaltiger Stimme und viel Tremolo zu singen anhob:

Ich bin Aphrodite
und treibe im Meer
ganz Weib, ganz Busen, ganz Scham.
Ich bringe die Himmel, die Schiffe, die Küsten
ins Schwanken und Beben
vertreibe den Alltag, die Sorgen, den Gram.

Ich singe ich lebe und alle erleben
die Wahrheit des Lebens
des Lebens der Liebe,
vom Weibe geliebet,
ob blind, ob taub, ob lahm.

Der Mandolinenspieler, der sich bislang tapfer auf die Lippen gebissen hatte, prustete los. Dann Sybille, dann alle anderen. Elmar flitzte erschrocken die Stufen zur Galerie hoch, wo er Frau Tile in die Enge trieb, die vom Mandolinenspieler ritterlich auf den Arm genommen und hinuntergetragen wurde. Stolz auf die durchschlagende Wirkung ihres Gesangs, fand Frau Tile diesen Abend durch und durch gelungen, zumal sie später mit dem Mandolinenspieler unter der Galerie gesehen wurde. Noch später sah ich sie in Konrads Warteraum schlüpfen und fürchtete, dass auch Marlene dieses Stelldichein nicht verborgen blieb. Draußen verabschiedeten sich die Zirkusleute mit einer Feuershow, und selbst Rita erkannte am Ende des Abends an, dass dieses Fest seinesgleichen suchte. Selbst in der UdSSR verstehe man nicht so lebhaft zu feiern.

Marlene konnte ihren Erfolg nicht genießen. Zwar hatte sie ihr Café etabliert und sich den Ruf einer großen Gastgeberin erarbeitet, doch wenn Konrad ihr entglitt, wäre das alles nichts. Im Moment gab es nur den Verdacht, es gab die vielen kleinen Anzeichen, wenn sich Konrad etwa mit Frau Tile allzu gut amüsierte, wenn er sie zu ihrem elenden Getändel ermutigte, das sie auch dann nicht einstellte, wenn Marlene zugegen war. Zu Marlenes Verdruss sprachen Tiles nun davon, das kleine Haus auf dem Nachbargrundstück zu erwerben. Plenskow sei doch ein traumhafter Ort für eine Datsche und wie schön, dass man hier schon Freunde habe.

Woher, fragte sich Marlene, nahm diese lächerliche Heidrun nur die Macht, sich in ihr Leben einzumischen? Sie war nicht einmal schön! Oder doch? Warum wollte Konrad partout kein weiteres Kind? Marlene sah mich an, als müsste ich die Antwort wissen, doch mir wurde nur schmerzlich bewusst, wie gern ich noch immer Konrads Platz eingenommen hätte, *meinen* Platz an ihrer Seite. Ich versuchte, mich zu entziehen, doch Marlene fand immer neue Wege, das zu verhindern, fragte mich um Rat oder erteilte mir kleine Aufträge, die sich schwer ablehnen ließen – und die mich wieder und wieder zurück nach Plenskow führten. Mal war es Pavel, nach dem ich unbedingt einmal sehen müsse, mal war es irgendetwas Finanzielles rund um den Zuschuss, den ich ihr für das Café gegeben hatte, dann war es die Geburt von Josts und Sybilles Kind.

»Ich könnte mir auch so einen Nachzügler vorstellen«, sagte Marlene, als sie das Neugeborene im Arm hielt.

»Dann mal los«, lachte Sybille, aber Konrad lachte nicht.

»Naja, drei reichen wahrscheinlich«, schickte Sybille beschwichtigend hinterher. Das Baby begann zu weinen, Marlene reichte es zögernd zurück, und Marie sagte verstimmt: »Das wird ein ganz verwöhntes Balg.« Dann fragte sie mich: »Warum hast du eigentlich keine Kinder?«

Was hatte ich damit zu tun. Außerdem: Vielleicht hatte ich ja ein Kind, vielleicht war Selma meine Tochter, und warum wusste ich das eigentlich nicht so genau?

»Es muss doch nicht jeder Kinder bekommen«, antwortete ich ihr, und das ist schließlich die Wahrheit. Das Leben war ja nicht für alle Menschen gleich.

»Ich dachte, dass alle Erwachsenen Kinder haben«, sagte Marie.

»Denk doch mal an Claudia Badstüber oder Tiles«, sprang mir Konrad bei, und ich ergänzte: »Und die letzten von Dredows.«

»Was war denn mit ihnen?«, fragte Marie. Froh, das Thema wechseln zu können, schlug ich ein Bein über das andere und erzählte in aller Ausführlichkeit, was ich über diesen Fall wusste: dass Hugo und seiner Frau Sylvia kein Erbe geboren worden war, obwohl sie lange davon ausgegangen waren, dass sie etwas zu vererben hätten. Einen leisen Zweifel hatte es aber gegeben, ob Hugo nicht doch ein uneheliches Kind in die Welt gesetzt hatte. Dr. Liedmann, der mir diesen Verdacht vor Jahren zuflüsterte, hatte daran geglaubt und mir zum Beweis eine Schwarz-Weiß-Fotografie von Hugo, Sylvia und einem etwa sechsjährigen Jungen gezeigt, die vor dem Gutshaus aufgenommen worden war. Liedmann hatte erklärt, dass Hugo zu jener Zeit ein Anhänger Rudolf Steiners gewesen war, aber nicht lange dabeiblieb, weil ihn jedes organisierte Beisammensein mit anderen Menschen nach einer ersten Phase der Euphorie anwiderte. Denselben kurzlebigen Verlauf hätte übrigens auch seine Begeisterung für den Nudismus genommen, denn schon nachdem Sylvia und er den Juli des Jahres 1922 am Nacktbadestrand auf Sylt zugebracht hatten, wäre die Sache vom Tisch gewesen. Gelegentlich war er wohl noch unbekleidet am Plenskower See gesehen worden, doch mit Sylvias Tod im Frühherbst 1923 verlor er das Interesse an allem, was den Aufbruch in eine neue Zeit verhieß, und widmete sich nur noch dem Reitsport und dem Glücksspiel.

Ich hatte mir Liedmanns Foto mit den drei Figuren genau angesehen. Wies der Junge nicht doch Ähnlichkeit mit Hugo auf, vielleicht auch mit Sylvia? Er wirkte in seinem Matrosenanzug schmal, doch auch Sylvia schien unter dem weiten Stoff ihres Reformkleides eigentlich hager zu sein; vielleicht war es das Kind von ihrer Schwester? Hugo trug einen hellen Anzug und einen Panamahut, unter dessen Krempe zwei eindringliche, ja listige Augen hervorschauten. Sylvia wirkte stark und schiefgesichtig, Hugo gepolstert und symmetrisch. Vielleicht war aus der Verbindung dieser beiden Gegensätze dieser ganz durchschnittliche Sohn hervorgegangen? Aber Liedmann hatte dann doch abgewinkt: Die Ehe war kinderlos geblieben, und von einer Schwester Sylvias war leider nie etwas bekannt geworden. Niemand konnte sagen, wessen Kind da auf das Foto geraten war. Trotzdem gab ich mich manchmal der Phantasie hin, dass ein steinalter Mann nach Plenskow käme und sich als der letzte von Dredow vorstellte. Er würde ein Exzentriker sein wie sein Vater und gerührt durch das Haus seiner Kindheit streifen. Vor allem aber würde er uns seine Familie und das einstige Leben im Plenskower Gutshaus genau beschreiben können.

Damit wollte ich enden, aber Konrad fragte, wie ich ausgerechnet auf Sylvias Schwester komme, das sei doch wirklich unsinnig.

»Es ist nur eine Vermutung«, gab ich zurück.

»Dann hatten sie also doch ein Kind«, sagte Marie, die an ihrer Vorstellung festhalten wollte.

»Das ist ungewiss«, versuchte ich es noch einmal, aber sie blieb trotzig. Sie hatte einen schlechten Tag, musste wohl erst verkraften, nicht mehr das einzige Kind ihrer Mutter zu sein, oder es war einfach die Unbarmherzigkeit der Pubertät.

»Ist es bei dir auch ungewiss?«, richtete sie sich nun gegen mich.

Marlene kam mir zuvor: »Ja, bei Niketsch ist es auch ungewiss.«

»Wie«, sagte Konrad.

»Vielleicht ist Niketsch doch Vater«, sagte Marlene.

Ich konnte sehen, wie es in Konrads Kopf arbeitete, wie schnell es nun ging, eins und eins zusammenzuzählen. »Selma?«, fragte er heiser.

»Nun, wie gesagt, es steht ja nicht fest.« Marlene gab Sybille einen Kuss auf die Wange und verabschiedete sich. Auch Konrad und ich wandten uns zum Gehen, und ich begegnete dabei seinem verdutzten Blick. Marie schloss sich uns an.

Ich fühlte mich, als hätte ich Konrad etwas weggenommen. Als hätte ich etwas mit seiner Frau und wäre dann auch noch so dreist, anspielungsreiche Geschichten zu erzählen, die nur darauf abzielten, das Geheimnis zu offenbaren. Wir gingen die staubige Straße hinunter, viel Abstand zwischen uns, und sahen zu, wie die Sonne alles zur Wüste verbrannte, wie sie die Blätter der Kastanien verdorren ließ und den Graben austrocknete. Alles war verquer. Als wir das Eckgrundstück passierten, das Tiles nun erworben hatten, parkte dort der alte Ford (eine Scheibe fehlte), und Winfried rief über den Zaun: »Ein herrlicher Tag, nicht wahr?«, während uns Heidrun im getigerten Bikini von ihrer Sonnenliege träge zunickte. Konrad starrte geradeaus. Er hatte offenbar das Interesse an seinem Abenteuer verloren.

Wir kamen zum Vorplatz, auf dem zusammengeklappte Stühle und Tische standen; dazwischen wuchs aus dem Kies allerlei, um das sich niemand kümmerte. Seit Marlene das Café betrieb, fand sie keine Zeit mehr für Hof und Garten, Löwenzahn und Breitwegerich breiteten sich aus, und brauchte man frische Kräuter, musste man Frau Niemann fragen. Die hatte auch heute, wie so oft, ihre Gaben auf die Freitreppe gelegt: zwei Salatköpfe und eine Schale Himbeeren. Marlene lief daran vorbei; sie müsse das Café öffnen, entschuldigte sie sich, weil die Radler an Sonntagen so früh eintrafen. Damit war sie durch die Tür, und Marie, auf der Suche nach Selma, mit ihr.

»Wusstest du das?«, fragte Konrad und setzte sich auf die Stufen.

»Ich weiß nur, dass niemand es so richtig weiß.«

»Also du wusstest, dass Selma vielleicht deine Tochter ist?«

»Auch noch nicht so lange.«

»Warum sagt mir keiner etwas? Warum weiß Selma nichts davon, sie betrifft es doch am meisten!«

»Selma weiß so viel wie ich.«

Jetzt war Konrad sprachlos. Selma war immer sein Lieblingskind gewesen, seine auserkorene Praxisnachfolge, seine Erstgeborene. Und sie wusste um die Zweifel an seiner Vaterschaft und sagte ihm nichts? Er tastete nach Zigaretten, hatte aber keine dabei. Stattdessen schob er sich die Himbeeren in den Mund, eine nach der anderen. Mich nahm er nicht mehr zur Kenntnis. Offenbar war ich hier einer zu viel, ich brachte die Dinge aus dem Lot. Ich sah mich um. Bestimmt mussten die Stühle und die Tische aufgestellt werden, das würde ich tun, dann wäre ich eine Hilfe. Eifrig machte ich mich an die Arbeit; ich würde beweisen, dass ich nicht überflüssig war. Die Tische, für einen allein schwer zu handhaben, zwangen mich in die Hocke, eine Tischplatte fiel mir schmerzhaft auf den Kopf. Bei einem anderen Tisch klemmte ich mir den kleinen Finger ein, fluchte und machte weiter, während Konrad mechanisch Himbeeren aß. Der Kater entdeckte ihn, schmiegte sich auffordernd an sein Knie, und Konrad, der Überlegene, nahm das überraschte Tier in die Arme und schluchzte in sein Fell.

Das konnte ich nicht aushalten, floh in den Garten, wo Selma und Marie den armen Jakob loswerden wollten, um Dinge zu besprechen, die ihn nichts angingen. Als er mich sah, lief er auf mich zu, fast ebenso verzweifelt wie Konrad, denn mit wem bitte sollte er spielen? Lass uns zum See gehen, schlug ich vor, und während Jakob seine Badesachen zusammensuchte, flüsterte Marie Selma aufgeregt zu, was sich an Sybilles Wochenbett zugetragen hatte. Endlich kam Jakob mit seinem Schnorchel. Hoffend, er möge sich nicht umdrehen, zog ich ihn schnell an den Stallungen vorbei – Konrad sollte sich ungesehen von seinem Sohn ausweinen können.

Wir bogen nach links, wo auch schon der Waldweg begann, der zum See führte. Hier kam Jakob ins Plaudern, beschwerte sich erst über seine Schwestern, dann über den Enkel des alten Badstübers, mit dem ihn eine Notfreundschaft verband, war er doch das einzige Kind in Jakobs Alter, das sich manchmal in Plenskow aufhielt. Aber, dummerweise, erfuhr ich jetzt, war er langweilig. Er hielt immer den Arm ganz lange und ganz gerade zur Seite, wenn er mit dem Rad um eine Kurve bog, und wollte immer nur angeln. Dabei konnte man Ritter oder Gutsherr sein oder über den Zaun schauen, wenn sich Frau Tile sonnte. Man konnte im Gewächshaus Legoburgen bauen, sich verkleiden, im Café die Maschine bedienen, fechten oder versuchen, Josts Ponys einzufangen, um auf ihnen zu reiten. Aber allein ging das nicht. Wahrscheinlich, das vertraute mir Jakob unter strengster Geheimhaltung an, sei er selbst aus einem anderen Holz geschnitzt als die meisten Kinder, denn er sei eigentlich ein Nachfahr der von Dredows. Seine Schwestern würden im Ausland den letzten gesellschaftlichen Schliff erhalten, während er beizeiten eine große Entdeckung machen würde, wahrscheinlich zu Schiff. Leider würde er aber auch früh sterben (an Schwindsucht oder Gelbfieber). Auf jeden Fall würde er als Jakobus von Dredow bekannt werden, indes ihm sein bürgerlicher Tarnname gute Dienste leisten würde, wenn er unerkannt bleiben wollte.

»Von Dredows wären stolz gewesen, dich als Sohn zu haben«, erwiderte ich und glaubte daran. Ich schaute ihn an. Für sein Alter war er klein geblieben, und sein Entschluss, sich die Haare wachsen zu lassen, hatte ihn in den Sommerferien verändert: die weichen, dunkelblonden Locken fielen ihm in den schmalen Nacken und ließen ihn wie ein Mädchen aussehen. Für einen von Dredow sehr passend.

»Als Enkel meinst du wohl«, berichtigte mich Jakob.

Der See kam in Sicht. Das schöne Wetter hatte auch Frau Schulze veranlasst, sich auf ihrem Badehandtuch zu sonnen, ihr Vetter, der Hirschen-Schulze, hielt neben ihr seinen Sonnenbrand gen Himmel. Seine halbwüchsigen Kinder stritten sich im flachen Wasser um eine Luftmatratze, Frau Tile, die auch gerade angekommen war, schritt in Bikini und Badekappe an ihnen vorüber ins Tiefe, während Winfried sich zu mir setzte und von seiner Datsche sprach, von den uralten Deckenbalken, die ihn begeisterten, und von einem altertümlichen Küchengerät, das seine Frau leider nicht bedienen wolle und mir in der Beschreibung eher wie eine Wäschemangel erschien. Wir waren tief im Gespräch, Jakob tief im Wasser, und als ich wieder nach ihm Ausschau hielt, war er nicht zu sehen. Ich rief nach ihm, lief zum Ufer, rief wieder, fühlte mich plötzlich seekrank. Wo war er? Die Wasseroberfläche kräuselte sich tückisch. Da tauchte er auf, schob die Taucherbrille nach oben, nahm den Schnorchel aus dem Mund und rief mir zu: »Niketsch, du siehst komisch aus!« Ich zog die Sandalen von den Füßen, ging ein Stück auf ihn zu ins Wasser und rief, dass ich ihn lieber im Auge behalten wolle, so ein See sei nicht ganz ungefährlich. Das nahm er als Sport, tauchte unter und verschwand aus meinem Blickfeld.

Da stand ich und blickte über den See. Kleine Fische zwickten freundlich an meinen Zehen. Blauschimmernde Libellen schwebten über die glatte Oberfläche, standen still, schwebten weiter. Das Wasser war warm. Die Kinder vom Hirschen-Schulze waren nun mit ihrer Luftmatratze im Schilf. Frau Tiles Badekappe leuchtete rot. Am Ufer sprachen Schulzes leise miteinander, ihr Gespräch nicht für mich bestimmt, aber eine Brise trug mir ihre Worte zu, die Sorte Dorfklatsch, von der man am besten so wenig wie möglich erfuhr. In falschem Mitleid stellten sie fest, wie schlecht Jakob aussehe, so dünn, kein Wunder bei der Mutter. Ihr sei von ihrem Mann alles auf dem Silbertablett serviert worden, sogar ein Schloss, aber sie kümmere sich um niemanden, nicht um ihre Kinder, nicht um ihren alten Schwiegervater, nicht um die Dorfgemeinschaft, sondern nur um ihr Café, um den Besserwessie und Hinkemarie. Und die eigene Familie musste das alles tragen! Kein Wunder, wenn der Mann fremdging, irgendwann würde er sie ganz verlassen. Mich erschrak dieser Rundumschlag, die Maßlosigkeit der dörflichen Phantasie, wenn es ums Verurteilen ging. Marlene war irgendwie enteignet worden, denn das, was Schulzes entgegen ihrer Gewohnheit »Schloss« nannten, war ein Gutshaus wie viele andere in dieser Gegend, und es war allein Marlene zu verdanken, dass es nicht bereits verfiel. Ihr Einsatz hätte Würdigung verdient, doch die Schulzes taten, als hätte Marlene ihnen Schaden zugefügt. Ja, der Hirschen-Schulze hatte durch sie Konkurrenz für sein schmieriges Restaurant bekommen, das ohnehin keine Zukunft hatte, aber nun schob er den nahenden Konkurs auf Marlene. Die Konsum-Schulze setzte die Frau herab, die in den Räumen lebte, in denen sie früher gearbeitet hatte. Vielleicht brauchten sie das, um den unerträglich großen Abstand zwischen ihnen zu schrumpfen? Ich zweifelte nicht daran, dass Konsum-Schulze auch mit ihren Kundinnen über Marlene auf diese Weise sprach; ihre Rede hatte etwas Gewohnheitsmäßiges, da gab es keine Hemmschwelle mehr zu überwinden.

Heidrun Tile näherte sich dem Ufer und vollführte dabei tolle Strampelbewegungen. Waren jetzt alle irre? Jetzt machte sie auch noch vor, wie schnell sie kraulen konnte, raste auf die Stelle im Schilf zu, wo Schulzes Kinder lachten, kreischte, zog überraschend kraftvoll an der Luftmatratze, sodass die beiden ihr Gleichgewicht verloren und ins Wasser stürzten. Darunter hervor kam Jakob, schnappte nach Luft und warf seinen Schnorchel mit einer endgültigen Geste von sich. Er klammerte sich an Frau Tile, und als ich endlich begriff, welches Spiel die Kinder da gerade gespielt hatten, rannte ich ins Schilf und schrie sie an. Ich konnte nicht fassen, dass Kinder so brutal sein konnten, und vor allem konnte ich nicht fassen, dass ich schon wieder versagt hatte. Selbst die alberne Frau Tile war geistesgegenwärtiger als ich! Taugte ich eigentlich zu irgendetwas? Fast hätte ich Konrad an einem Tag zwei seiner Kinder genommen! Zugleich war ich Frau Tile so unendlich dankbar, dass ich sie noch dort im Wasser umarmte, Jakob wechselte dabei zu mir, und als ich ihn ans Ufer trug, begann er zu weinen. Hirschen-Schulze schrie mich an, weil ich seine Kinder angeschrien hatte, ich schrie zurück, Herr Tile kam dazu und schrie mit seltsam hoher Stimme, weil das hier seine Frau betraf, einzig die Konsum-Schulze blieb stumm und eingeschnappt auf ihrem Handtuch sitzen. Heidrun stellte sich im Bikini daneben, nahm die Badekappe ab und schüttelte ihr Haar.

»Wäre ich nicht eingeschritten, hätten Ihre Kinder unseren Jakob ertränkt«, sagte sie mit Pathos zum Hirschen-

Schulze, der sie mit offenem Mund anstarrte. Seine feigen Kinder versteckten sich hinter ihm. Der Sohn schnitt mir von dort aus Fratzen, die Tochter, etwa in Selmas Alter, schaute genervt, als machten wir nur unnötigerweise ein Fass auf, wir langweiligen Erwachsenen.

»Wir gehen«, sagte ich. Tiles kamen mit uns, die mir nie so liebenswürdig erschienen waren wie heute. Gern wären wir länger in ihrer Gesellschaft geblieben, doch am Gutshaus trennten sich unsere Wege. Marlene, die gerade eine Bestellung aufnahm, sah zu uns herüber, sah meine nassen Sachen, sah, wie Jakob Frau Tile fest umarmte.

»Ich wäre fast ertrunken!«, rief er Marlene stolz zu. Jetzt hatte er etwas zu erzählen, und er erzählte es allen: Konrad, der sich gerade einigermaßen gefangen hatte, Rita, die etwas gegen die Schulzes zu unternehmen versprach (im Chor sangen sie schließlich auch nicht mit), Pavel, der sich am Bart kratzte, und natürlich Selma und Laure, die nun mit ihrem kleinen Bruder auf Rache sannen, was ihn unaussprechlich glücklich machte. Lauter phantastische Fallen wurden da erfunden, die Feinde gestellt und für immer aus dem Dorf verbannt. Das meiste davon ließ sich allerdings nicht umsetzen, wenn etwa erst Falltüren zu konstruieren waren, unter denen sich Jauchegruben befinden mussten, bis Selma nach einer Weile darauf kam, man solle die Feinde gar nicht mehr zur Kenntnis nehmen, sie seien es eben nicht wert. Darauf einigten sie sich, denn das Heimzahlen war letztlich ihre Sache nicht: Wie die Eltern begnügten sich auch die Kinder damit, offene

Rechnungen im Kopf zu begleichen. Jakob wollte seiner Retterin allerdings noch etwas schenken, und weil er nicht wusste, wovon, pflückte er im Garten Blumen, aus denen Laure einen Kranz band. Den nahm Heidrun den ganzen Abend nicht mehr ab, trug ihn wie einen Lorbeerkranz beim Abendessen, zu dem Konrad und Marlene sie eingeladen hatten. Konrad stieß auf Jakobs Rettung an, dann auf Laures Kranzflechtfähigkeiten, dann auf Selmas Weisheit. Er trank an diesem Abend, bis er lallte und Rita ihm die Flasche wegnahm. Als wir zu Bett gingen, war es dunkel. Pavel schaute in den Sternenhimmel, durch den der Komet noch immer seine Bahn zog.

Schon in den ersten Septembertagen sanken die Temperaturen, der Sommer war mit einem Mal ein ferner Traum geworden. Wie in jedem Herbst wuchsen auch diesmal meine Aufgaben, als hätten sich die Kranken verabredet, alle auf einmal Hilfe zu suchen. In diesem Jahr wog das besonders schwer, weil in der Klinik Personal fehlte und sich die komplizierten Fälle häuften. Kaum kam ich noch zur Besinnung, war oft zu erschöpft, um zur Ruhe zu kommen, und sah mehr als einmal dem Kometenschweif am Himmel zu, wenn ich keinen Schlaf fand. Ich rauchte mehr als je zuvor.

An einem solchen Abend, wohl schon Anfang Oktober, läutete das Telefon. Als sich Konrad meldete, dachte ich als erstes, er wolle nun endlich über den Vaterschaftstest sprechen oder – und das machte mir Angst – er habe ihn gar schon gemacht. Was, wenn ich ohne jede Vorbereitung erfahren würde, Vater zu sein? Oder kein Vater zu sein? Ich war zu müde, um darüber nachzudenken, und dachte ans Auflegen, aber Konrad fing schon zu sprechen an, nicht über Selma, sondern über Jakob.

Was er mir erzählte, ging durcheinander, doch konnte ich etwa folgendes Bild zusammensetzen: Jeden Morgen brachte ein Schulbus die Kinder aus Plenskow in die Stadt. Üblicherweise waren dies ereignislose Fahrten, denn alle wickelten sich müde in ihre Jacken; und erst die Ankunft im Provinzstädtchen zwang sie zum endgültigen Aufwachen. Hier trennten sich ihre Wege. Die Älteren steuerten das große Schulgebäude an, und Jakob, nun in der vierten Klasse, als einziger die Grundschule. Dazu musste er nur einen Wall überqueren, doch in diesem Schuljahr war das kurze Wegstück zum Problem geworden. Schon in den ersten Tagen ließ man ihn nicht mehr in Ruhe von der Schulpforte zurück zum Bus gelangen. Zunächst waren es die alten Feinde, die Schulzekinder, doch dann fanden sich weitere, die ihm nachriefen, dass er nichts Besseres sei als sie, kein Gutsherr oder Ritter, sondern im Gegenteil: dass er unter ihnen stehe und peinlich sei mit seinen Mädchenhaaren. Zuerst blieb es bei solchen Worten, doch bald verabredeten sich die Jungen aus seiner Klasse, um ihre Wasserpistolen an ihm zu erproben, was ihnen so viel Spaß bereitete, dass sie sich gleich die nächste Quälerei ausdachten. Sie zogen ihm die Hosen herunter. Und irgendwann schlugen sie zu.

Marlene und Konrad waren bestürzt. Sie suchten die Eltern der beteiligten Kinder auf, sprachen mit Lehrern und Busfahrern, holten Jakob von der Schule ab. Sie bauten ein Schutzschild um ihn, und bis auf Schmähungen, von denen er ab und zu berichtete, bis auf die Tatsache, dass er ausgeschlossen wurde und beim Sport der Letzte war, der in ein Team gewählt wurde, ging es eine Weile einigermaßen gut. Doch dann, in einem unbeaufsichtigten Moment auf dem Pausenhof, wurde Jakob zusammengeschlagen.

Jetzt war er im Krankenhaus – in meinem –, und Konrad bat mich, nach ihm zu sehen, da er für den Abend zurück nach Plenskow fahren musste, wo ein Patient nach ihm rief. Plötzlich hellwach, fuhr ich wieder in die Klinik und suchte Jakob auf seiner Station auf. Dort war es ruhig, aber Jakob lag noch wach. Zwei gebrochene Rippen, eine Gehirnerschütterung, Blutergüsse. Es machte mich wütend, ihn so verletzt zu sehen. Warum waren Menschen so? Ich blieb bei ihm, sprach mit ihm über das, was er durchmachte, erzählte ihm zum Einschlafen die Geschichte vom Seemann Ernesto, der, statt nach Singapur zu gelangen, die ganze Welt sieht, versprach ihm Bücher, Schokolade, weitere Besuche und ging erst, als er fest schlief.

In den nächsten Tagen kamen abwechselnd alle Familienmitglieder, aber meist war es Konrad, der auf meiner Schlafcouch übernachtete. Rita versuchte, ihren Enkel aufzumuntern: »Kopf hoch, das ist doch kein Beinbruch!« Konrad dagegen wollte Jakob ablenken und seine Begeisterung für das Segeln wecken. Oft saß er am Bettrand und schwärmte Jakob von einer hellblauen Jolle vor, mit der er bald über den Plenskower See gleiten würde. Sie übten Knoten: den Stopperstek, den Webeleinstek, den Schotstek einfach und doppelt. Das strengte den Verletzten an, die Augen fielen ihm zu. Von ihnen allen tat Laure Jakob am wohlsten, denn sie konnte ihn wahrhaft ablenken. Mal hatte sie ein Stück für ihn geprobt, das sie mit Handpuppen aufführte, mal sang sie ihm etwas vor, einmal kam sie im Kostüm eines Waldschrats. Die anderen Kinder der Station wurden aufmerksam, fragten nach ihr, und wer sich irgend bewegen konnte, schlich sich in Jakobs Zimmer, um Laures Darbietungen zu erleben.

Das Café wurde in dieser Zeit von Rita und Sybille am Laufen gehalten, Marlene war es völlig egal geworden. War sie nicht an Jakobs Seite, führte sie Gespräche mit Eltern und Lehrern. Seit ich sie zu einem dieser Termine begleitet habe, bin ich unsicher, ob Frauen wirklich keine Kriege angezettelt haben, wie es oft heißt, denn Marlene zeigte sich als eine Urgewalt, die man sich besser nicht zum Feind machte. Dass es zu keinen weiteren Gewalttaten kam, grenzt an ein Wunder: War Marlene in rotglühender Wut, lag ganz nah, dass sie nebenbei jemanden erwürgte, der ihrem Kind etwas zuleide tat. Aber sie erwürgte niemand –, sie machte sich selbst die größten Vorwürfe. Wie hatte ihr Kind vor ihren Augen so vereinsamen können! Sie dachte zurück an den letzten Sommer, an den Vorfall am See, dachte an das Dorf, in dem er keine Freunde fand, und daran, dass er nicht für immer der Sprechstundenhilfe über die Schulter schauen oder sich im Café langweilen konnte. Laure hatte ihre Musik: Pavels Klavierstunden und Gesangsunterricht bei einer alternden Operndiva (vielleicht erinnert man sich noch an die große Alischa Zwist); und Selma kam gut zurecht mit ihrer Freundin Marie, ihrer Botanisiertrommel und ihren Bestnoten in der Schule. Nur Jakob fehlte ein solcher Anker, und die Jolle, von der Konrad träumte, war ein unhaltbares Versprechen; auf absehbare Zeit würden sie sich nichts dergleichen leisten können. Marlene überlegte etwas anderes, und das Ergebnis ihres Nachdenkens teilte sie mir in Form eines Auftrages mit: »In deinem Viertel gibt es ein Internat, sieh es dir mal an.«

An einen Vaterschaftstest dachte niemand mehr. Selma war zufrieden, versuchte gerade, ihr Lieblingsschaf aus Josts Herde zu zähmen und schien für sich selbst keine Wünsche zu haben, die über ein heiles Paar Gummistiefel hinausgingen. Nein, nicht Selma brauchte einen zweiten Vater, sondern Jakob, für den ich seit meinem Versagen am See alles zu tun bereit war.

Nur wenige Tage nach Jakobs Entlassung nahm ich einen Termin beim Internatsleiter wahr, der mich im Trainingsanzug empfing und so humorlos wie verlässlich wirkte. Die Schülerinnen und Schüler, erklärte er, gingen auf verschiedene Schulen der Stadt und wohnten hier zusammen. Er führte mich durch die Flure, zeigte mir den Speisesaal und ein leerstehendes Zimmer, das ich mir wohnlich vorstellen konnte; nannte ohne Umschweife die Gebühren und zählte alles der Reihe nach auf: Essenszeiten, Rechte und Pflichten, ganz so, als wollte ich hier einziehen. Die Kinder, die ich sah, wirkten selbstbewusst, eigenständig, umsichtig und so, als seien sie sicher in dieser Institution, die ihnen nicht alle Verantwortung abnahm. Dies war kein ausgesuchter Ort, dachte ich, aber es konnte ein guter Platz für Jakob sein, um die Füße wieder auf den Boden zu bekommen.

Als ich in Plenskow meine Eindrücke wiedergab, fing Jakob gleich Feuer, besonders für die Türschilder, welche die Bewohner selbst malten, oder die abendliche Laufrunde, an der viele Schüler täglich teilnahmen, um für einen Marathon zu trainieren. Selma und Laure wollten nun ebenfalls auf das Internat wechseln, fanden ihre Provinzschule mit einem Mal abscheulich und lagen ihren Eltern in den Ohren, wie ungerecht es wäre, wenn sie in Plenskow bleiben müssten. Das Dorf, eben noch ein Paradies für Kinder, wurde ihnen mit ihrem Heranwachsen zu eng. Rita missfiel das gesamte Vorhaben. »Marathon, wie bizarr! Früher reichte ein Crosslauf.«

Schließlich waren es Marlene, Konrad, Jakob und ich, die sich beim Internatsleiter einfanden und die neue Schule wählten. Die Geldangelegenheiten waren schnell geregelt, denn ich würde als eine Art Pate die Internatsgebühren übernehmen, damit Jakobs Schullaufbahn in dieser Hinsicht gesichert war, unabhängig vom Hauskredit oder Patientenaufkommen in Plenskow. Ein Problem blieb die vierte Klasse, die Jakob an seiner alten Schule überstehen musste. Die Vorkehrungen waren umfangreich: Selma brachte Jakob bis ins Klassenzimmer, Konrad oder Marlene holten ihn nach dem Unterricht ab, die Pausen verbrachte er im Lehrerzimmer. So war er sicher vor den Mitschülern, aber dennoch führte das alles nicht zum Guten. Die Lehrer wurden ungeduldig, verstanden nicht, warum er sich nicht zur Wehr setzte oder einfach zum Friseur ging. Jakob war ihnen zu zimperlich – im richtigen Leben werde er auch keine Ausnahmeregelungen in Anspruch nehmen können. Und auch seine anstrengenden Eltern würden ihn nicht für immer verzärteln.

Das Schuljahr zog sich in die Länge, und als es doch endlich vorüber war, feierten wir das mit einem großen Picknick am See. Und dort lag es: Jakobs himmelblaues Ruderboot, das ihm, wie er immer wieder sagte, sogar lieber sei als ein Segelboot, denn so müsse er sich die Knoten nicht merken. Konrad fand, dass es trotzdem einen Namen verdient habe, warum sollten Ruderboote namenlos sein, und er schlug in Erinnerung an Frau Tiles Gesang *Aphrodite* vor. Jakob war doch lieber gleich für *Heidrun*. Marlene schluckte, malte aber den Namen mit schönen weißen Buchstaben an den Bug. An Frau Tile allerdings muss sie dabei gedacht haben, an ihre Eifersucht, die sie veranlasst hatte, Konrad in ihre Zweifel um Selmas Vater einzuweihen. Und jetzt, wo Jakobs Problem gelöst war, drängte sich die unbeantwortete Frage wieder auf. Als die Kinder badeten und Marlene beim R war, fragte sie unvermittelt, ob wir den Vaterschaftstest noch machen wollten. Ich sagte beim U ja, ich würde gern. Konrad stimmte beim N zu. Selma kam aus dem Wasser. Wir starrten das zitternde Mädchen im blauen Badeanzug an und fragten uns wohl alle drei, nach wem sie komme. Im Gesicht ähnelte sie einer Eule, um die Knie einem Storch. Sie schlug weder nach Konrad noch nach mir. An einem Test führte kein Weg vorbei, wenn wir je Klarheit haben wollten.

In diesen Ferien ruderte Jakob oft über den See, an Bord auch seine Schwestern und Marie, nur leider nicht Elmar, weil der ein Kater und kein Hund war. Sie schwammen in der Mitte des Sees, untersuchten mit einem Kescher die Wasserflora, bauten ein Sonnensegel und schienen versöhnt mit dem Dorfleben und ihrer luftigen Freiheit. Erst im September, als auch dieser Sommer schon wieder vorbeiging, gaben wir unsere Proben im Labor ab. Zur selben Zeit zog Jakob ins Internat.

Siebtes Kapitel

Indem Jakob in meine Nähe zog, rückte die Familie noch näher an mich heran. An freien Tagen holte ich Jakob im Internat ab – manchmal hörte ich dann, wie seine Freunde ihn nicht ohne Stolz den Grafen nannten –, und wir fuhren zu zweit nach Plenskow, das er Zuhause nannte und das ich als solches empfand. Nun ließ ich in meiner Kammer Gegenstände zurück, die ich beim nächsten Aufenthalt wieder benötigen würde, zog gewissermaßen in Etappen ein, wurde beinahe Teil dieses Gefüges und des Dorfes. Zuvor war ich vor allem mit Ritas Chormitgliedern in Kontakt gewesen, mit Frau Niemann, die Marlene vieles zukommen ließ, was in ihrem Garten wuchs; aber auch mit Tiles, die an den Wochenenden in ihrem Haus ausspannten oder ihre Anspannung ins Gutshaus trugen; mit dem alten Badstüber, der dann gern von früher sprach. Doch nun erst wurde mir das Ausmaß bewusst, in dem das Dorf zerstritten war, denn neben diesen freundlichen gab es auch solche Bewohner, die schwer einzuschätzen waren: wie Klonski, der mit seinem Schäferhund durch das Dorf und die Wälder strich wie eine Wache, und es gab die Schulzes, die umso aggressiver wurden, je mehr Felle ihnen davonschwammen. Ihre guten Zeiten waren vorbei. Allein LPG-Schulze war kein Verlierer der Umbrüche – er managte seine Landwirtschaft wie einen Industriebetrieb und stellte sich dabei äußerst geschickt an. Doch auch ihn trafen die Turbulenzen der Zeit, denn seine drei Kinder waren in verstreute große Städte gezogen, und nichts lag ihnen ferner, als in die Fußstapfen des Vaters zu treten. Aber wer blieb schon, wenn er jung war? Nur die Jungs, die sich nicht aufraffen konnten und die hier ohne Aufgaben und Aussichten schnell verrohten.

Der Nägelhof war im Visier dieser Gangs, aber zum Glück blieb es bei der Drohung. Sybille und Jost bereitete die LPG größere Sorgen, die einem Verwandten Josts, der vor Jahrzehnten in den Westen gegangen war, Hof und Land hatte zurückgeben müssen. Nun durchschnitten seine Felder die großen Flächen, mit denen die Genossenschaft gern gearbeitet hätte. Es gab Streit wegen der Pestizide, die die LPG ausbrachte und die auf Josts Land gelangten; es gab Streit wegen seiner Tiere, die angeblich die der LPG mit ihren Krankheiten ansteckten; es gab Streit, weil sich Jost und Sybille zusammengetan hatten und weil Sybille ihre Pferdewiese nicht als Festwiese genutzt sehen wollte, wie es Hirschen-Schulze vorschwebte.

Unverzeihlich auch, dass sich die beiden dafür einsetzten, in dieser Gegend einen Nationalpark zu gründen. Der Verein, den Jost dafür ins Leben gerufen hatte, traf sich verdächtigerweise auch nicht im *Hirschen*, sondern bei Marlene (Konsum-Schulze sprach in diesem Zusammenhang von Vetternwirtschaft) und war mit all seinen Forderungen eine Provokation. Als Jost den steifen Körper seines Hundes auf dem Feld fand, in dem eine Kugel steckte, kam ihm zum ersten Mal der Gedanke, der Preis könne zu hoch sein. Doch Sybille war zu optimistisch für so trübe Gedanken, warf ihre Mähne nach hinten, wischte sich die Tränen ab, tyrannisierte Claudia Badstüber etwas mehr als sonst und verbreitete wieder Energie und gute Stimmung im Café, wo ihr Kleines laufen lernte und auf Pavels Schoß seinen ersten Zahn bekam.

Ein anderes Problem, das mir erst jetzt in vollem Umfang bewusst wurde, betraf die gewaltigen Kosten des Gutshauses. In einem fort standen Reparaturen an, die keinen Aufschub duldeten. Mal drängte der Denkmalschutz auf ein Detail, für das keine Mittel bereitstanden, mal musste Fertiges eingerissen werden, weil es in dahinterliegenden Schichten bröckelte. Rita machte es sich zur Aufgabe, Förderanträge zu stellen und mit Handwerkern zu verhandeln. Trotzdem ließen sich nicht alle Rechnungen begleichen, sodass sie mich oft beiseite nahm, um an mein Erspartes zu kommen. Für mich sei es schließlich kein Beinbruch, meine Rücklagen hier zu investieren, was sich nicht bestreiten ließ. Jakob fand seinen eigenen Weg, die Finanzlage zu verbessern: Er nahm die Schatzsuche wieder auf, denn Herr Tile hatte ihn darin bestärkt, dass in solchen alten Häusern oft Wertvolles versteckt lag. Andernorts, erklärte mir Jakob, seien ganze Gemäldesammlungen und Goldvorräte aufgetaucht, bevorzugt unter den Dielen oder im Schornstein. Dass er bislang nichts gefunden habe, liege einzig daran, dass Marlene die Beschädigung von Oberflächen streng untersagte, obgleich sie seine Suche durchaus hoffnungsvoll unterstützte. Doch ihre Überzeugung war: Wenn schon Wunder, dann richtig. Dazu brauche man die heile Haut des Hauses nicht zu beschädigen.

Marlene war auch gegen das Öffnen der Briefe mit den Laborbefunden. Die trafen in diesen Tagen ein, wunschgemäß in zwei Schreiben: das erste für Konrad, Marlene und Selma, das zweite für mich. Zum Öffnen brauche es, erklärte Marlene, einen geeigneten Rahmen, eine ruhige Stunde. Die es auf absehbare Zeit nicht geben würde, denn auf den arbeitsreichen Herbst folgte die Adventszeit, in der Marlene durch ihren Weihnachtsmarkt völlig in Anspruch genommen war. Noch nie habe ein Mensch so viel Arbeit gehabt, behauptete sie, während Rita Konrad einspannte, weil im Chor Männerstimmen fehlten. Zum Adventskonzert, das war für sie das Wichtigste, sollte sich der Chor von seiner besten Seite zeigen, damit sich neue Mitglieder anmeldeten. Stattdessen traten Walters überraschend aus. »Was ist nur in sie gefahren?«, rief Rita ungehalten. »Die finden uns wohl nicht gut genug! Einen besseren Chor werden sie aber in Plenskow nicht finden!« Der Chor und seine Mitgliederverluste waren in der Adventszeit ein großes Thema, das Rita diskutierte, wenn sie in Vorbereitung auf den Besucheransturm Plätzchen buk und wenn sie die Schreiben der Denkmalbehörde öffnete (»Was ist das wieder für ein Strohwisch!«) und zu lesen vergaß, weil die Lösung für die Frage aller Fragen noch nicht gefunden war: Woher Bässe und Tenöre nehmen? Pavel, der selbst am Ofen noch fröstelte, nickte fünffach und kraulte den Kater auf seinem Schoß, der darüber schnurrend eindöste. Wenn es dunkel wurde, döste auch Pavel ein, und Rita beendete ihr Selbstgespräch, sah verwundert auf die Stricknadeln in ihren Händen, die wie von selbst etwas hergestellt hatten: einen Schal, eine Jacke, eine Hausmütze, die Pavel sein Pfaffenhütchen nannte und auch nachts nicht mehr absetzte. Zuletzt brachte sie es zustande, ihm eine Hose zu stricken. Ganz in blau-weißer Lammwolle versank Pavel am Kachelofen in Erinnerungen an Agnes und ließ das Thema nur fallen, wenn Rita die Geduld verlor: »Der größte Teil deiner Familie ist hier, du alter Nölpott! Und Agnes können wir im Chor nicht brauchen, wir suchen Männerstimmen.« War Rita anderweitig beschäftigt, fragte Pavel Jakob nach den Details der Schatzsuche, die er sehr ernst nahm. Er befeuerte seinen Enkel, fragte ohne Bedenken, ob Jakob schon den Kamin aufgestemmt habe und warum er zögere, die Freitreppe zu untergraben. Dort lägen sie doch immer, die besten Sachen. Seine alte Vergnügtheit erlangte er aber nur dann zurück, wenn er Laure auf dem Klavier unterrichtete. Bei besonders gelungenen Tonfolgen hielt er den fahlen Zeigefinger in die Luft und rührte uns mit der vertrauten Geste. War ihm warm genug, schlurfte er ins Café und betrachtete das Wandbild und den Weihnachtsbaum, den Marlene aufgestellt hatte. Und dem Rita die silberne Spitze aufgesetzt hatte. Im Streit darüber waren sie vom Hölzchen aufs Stöckchen gekommen, vom Baum zum alten Schuhregal im Vestibül, vom Konsumismus zum Kaufhaus Gum in Moskau, vom Anfang zum Ende, an dem sich Rita zu Pavel setzte und seufzte, sie fühle sich erschöpft wie eine Trümmerfrau.

Bis zum Konzert am zweiten Advent war aber auch dieser Streit beigelegt; Rita verlegte sich wieder auf ihre Bässe und Tenöre, während sich Marlene mit den Kunsthandwerkern stritt, wenn sie allzu schnöde Stände aufbauten, und tatsächlich kam es nun vor, dass Rita Marlene beisprang. »Sie verhudeln das Fluidum!«, hielt Rita zum Beispiel einer Korbflechterin entgegen, die sich eines blinkenden Rentiers am Giebel ihres Standes schuldig gemacht hatte. Das Rentier wich, der falsche Stern über der Freitreppe wurde aufgehängt, und Laure, deren Formensinn auch eine feine Handschrift umfasste, schrieb das Kulturprogramm schwungvoll auf eine große Tafel. Als der Weihnachtsmarkt eröffnete, erschien sie den Gästen als Engel mit Sternenkranz im Haar. Ihretwegen besuchten fast alle das Konzert in der Kirche, die bis in die letzte Holzbank gefüllt war, sodass es erst nicht auffiel: Die

Plenskower waren nicht gekommen: nicht Klonskis, nicht Walters, nicht Claudia Badstüber und Schulzes sowieso nicht.

Die sieben Sänger stellten sich unter der Sternenkuppel auf, Pavel nahm am Harmonium Platz, und Rita gab am Pult nachdrücklich den Auftakt zu vierstimmigen Sätzen bekannter Weihnachtslieder. Dazwischen sang Laure Solostücke in ihrem glockigen Sopran. Dann ein Kanon, den alle mitsingen sollten, aber nicht konnten. Die ganze Darbietung kam so von Herzen, war so rührend laienhaft, dass der Beifall heftig ausfiel, was der Chor vorausgesehen haben musste, denn für die Zugabe holten die Sänger Triangeln hervor, auf denen sie klimperten und klingelten. Selma bedauerte das, sie hätten sich die Kleinstinstrumente schenken sollen, das sei doch unterirdisch. Jakob war leichter zu begeistern: Er fand es überirdisch.

Laure schloss sich uns an, als wir über die Pferdewiese zurückkehrten. In der Dunkelheit wiesen uns die erleuchteten Fenster des Hauses den Weg. Es war ruhig geworden, nur Laures Summen klang in die Nacht, Selma und Jakob schwiegen, und selbst auf dem Weihnachtsmarkt war es nun still – hier drehten sich die durchgefrorenen Kunsthandwerker vor der Feuerschale. Pavel und Rita kamen wie zwei Verliebte über die Dorfstraße, nach ihrer Aufführung belebt und froh wie lange nicht. Auf den Vorplatz tretend, hob Pavel sehr vergnügt den Finger, als wollte er uns ein Bonmot servieren, legte die Hand auf das Brustbein und schwankte. Rita konnte ihn halten, ich stürzte hinzu und schaltete um in mein anderes Ich, in meinen Doktor-Wander-Modus, in dem ich weiß, was zu tun ist, und reibungslos funktioniere. Dieses andere Ich diagnostizierte einen Herzinfarkt, es instruierte Selma, erst einen Rettungswagen, dann Konrad zu rufen, der aber schon herbeikam. Wir brachten Pavel in die Praxis, machten ein EKG, gaben Medikamente zur Stabilisierung der Herzfunktion, während Rita auf Pavel einredete, er dürfe nicht gehen, er habe durchzuhalten! Das war keine Bitte, das war Gesetz, keine Ausnahme für ihn! Selma sagte ruhig: »Rita, das kann sich Pavel nicht aussuchen.« Und als der Rettungswagen eintraf, brachte sie die Sanitäter geistesgegenwärtig in die Praxis. Nun ging es schnell: Pavel wurde hinausgetragen, Rita folgte, um sich zu ihm in den Wagen zu setzen, und als auch ich einsteigen wollte, sagte sie: »Nicht du. Konrad.« Die Türen knallten, die Sirene hob an, und der Wagen preschte davon. Ich fühlte mich wie ein Schiffbrüchiger, an dem gerade ein Rettungsboot vorübergefahren war, ohne auf ihn aufmerksam zu werden. Selma, die neben mir stand, sagte: »Ich werde auch einmal Ärztin. Wie du.«

Marlene räumte im Café auf. Als sie mich eintreten sah, unterbrach sie ihr Tun, erkundigte sich nach Pavel und deutete meine Niedergeschlagenheit so, als würde ich ihm keine Überlebenschance geben. Auch als ich beteuerte, er werde sicher durchkommen, seiner einundachtzig Jahre zum Trotz, blieb sie misstrauisch.

»Überlebensgründe«, sagte sie, »er braucht Gründe,

um es zu schaffen.« Im Hinausgehen rief sie: »Ich rufe Agnes an.«

Allein, schloss ich die Augen, atmete tief. So saß ich lange. Wie gut das tat, die Welt draußen zu lassen. Als ich die Augen wieder öffnete, sah ich das Wandbild überdeutlich, viel klarer als sonst: Es war wie ein Fenster in eine frische Anderswelt, in der die Jahreszeiten zusammenfließen, in der die Sterne bei Tage leuchten, in der Tiere, Menschen und Pflanzen miteinander sprechen. Überhaupt erschienen mir die beiden Figuren nicht als Menschen, sondern nur menschenähnlich, denn sie waren alles zugleich: Frau und Mann, Kind und Greis, Faun und Fee. Das Ding in der Hand war, wie ich nun sehen konnte, kein Ball und kein Apfel, sondern eine Sonne, die gerade in den Himmel aufstieg. Selma hatte recht. Wir anderen hatten das Offensichtliche nicht erkannt. Etwas berührte mein Bein, etwas Schnurrendes und Weiches. Ich nahm den Kater auf den Arm und war so froh, dass alles seine Ordnung hatte. Und dass Selma Ärztin werden wollte, nicht so wie Konrad, sondern so wie ich.

Bis zu den Festtagen war ich in der Klinik eingebunden und hörte nur am Telefon von Pavels Genesung. Immerhin konnte er schnell nach Hause, war aber schwach und wurde, wie Marlene versicherte, nur von seiner Vorfreude auf Agnes' Weihnachtsbesuch am Leben gehalten. Für mich und meine Kollegen waren diese letzten Arbeitstage besonders aufreibend. Eine neue Kollegin aus Hamburg, auf deren Einstellung wir lange gewartet hatten, fiel uns zur Last, nicht nur, weil sie sich nicht auskannte, sondern vor allem, weil sie sich allzu wichtig nahm. Frau Oberärztin Doktor Dahle. Wehe, da vergaß mal jemand einen Titel! Noch nie hatte mir die Aussicht auf Weihnachtsurlaub so behagt wie in diesem Jahr – endlich raus aus dem Klinikstress – und guten Muts lud ich am ersten Weihnachtstag die Geschenke ein und fuhr nach Plenskow.

Wie liebte ich diese einsamen Autofahrten! Das erste Stück führte über die Bundesstraße, zu der Pavel noch immer Fernstraße sagte, doch sobald ich sie verließ, kamen die einsamen Alleen. Jetzt war die Landschaft froststarr, reglose Bäume säumten den Straßenrand, ein Rudel Rehe gefror auf dem Feld, bis ich vorüber war. Dörfer, in denen keine Menschenseele zu sehen war, nur die leuchtenden Schwibbögen in den Fenstern oder eine Lichterkette, die jemand um einen Baum geschlungen hatte, verrieten, dass diese Gegend bewohnt war. Einmal überholte mich ein rasender Kleinwagen mit vier jungen Männern. Am Straßenrand stand manches Kreuz, denn nicht alle überlebten diese Fahrten. Inzwischen wünschte sich auch Selma einen Mopedführerschein, daran musste ich denken, und dass ich Konrad und Marlene verstand, die strikt dagegen waren: Diese Straßen sind mörderisch. Doch war man auf ihnen allein, machten sie selig.

Plenskow kam in Sicht, links war schon die Siedlung, rechts das Grundstück von Walters, hinter der Kurve begann das Rütteln des Kopfsteinpflasters. Im Kofferraum fiel etwas um. Auch auf der Dorfstraße war ich der Einzige, Kiosk und Kirche waren verriegelt, und an der Scheibe des *Hirschen* stand in weißen Buchstaben: »Wir schliessen. Danke für ihre Treue.« Daneben, auf der Weide vor dem Nägelhof, harrten Josts weiße Ponys reglos in der Kälte aus. Kurz vor dem Ortsausgangsschild bog ich nach links, registrierte zwei Autos vor Tiles Wochenendhaus und kam auf dem Vorplatz zum Stehen. Bis auf den Stern unter dem Dredow'schen Wappen auch im Gutshaus keine Spur von Leben.

Ich setzte die rote Mütze auf, für die die Kinder eigentlich schon zu alt waren, klebte mir einen Bart an und trat ins Haus. Im Café war alles ruhig, doch aus dem Salon kamen Stimmen. Als ich die Tür öffnete, umfing mich wohlige Wärme, hier waren alle zusammen, spielten ein Brettspiel und riefen mir vom Tisch ihre Begrüßungen zu. Pavel allerdings saß in flüsterndem Austausch mit Agnes auf dem Sofa. Bei ihrem Anblick nahm ich die Mütze unwillkürlich wieder ab. Sie hatte sich verändert, war nicht mehr das Mädchen aus dem Osten, das *Karat* rauchte und schreckliche Frisuren trug. Und nicht nur waren die alten Attribute verschwunden – an ihre Stelle waren neue, einschüchternde getreten: ein selbstbewusster Bob und knallrot lackierte Nägel –, sondern auch das Schlingernde ihres Auftretens, das sie früher mit einer besonderen Kratzbürstigkeit übertüncht hatte. Sie kam auf mich zu wie eine, der der Boden unter den Füßen gehört, mit Eleganz, fremdem Duft und dunkler Seidenstimme: »Nikita, mein

Bruder«, und im Bruder klang schon der amerikanische Akzent durch. Sie hielt mich auf Armeslänge, betrachtete mich: »Du bist müde. Was machst du die ganze Zeit? Ist der Bart etwa echt? Du hast mich nicht besucht.«

»Du siehst toll aus«, erwiderte ich und ließ das Übrige unter den Tisch fallen.

»Ich habe von Pavel gehört, dass du ihm das Leben gerettet hast«, sagte Agnes.

Rita rief vom Spieltisch herüber: »Konrad hat ihm auch das Leben gerettet!«

»Ach du wieder mit deinem Konrad«, sagte Agnes träge und verstrubbelte Konrad, der mit dem Rücken zu uns saß, die Haare.

Ich begrüßte Pavel, der meine Fragen zu seiner Gesundheit wegwischte, denn er hatte Wichtigeres zu besprechen, musste seiner Freude Ausdruck geben, denn im Augenblick des Herzinfarkts war es seine größte Sorge gewesen zu sterben, ohne Agnes noch einmal gesehen zu haben. Aber nun, sieh an, sei er quicklebendig und in Gesellschaft all seiner Kinder, wie fabelhaft. Ich setzte mich zu ihm, und da sich die anderen lange nicht einigen konnten, ob die Augen eines Würfels, der auf Kante lag, zählten oder nicht, war Zeit genug, Agnes und Pavel ihre Weihnachtsgeschenke zu überreichen. Für Pavel Pralinen, für Agnes eine Wanderkarte für diese Gegend, über die sie lachte: »Was denkst denn du, wie lange ich bleibe?«

»Wie lange denn?«

»Zu Silvester bin ich zurück in New York City.«

»Bei ihrem Mr Maynard«, rief Rita vom Tisch herüber. »Den hätte sie mitbringen sollen. Man lernt den eigenen Schwiegersohn nicht kennen!«

»She is always carping about something«, sagte Agnes wie nur zu Pavel und mir, obwohl es am Tisch gut zu hören war. Allerdings war mein Englisch nicht gut genug, und auch Pavel wusste nicht recht.

»Carp?«, fragte er.

»Sie ist ein Mäkelfritze«, übersetzte Agnes.

»Und ich dachte, es wäre was mit Karpfen«, sagte Pavel.

»Ja, *carp pond* heißt Karpfenteich, aber hier haben wir es eher mit einem Haifischbecken zu tun, oder, Nikita?«

Als ich nicht antwortete, fügte sie noch hinzu: »Oder nehmen sie dich aus wie einen Karpfen?«

»Du meinst wie eine Weihnachtsgans?«, fragte ich etwas ratlos.

»Ich meine, du bist hoffentlich nicht das *Profit Center* für all das hier?«

»Nikita schießt manchmal etwas dazu«, rief Rita vom Tisch herüber, »es ist ja auch sein Wochenendhaus.«

»Steht das im Grundbuch?«, kam Agnes' Kommentar.

»Weißt du«, sagte ich, »ich mache mir nichts aus Geld.«

»Ja, das hast du dir schön zurechtgelegt. Von mir kriegen sie nichts.«

Aus Agnes' Tasche kam ein sonderbares Läuten. Sie holte ein Gerät hervor, eines von diesen tragbaren Telefonen, die man jetzt manchmal bei Immobilienmaklern sah, die mit abgewinkeltem Ellbogen hineinschrien. Agnes schrie nicht, sie ging hinaus.

»Ihr Zellföhn«, klärte mich Rita auf.

»Du bist dran«, wurde sie von Selma ermahnt, die kurz vorm Gewinnen war. »Und es heißt *cellphone.*«

»Jetzt sind alle meine Kinder da«, nahm Pavel seinen Faden wieder auf. »Jetzt bin ich wunschlos glücklich. Vielleicht könnte ich noch die totale Sonnenfinsternis sehen, aber dann reicht es.«

»So ein Unsinn«, sagte ich. »Du bist doch über den Berg. Wahrscheinlich wirst du noch nach New York reisen.« Doch Pavel sah mich mitleidig an und öffnete seine Pralinenschachtel.

Selma gewann, Rita fand das wegen des Würfels nicht fair, und Marlene holte schon Luft, Selma zu verteidigen, als ich sie mit einem schlecht gespielten Hohoho unterbrach, die rote Mütze doch wieder auf dem Kopf, und ihnen meine Gaben reichte; im Gegenzug erhielt ich fünf Paar Stricksocken. Besser als eine Zigarrenkiste immerhin, aber doch irgendwie enttäuschend. Pavel bot mir eine Praline an, aber für mich war es Zeit für eine Zigarette. Ich lief an Agnes vorbei, die auf der Treppe im Vestibül saß und Englisch sprach, stellte mich auf die Freitreppe und schaute meinem Rauch zu, bis es mir zu kalt wurde. Dann holte ich meine Reisetasche aus dem Kofferraum, trug sie die Treppe hinauf, die Agnes wieder verlassen hatte, und freute mich auf mein Bett, zumal es kalt war hier oben. Nach all dem Stress der letzten Zeit war ich müde, Agnes hatte recht. Doch als ich das Licht meiner Kammer einschaltete, stand hier schon ein Koffer, mein Bett war zerwühlt. Ach so, sie hatten Agnes hier einquartiert. Ich wäre gern gefragt worden, denn schließlich war das hier mein Zimmer, kein Gästezimmer für jedermann. Ich starrte meine Sachen an, die zusammengeschoben in der Ecke standen, löschte endlich das Licht und blieb mit meinem Gepäck unschlüssig im Flur stehen.

Die hofseitige Zimmerflucht war ungenutzt, die Türen verschlossen. Ich probierte den Schlüssel meiner Kammer, was beim dritten Versuch glückte und mir ein Kabinett voll verstaubter Schätze öffnete. Hier gab es Stapel ungeöffneter Umzugskisten, Möbel, die Reste des Inventars des Gutshauses hätten sein können: ein Sofa aus verblichenem Samt, ein Vogelkäfig, ein wuchtiger Schrank, in dessen Inneren ich schon die Geheimnisse der von Dredows vermutete, der aber, ordentlich von Marlenes Hand beschriftet, Schlittschuhe in verschiedenen Größen und eine Botanisiertrommel enthielt. Ein Karton sah vertraut aus. Vorsichtig hob ich den Deckel und entdeckte die Briefe, die ich Marlene vor Jahren geschrieben hatte.

»Niketsch!«, hörte ich Marlenes Stimme, und ich schob die Kiste schnell zurück an ihren Ort. »Was machst du hier im Gerümpel? Wir haben Selmas Zimmer für dich vorgesehen.« Das klang zwar planvoll, doch als wir es betraten, war es nicht für einen Gast hergerichtet. Marlene raffte Selmas Bettzeug zusammen und trug es hinaus, brachte Federbett und Kopfkissen herbei, die ich dann selbst bezog, während sie ein bisschen aufräumte und überlegte, was von der veränderten Agnes zu halten sei.

»Sprecht ihr von mir?«, rief Agnes durch die Tür. Marlene war gereizt. Ein niederer Wunsch überkam mich, ihren Moment der Schwäche auszunutzen, und ich fragte, ob wir heute Abend die Briefe öffnen würden. Irgendwie war ich von den alten Briefen auf den neuen gekommen, den Laborbefund, den ich noch immer verschlossen bei mir trug.

»Nein, heute doch nicht!«, rief Marlene fast erbost. Und dann weicher: »Das wollten wir doch in Ruhe angehen.«

»Was für Briefe?«, fragte Agnes. Marlene straffte sich und antwortete: »Das hat nichts mit dir zu tun.«

Agnes setzte sich auf Selmas Schreibtischstuhl und drehte sich. »Selmas Zimmer ist entzückend«, schwärmte sie. »So ein unschuldiges Jugendzimmer! Es sieht aus wie ein Ausschnitt aus der schönen heilen Welt. Nur kalt ist es hier. Und wo ist die Schminke? Hat Selma wenigstens ein Tagebuch?« Sie begann den Tisch abzusuchen und zog sogar die Schublade auf, bis Marlene rief: »Nicht!«

»Wohnst du sonst im Gästezimmer?«, fragte mich Agnes.

»Ja, es ist eigentlich mein Zimmer, aber diesmal wohl nicht.«

»Sei doch nicht so ein Umstandskrämer.« Marlene war verärgert.

»Du hättest fragen können«, sagte ich, und es fühlte sich gut an, es einfach mal auszusprechen.

»Mach's doch nicht so kompliziert. Nächstes Mal ist es wieder dein Zimmer.«

»Warum darf er nicht kompliziert sein?«, schaltete sich Agnes ein. »Ich finde, jeder Mensch hat ein Recht darauf, sehr kompliziert zu sein. In New York kann man nicht einmal überleben, wenn man versucht, es allen recht zu machen. Da geht man einfach unter.«

»Wir befinden uns aber in Plenskow«, sagte Marlene, »hier geht niemand so einfach unter.«

Aber Agnes ließ sich nicht bremsen. »Doch, hier, Nikita! Ihm steht das Wasser bis zu den Ohren. Und das Dorf, es riecht förmlich nach Scheiterhaufen. Diese Schulzes, die könnten auch gerade einen Mord planen. Oder der Förster! Versuch mal, es denen recht zu machen, Marlene. Für die bist du die Komplizierte, und ehe du dichs versiehst, machen sie dich für die nächste Viehseuche verantwortlich.«

Marlene starrte sie an. »Nach dieser Logik«, sagte sie schließlich nüchtern, »befördert Kompliziertheit den Untergang. Davor sollte sie ihn noch verhindern.«

»Sehr interessanter Einwurf!« Agnes wollte gerade richtig ausholen und startete ihre Aufzählung am kleinen Finger: »Erstens ...«, aber Marlene schüttelte das Bett auf und wandte sich zum Gehen: »So, fertig.«

Als wir ihr folgten, sagte ich zu meiner Schwester: »Deine Sicht ist aufschlussreich. Ich wünschte, ich könnte mich besser behaupten, ehrlich. Aber mein Schicksal ist ein anderes.« Unten zog mich Agnes ins Café, machte

Licht und zeigte auf das Wandbild: »Marlene denkt, das da wäre ein Granatapfel. Aber es ist eine Granate. Wirf sie.«

Agnes blieb nur ein paar Tage, die aber waren ganz und gar durch sie geprägt. Sie lackierte Selma und Laure die Fingernägel, sie brachte einen Hauch von großer weiter Welt mit, den wir alle spürten, und sie erklärte Marlenes Raunächte zum Aberglauben: Es sei doch ganz leicht zu überprüfen, dass sich die nächtlichen Träume, die man zwischen Weihnachten und Neujahr habe, im nächsten Jahr nicht erfüllten. Zum Glück nicht, denn sie träume hier gerade ziemlich wirres Zeug. Rita und Marlene, selten einer Meinung, sehnten den Tag von Agnes' Abreise herbei, während Pavel versuchte, seine Tochter zur Rückkehr nach Hause zu bewegen. »Nach Hause?«, fragte Agnes erstaunt. Nein, Zuhause sei ihr das hier nicht, bei Lichte betrachtet gebe es so etwas wie Heimat nicht in ihrem Leben. »Aber du, Pavel, musst mich besuchen kommen.« Als Agnes abreiste, hatte sie uns allen, auch den Kindern, das Versprechen abgenommen, sie das nächste Mal in New York zu treffen.

Ich brachte Agnes zum Flughafen. Unterwegs fragte sie nach den Briefen, die Marlene nicht öffnen wollte, und ich weihte sie ein, warum auch nicht, sie gehörte schließlich zur Familie. Wieder kam sie in Fahrt, wieder hatte sie mir viel zu sagen, und ich litt, weil ich sie als die andere brauchte, die in unserer Familie nichts zu melden hatte.

Alles, was Agnes sagte, traf zu. Ich solle meinen Brief schleunigst öffnen; warum ich Konrad und Marlene den Zeitpunkt bestimmen ließe. Ich solle mir eine andere Beschäftigung für das Wochenende suchen und dazu eine Partnerin oder ihretwegen auch einen Partner, Hauptsache weg aus dem Familiensumpf. Und ich solle selbst entscheiden, was ich mit meinem Geld anstellte – zum Beispiel könnte ich es in meine *recreation* stecken, wie sie sagte, denn ich würde aussehen, als wäre auch mein erster Herzinfarkt nicht fern.

Agnes' Worte wirkten wie eine kalte Dusche auf mich. Hatte ich nicht selbst einmal versucht, mein Leben in die Hand zu nehmen, mich unabhängiger zu machen? Warum war ich wieder so tief hineingerutscht in diese unbekömmliche Konstellation? Was hielt mich? Konnte ich nicht zumindest damit aufhören, die Plenskower an erste Stelle zu setzen? Wer setzte mich an erste Stelle? Und es ließ sich nicht leugnen: Ich war zutiefst erschöpft. Wenn ich so weitermachte, würde ich irgendwann zusammenbrechen.

Als ich vom Flughafen zurückkehrte, war ich entschlossen, gleich abzureisen. Meine letzten beiden Urlaubstage musste ich nicht in Plenskow verbringen, ich konnte zum Beispiel ... ja was? Ich konnte einfach gar nichts tun, bis mir etwas einfiel. Als ich die Freitreppe hinaufstieg, überlegte ich noch, wie ich es ihnen sagen würde, schloss auf, fand aber nur Pavel im Haus, der im Salon schlummerte. Leise ging ich nach oben. Auf Selmas Schreibtisch hatte der Kater es sich bequem gemacht. Gerade wollte ich das Bettzeug abziehen, als ich den Eindruck gewann, er wolle mich an etwas erinnern, an Agnes vielleicht, wie sie nun sagen würde: ›Lass sie das doch mal machen.‹ Das erschien mir verkehrt und doch auf eine widerborstige Art stärkend. Also ließ ich das Bett sein, nahm meine Tasche und wandte mich zum Gehen. Da fiel mein Blick auf Selmas Schublade, in der Agnes ein Tagebuch vermutet hatte. Warum sollte ich nicht kurz nachschauen, ob sich Selma Gedanken darüber machte, wer ihr Vater war? Hatte sie Marlenes Beteuerungen Glauben geschenkt, oder war sie, die ja durchaus für sich selbst denken konnte, zu einem anderen Schluss gelangt? Der Rest meiner aufsässigen Stimmung reichte, um die Schublade mit klopfendem Herzen aufzuziehen. Filzstifte rollten über Papier, kein Tagebuch, nur ein Elternbrief aus der Schule, eine Sternkarte, ein geöffneter Umschlag. Den Aufdruck kannte ich. Mein Herz hämmerte, als ich das Schreiben herausnahm. Er war es, Konrads Brief, das Datum stimmte, das Labor war unser Labor, und es gab so gut wie gar keinen Zweifel daran, dass Konrad Selmas leiblicher Vater war. Sie wussten es also. Ich hörte Agnes in ihrem amerikanischen Singsang lachen: ›Diese Betrüger!‹ Zitternd schob ich das Schreiben in den Umschlag zurück, legte den Brief an seinen Platz, schloss die Schublade. Jetzt verstand ich, was es heißt, weiche Knie zu bekommen: Meine machten sich unabhängig von meinem Willen, zuckten und wollten nicht mehr für mich da sein. Ich setzte mich, schloss die

Augen. Bestimmt gab es eine Erklärung. Sie hatten mich gewiss nicht einfach übergangen, auch wenn es gerade so aussah. Marlene und Konrad waren beide auf ihre Weise gute Menschen, leuchtende Menschen sogar, die sich in die Welt verströmten. Sie waren nicht berechnend. Sie waren auch keine Betrüger.

Ich begann, mich auf dem Stuhl zu drehen, wie Agnes es gemacht hatte. Der Kater auf dem Tisch tat, als ob er schliefe, spitzte aber die Ohren. Er erschien mir wie ein Fabeltier, das alle Geheimnisse schon kannte, und ich erinnerte mich plötzlich daran, wie ich ihn aus dem Müll gerettet hatte. Ja, für ihn hatte ich den richtigen Platz zum Leben gefunden. Er konnte hier seiner Wege gehen, niemand verlangte etwas von ihm; man gab ihm zu essen und so viel Liebe, wie er haben wollte. Elmar konnte sich immer davonschleichen, und so würde ich es nun auch halten. Auch für mich wollte ich den richtigen Platz im Leben finden. Ich ging zweimal zum Wagen, um all meine Sachen, auch die aus der Kammer, einzuladen. Dann sagte ich Pavel Lebewohl.

»Jetzt, wo Agnes abgefahren ist, kann ich auch auffahren«, sagte er.

»Versprich mir, die Sonnenfinsternis abzuwarten«, antwortete ich, »und wenn es dir bis dahin langweilig wird, besuche Alice Niemann.«

»Meinetwegen«, meckerte er und ließ mich ungern gehen. Ich fuhr vom Hof, über die Dorfstraße, über stille Alleen und lenkte den Wagen schließlich auf einen Feldweg. Dort kramte ich meinen Laborbrief heraus. Nichts Neues darin. Ich zerriss das Schreiben in tausend kleine Schnipsel und übergab sie dem Wind. Das neue Jahr: Es sollte mir gehören.

Achtes Kapitel

In der Klinik machten mir die Umstrukturierungen zu schaffen, mal wurde Personal gestrichen, mal das Zimmer mit Bad für die Nachtschichten; Gremien wurden zusammengewürfelt und der ganze Klinikbetrieb nun so gehandhabt, als wäre er eine Firma, eine gewinnorientierte Firma, was mich irritierte. Am meisten aber irritierte mich Frau Dr. Dahle von der Intensivstation, der ich nun regelmäßig begegnete, und zwar nicht nur in der wöchentlichen Sitzung, sondern auch in einer Weiterbildung, die zu besuchen ich genötigt war, als man mir die Stationsleitung antrug. Frau Dahle suchte sich ihren Platz immer in der Nähe des Ranghöchsten, saß kerzengerade auf ihrem Stuhl, Reiterhosen übereinandergeschlagen, Ellbogenpatches nach außen, Schultern verspannt. Mich ging sie offen an. Mehr als einmal hatte sie mich vor den anderen korrigiert, und ich – der im Ruf stand, ausgleichend zu sein – konnte es ihr nur unterschwellig vergelten, indem ich sie überging. Die Arbeit, anstrengend genug, zehrte so noch mehr an mir.

Hatte ich frei, fuhr ich nicht mehr nach Plenskow, denn nach dem Betrug um Selmas Vaterschaft konnte und wollte ich nicht zur Tagesordnung übergehen. Erschöpft, wie ich war, suchte ich nach Kraftspendern, probierte es mit Strandspaziergängen, mit Saunabesuchen, mit Schlaftabletten. Wie machte Marlene das, warum brannte sie bei ihrem Arbeitsaufkommen und drei Kindern eigentlich nicht aus? Irgendwie hatte sie die Fähigkeit, sich selbst wiederherzustellen, zu versorgen; sie buk und kochte nicht nur für die anderen, dachte ich. Das könnte ich ihr gleichtun, so schwer dürfte doch das Hantieren in der Küche nicht sein. Also begann ich, mir den Wochenmarkt für frischen Fisch und Gemüse zu erschließen, stellte mir teure Kochutensilien zusammen und kaufte ein ganzes Regalbrett Kochbücher. In der ersten Zeit hörte ich beim Essen die Nachrichten, ging aber bald zu Musik über, deckte den Tisch mit Servietten und Kerzen und fragte mich, was Marlene dazu sagen würde. Gern hätte ich sie eingeladen und mit meinen neuen Fähigkeiten beeindruckt, aber meine kleine Wohnung eignete sich nicht zum Empfang von Gästen.

Nur Jakob leistete mir oft Gesellschaft – wenngleich er nicht verstand, warum ich mir gegen die Erschöpfung keinen Hund angeschafft hatte. Bewegung sei doch das beste Mittel zur Erholung, und er würde mir mit meinem Hund helfen, wenn ich arbeiten musste. Aber ich winkte ab. Ein Hund brauchte jemanden, der ihm viel Zeit widmete, und dieser jemand konnte ich nicht sein.

Jakob kam nun einmal in der Woche zu mir, meist mittwochs, und hielt mich auf dem Laufenden über das Internatsleben, aber auch über Plenskow. Gab es Hering, schwieg er wegen der Gräten, gab es Pasta, wurde er gesprächig und teilte mit, dass er noch immer keinen Schatz gefunden habe. Bei der Quiche am Mittwoch darauf gab es wirkliche Neuigkeiten: Sybille und Jost würden aus Plenskow wegziehen, weil sie kein Biosiegel bekamen, solange die LPG ihre Pestizide weiträumig verteilte. Im Gutshaus war die Stimmung schlecht, besonders Ritas, da sie nun ihren Chor auflösen musste. Ich könne ja nun die Pferdewiese kaufen, schlug Jakob vor. Aber was sollte ich damit? Mein Traum war ein Segelboot.

Am Mittwoch darauf gab es wieder Neuigkeiten, denn das Pflegemittelpaar hatte erstens die Wiese gekauft und zweitens ein Angebot für das Gutshaus unterbreitet. Marlene habe das empört abgelehnt, berichtete Jakob bei einer angebrannten Lasagne. Es war ihr Reich, das sie da an sich reißen wollten; diese Begehrlichkeiten waren für sie, als wolle ihr jemand die Haut abziehen. Auch Rita sei darüber empört, denn das Angebot deckte längst nicht, was mit den Jahren in die Instandsetzung geflossen war.

Von Konrad hörte ich wenig. Bis er sich auf entsetzliche Art in Erinnerung brachte, noch dazu über Frau Dahle. Während der Visite, zur Unzeit also, wollte sie mich dringend sprechen. Ich kämpfte den Impuls nieder, sie warten zu lassen, und ließ mich darüber verhören, wie der Name meines Bruders laute.

»Worum geht es?«, fragte ich spöttisch zurück, um mich nicht auf ihre Spiele einzulassen.

»Sind Sie mit Konrad Wander verwandt, ja oder nein?«, schnauzte sie mich an, als wollte sie hinzufügen: So schwer ist das doch wirklich nicht.

»Nun rücken Sie schon raus mit der Sprache«, sagte ich belustigt.

»Er ist heute Nacht nach einem Autounfall auf meine Station gebracht worden.«

Einmal sind Konrad und ich mit unserer Jolle gekentert. Dieses Erstaunen, wirklich umzuschlagen, das Wasser, die Tiefe; dieses Ausschauhalten nach ihm, dessen Kopf zwischen den hohen Wellen lange nicht auftauchte – genau so fühlte ich mich jetzt. Damals tauchte ich unter, um nachzusehen, ob er sich in einem Tau verfangen hatte. Wo war er?

»Wo ist er?«, rief ich in den Sturm hinein.

»Kommen Sie«, sagte Frau Dahle leise, nein, eigentlich so, wie sie bisher auch gesprochen hatte, und ging voran. Der Patient, auf den sie deutete, der unter Verbänden und an Schläuchen um sein Leben rang, war nicht als Konrad zu erkennen. Frau Dahle reichte mir die Krankenakte, als hätte auch sie gemerkt, dass sie mir einen Beweis schuldig war. Konrad Wander, geboren am 31. August 1958, Kollision mit einem Baum auf der Landstraße, 1,5 Promille. Frakturen, Leberriss, ausgeschlagene Zähne, Blutverlust.

»Was denken Sie, wird er es schaffen?« Vielleicht war das die erste ehrliche Frage, die ich jemals an Frau Dahle richtete.

»Gut möglich. Wenn keine Komplikationen auftreten.«

Verwirrt kehrte ich zu meiner Visite zurück, die am selben Ort stehengeblieben war, wo ich sie zurückgelassen hatte. Ich funktionierte für einige Minuten im Doktor-Wander-Modus, doch rannte plötzlich zum Telefon und erfuhr von Pavel, dass Rita und Marlene unterwegs zu uns waren. Konrads Fehlen war in der Nacht nicht aufgefallen, weil er noch spät zu einem Patienten gerufen worden war, als die anderen schon schliefen.

»Wird er durchkommen?«, wollte Pavel wissen.

»Wenn keine Komplikationen auftreten, ja«, antwortete ich.

»Es steht also in den Sternen«, sagte Pavel.

Ich bat darum, für heute aus dem Dienst entlassen zu werden, und stellte mich an die Scheibe. Mein Bruder. Damals hatte ich ihn an einer Boje entdeckt, er hatte mir zugewinkt, und ein Motorboot hatte uns bald darauf an Land gebracht. Unsere Jolle wurde in den Hafen geschleppt und von dort auf die Wiese, auf der wir sie flickten, während die anderen über das blaue Wasser segelten. Wir hielten es damals für das Schlimmste, was einem Menschen passieren kann: an Land bleiben müssen.

Rita betrat in einem Zustand die Station, der ein eigenes Bett für sie erfordert hätte, doch sie weigerte sich, Konrad aus den Augen zu lassen, bebte neben mir an der

Scheibe und schien ihren eigenen Untergang zu durchleben, die völlige Auflösung, das Ende. Marlene stützte sie, war aber selbst aschfahl. Der Tag war quälend, und als ich mich für die Nacht nach Hause begab, ließ sich auch Rita überreden, auf meinem Gästesofa auszuruhen. Dort sank sie in einen schrecklichen Schlaf, aus dem ich sie wimmern hörte. Ich lag wach und ärgerte mich über dieses Leid. Was für eine Zumutung! Uns alle traf dieser Schlag, warum ließ sich meine Mutter derart gehen, die doch sonst immer so stark tat? Wollte sie vorführen, welche Rolle ihr Lieblingssohn für sie spielte? Ihr Schluchzen ließ mich wütend und ungerecht werden, und ich wusste, dass ich keine zweite Nacht so zubringen konnte.

Mit Frau Dahle besprach ich tags darauf die Privilegien für meine Familie; sie setzte die Besuchszeiten außer Kraft, bestimmte ein Zimmer nahebei, in dem sie abwechselnd schlafen konnten, sodass ich in meiner Wohnung wieder allein war mit meiner Angst um Konrad und all den verwirrenden Gefühlen, die ich für und gegen ihn empfand.

Als er die Intensivstation verlassen konnte, kostete es mich große Mühe, bei den Kollegen durchzusetzen, was sinnvoll schien: ein Einzelzimmer, ein Bett für Marlene darin, verlängerte Besuchszeiten auch für den Rest der Familie. Anderswo war das längst üblich, aber in unserer Klinik war es neu, und die Schwestern verübelten es mir, als verursachte ich ihnen zusätzliche Arbeit. Ich bestach sie mit frischen Blumen und größeren Spenden für ihre Kaffeekasse, was die Wogen für eine Zeit glättete. Jakob sah täglich nach der Schule vorbei, Selma und Laure an den Wochenenden. Doch wer die größte Aufmerksamkeit beanspruchte, war Rita. Nicht Konrad, nicht Marlene, nicht die Kinder. Endlich, als Rita an einer Angina erkrankte, gab es einen guten Grund, sie nach Plenskow zurückzuschicken. Sie fuhr mit Selma und Laure nach Hause und wurde von Pavel gesund gepflegt. In Konrads Krankenzimmer wurde es nun ruhiger.

Inzwischen war er außer Lebensgefahr. Nach der Operation in der Unfallnacht standen allerdings weitere Eingriffe an; bis dahin konnte er nicht allein aufstehen und hing am Tropf. Wann immer ich es einrichten konnte, kochte ich etwas, weil das, was aus der Großküche kam, Leib und Seele nicht zusammenhalten und erst recht nicht zusammenfügen konnte. Das Krankenhausessen, das von jeher muffig in den Fluren roch, war Konrad nicht zuzumuten – ich brachte ihm ungezuckerten Joghurt und frische Beeren zum Frühstück, Salate zum Mittag, auf Wunsch Grießbrei (Konrad), Pfannkuchen (Jakob) und Garnelen (Marlene) und erhielt in diesen Tagen von meinen Kollegen den Namen Rotkäppchen, der an mir haften blieb, auch als ich schon längst nicht mehr die großen Körbe, in denen sie Kuchen und Wein vermuteten, durch die Flure trug. In meinen Pausen schaute ich nach Konrad, der meist schlief, während Marlene strickend oder lesend bei ihm saß. Marlene fragte mich dann meist, ob ich sie kurz ablösen würde, und ging hinaus. Ich rückte einen Stuhl ans Bett und schaute ihn mir an, meinen schönen Bruder, der nun zwar verletzt, aber nicht eigentlich schlecht aussah. Die Schwellungen waren zurückgegangen; nur die Narbe, die sich neben dem rechten Auge fast senkrecht von der Schläfe über den Wangenknochen zog, würde wohl bleiben.

»Niketsch«, sagte Konrad einmal mit geschlossenen Augen, »erinnerst du dich, als wir gekentert sind?«

»Daran musste ich auch denken.«

»Wir hatten Glück. Diesmal habe ich mehr abbekommen.«

»Du hattest auch diesmal Glück, Konrad, du lebst noch.«

»Hättest du dir gewünscht, dass ich sterbe?«

»Ich habe mir gewünscht, dass du es schaffst.«

»Eigentlich müsstest du mich hassen.«

»Ich hasse dich nicht.«

»Es wäre leichter, wenn du mich hassen würdest, wenn du mich so zugerichtet hättest. Stattdessen muss ich zusehen, wie du dich langsam zugrunde richtest.«

»*Du* hast dich fast zugrunde gerichtet! Schau dich an!«

»Sei nicht verstockt, Niketsch. Das Einzige, was du hast, ist vielleicht eine Tochter. ... Ich bin froh, dass ich noch lebe, denn ich möchte wissen, wer Selmas Vater ist.«

»Du bist Selmas Vater. Weißt du das nicht?«

In seinen Zügen ging eine Veränderung vor; so wie als Kind, wenn er eine Sternschnuppe sah. »Hast du den Brief geöffnet?«

Ich erzählte ihm, wie ich in Selmas Zimmer dasselbe

von ihm gedacht hatte, dass ich nicht mehr zu ihnen kommen wollte, weil sie mich betrogen hatten, aber er hörte kaum zu, sank lächelnd zurück in den Schlaf. »Selma, mein Kind«, murmelte er noch einige Male, auch als Marlene schon zurück war.

»Selma hat den Brief allein aufgemacht«, flüsterte mir Marlene zu. »Sie hat es mir auch lange verschwiegen.« Ich nickte. So war sie, Konrads Erstgeborene.

»Niketsch, würdest du uns einen Gefallen tun?«, fragte Marlene. Ich nickte noch immer. »Könntest du Rita anrufen? Es geht um die Praxis – da steht alles Kopf.«

Ich rief nicht an, sondern fuhr umgehend nach Plenskow. Was für eine Erleichterung, endlich helfen zu können, und noch dazu bei etwas so Handfestem wie einer Arztpraxis, die bald zahlungsunfähig sein musste. Außerdem, das gestand ich mir ein, sehnte ich mich nach diesem Ort, nach Laure und Selma, Pavel und Elmar, nach den knarrenden Dielen in den kalten Schlafzimmern, dem Espresso aus der Maschine, den Gästen, die dort ein- und ausgingen. Mein Leben allein – was war das eigentlich für eine Bußübung, und was hatte es genützt? Oder war es Verstocktheit, wie Konrad sagte? Mutwilliges Abschnüren meiner Lebensader? Diese Fragen entschieden sich, als ich in die Plenskower Dorfstraße einbog und endlich wieder das Gefühl hatte, am Leben zu sein. Und als mich der Wetterhahn auf der Turmspitze begrüßte, parkte ich den Wagen vor der Kirche und ging ein paar Schritte: Ich spürte den

Frühling kommen, sah ihn in den dicken Knospen der Kastanien, in den Schneeglöckchen neben der Mauer, hörte ihn im Zwitschern der Vögel, spürte ihn im frischen und doch schon südlicheren Wind. Der Boden unter mir war vom geschmolzenen Schnee durchweicht, aber ich lief noch ein Stück über den Kirchhof zur Pferdewiese, auf der die Pfützen so groß wie Teiche standen. Darin spiegelte sich der märzblaue Himmel. Dort das Gutshaus, der schönste Bau weit und breit, groß und erhaben, rot und symmetrisch und mit der Sonne in den klaren Scheiben. Wie gut es war, hier zu sein!

Ich lief zum Gutshaus und trat durch den Wintergarten ein. Rita freute sich, mich zu sehen. Sie hatte abgenommen, wirkte aber gefasst. Die Aufgabe, sich um Konrads Praxis zu kümmern, schien auch sie abzulenken, auch wenn sie zwischendurch alles hinwerfen wollte und die Hände über dem Kopf zusammenschlug, wie man es sonst nur im Theater sah. Zusammen setzten wir uns den Tatsachen aus: öffneten den Stapel der Rechnungen, verschafften uns einen Überblick über die Konten. Immerhin gab es eine Versicherung, die Konrad für einen Fall wie diesen abgeschlossen hatte und die jetzt das Schlimmste abfedern würde. Sich nichts vorzumachen, tat gut. Rita und mich stärkte es geradezu, als ob wir mit diesem Wissen schon ganz nah an der Lösung wären.

Rita hoffte, dass ich Konrad während der Genesungszeit vertreten würde. Es war nicht leicht, sie davon abzubringen, denn ich könne mich, meinte sie, doch so lange beurlauben lassen. Erst nach heftigen Auseinandersetzungen und viel Enttäuschung nahm sie von dieser Idee Abstand. – »Wenn du deinem Bruder in einer Notlage schon nicht hilfst«, kam sie irgendwann doch zum Ende, »dann finde wenigstens eine Vertretung.« – Damit aber war es nicht getan. Es lag auf der Hand, dass wir Claudia Badstüber kündigen mussten, denn schon für den laufenden Monat konnten wir ihr Gehalt nicht zahlen. Oder wäre es besser, die Praxis ganz zu schließen? Wie lange würde Konrad ausfallen? Würde er überhaupt je wieder in der Lage sein, zu arbeiten? Doch dann dachten wir: Besser, sein Leben wartet hier auf ihn. Rita würde sich bis dahin um die Praxis kümmern.

Heidrun Tile kam herein, versicherte uns ihres Mitgefühls für den Papierkram und klagte, wie anstrengend es sei, die Datsche für die Saison herzurichten. Sie habe sogar das Bettzeug über die Simse gelegt, damit es auslüfte. Wie es Konrad gehe, wollte sie wissen. Dann wechselte sie ins Café, wo Laure und Selma Mandelkuchen anboten, während wir Winfried Tile nebenan die Teppiche ausklopfen hörten.

Legten wir Pausen bei der Sichtung der Papiere ein, überraschte es mich, mit welcher Selbstverständlichkeit die anderen ihren Beschäftigungen nachgingen, als wäre hier nicht alles infrage gestellt. Ich sah verwundert, wie sich Pavel und Heidrun über ein Kartenspiel beugten, wie Frau Niemann ihre Gaben auf die Stufen legte und wie sich Selma und Laure das Haus so fraglos zu eigen gemacht hatten, als könne keine Macht der Welt sie je von hier vertreiben. Niemand schien zu ahnen, dass dieses Idyll auf der Kippe stand. Nur ich wurde den Verdacht nicht los, dass der Verkauf des Gutshauses nicht die schlechteste Lösung wäre – und womöglich die einzige.

Als wir spät in der Nacht die Papiere liegen ließen, bezog ich wieder meine alte Kammer. Hier gab es keine Spuren mehr von mir – ich musste im Vorjahr gründlich aufgeräumt haben. Aber mein Aufbruch war überstürzt gewesen, es konnte eigentlich nicht sein, dass sich nicht wenigstens ein Sockenpaar unter das Bett gerollt haben sollte! Doch nichts. Hier, die Schublade im Tisch, darin würde sich etwas finden. Unter einer alten Zeitung lag ein Notizblock mit dem Logo der Klinik, aha, der war von mir, aber in der Notiz erkannte ich Agnes' Schrift. »Du kannst nur geben, was du hast«, stand da geschrieben. Warum hatte sich Agnes etwas so Offensichtliches notiert? Darunter fand ich ein Foto, das Agnes an einem Badesee zeigte, links neben ihr ein Mann, den Arm um ihre Schulter, rechts eine Frau, die ihm ähnelte und ebenfalls ihren Arm um Agnes legte. Die drei wirkten gelöst, gelöster, als ich Agnes kannte. Ihr Leben schien sich in einer anderen Welt abzuspielen, die kaum Verbindung zu meiner hatte.

Ich schlief auf meiner alten Liege ein und träumte, wie mein Telefon läutete, das wie das tragbare von Agnes aussah, aber nicht schnurlos war, und wie meine ganze Familie bei mir Bestellungen aufgab. Die schrieb ich auf eine Papierrolle, die ich immer weiterkurbelte. Als ich mich im

Raum umblickte, der eigentlich ein Bootsschuppen war, standen überall diese Rollen. Ich merkte entsetzt, wie ich schrumpfte, und konnte gerade noch rechtzeitig den Stecker des Telefons ziehen. Schweißgebadet erwachte ich in der Morgendämmerung.

Auch Marlene musste sich zu ihrem Verdruss mit Papieren und Zahlen herumschlagen, denn sie konnte die Kredite für das Haus nicht mehr bedienen. Einmal begleitete ich sie zur Bank, einem hässlichen Palast, in dem es nach dem Klebstoff von Teppichen roch, und munterte sie im Wartebereich auf: Das Geldinstitut müsse selbst Interesse an einer Lösung haben. Doch das Männchen, das uns in seinem gläsernen Kabuff gegenübersaß und an seiner Kunstledermappe pulte, sah das ganz anders. Die Raten müssen weitergezahlt werden wie bisher, forderte es. Das sei die Abmachung, oder etwa nicht? Seien die Bedingungen etwa über ihren Kopf hinweg gemacht worden? Dass das Leben unvorhersehbar war, dass auch finanzielle Mittel an Bedingungen geknüpft waren, die sich nicht immer steuern ließen, so gingen Marlenes Argumente, denn sie rechnete einfach nicht mit so einem Mangel an Vorstellungskraft, wie ihn das Männchen bewies. Es werde hier gar nichts mehr investieren, rief es schrill, und kündigte die Zwangsversteigerung an. Marlene – in der Position eines Kindes, das sein Taschengeld verschludert hat.

»Lässt sich denn gar nichts machen?«, fragte Marlene.

»Schicht im Schacht. Aus die Maus«, sagte das Männchen, »außer natürlich, Sie finden einen Bürgen.« Marlene sah mich an, als wolle sie mich an ein Versprechen erinnern, und mir wurde eng. Da hielt sie die Tür zu meiner Gefängniszelle auf, aber ich wollte doch die Freiheit, jederzeit loszuziehen, zu segeln, ein neues Leben zu beginnen! Auch wenn ich diese Freiheit bisher wenig genutzt hatte, aufgeben wollte ich sie trotzdem nicht. Ein Nicken wäre genauso falsch gewesen wie mein Kopfschütteln. Ein stechender Schmerz schoss mir dabei durch die Schläfen. Marlene, auf deren Meinung es für mich ankam, musste mich nun für selbstsüchtig halten. Ich sah es in ihrem Gesicht, sah, wie sie sich verschloss, und sagte kläglich: »Wir müssen umschulden.« Das Zahlenmännchen schloss mit Schwung die Mappe und gab uns sarkastisch mit auf den Weg: »Viel Erfolg dabei!«

Marlene ignorierte seine ausgetrocknete Hand, schritt schweigend durch die Glastüren, die sich vor ihr auftaten, und flüchtete über den Bürgersteig, schnell und in die falsche Richtung. Ich folgte ihr. Sprach ich sie an, antwortete sie nicht. Erst als wir an einer großen Kreuzung vor einer roten Ampel warten mussten, brach es aus ihr heraus: Raten stunden – wo denn das Problem sei! Dieser Wicht! Sie machte ausladende Bewegungen, die anderen Passanten rückten von uns ab. Es wurde grün, und Marlene hielt inne. »Wo geht es überhaupt lang?«, fragte sie mich.

»Zurück«, sagte ich, und ihre Wut fiel zusammen. »Jetzt hilft nur noch ein Wunder. Vielleicht findet Jakob einen Schatz.«

Doch Marlene blieb nicht lange verzagt. In dem Maße, in dem Konrad genas, schöpfte sie wieder Hoffnung und unternahm neue Anläufe bei anderen Banken. Später erfuhr ich, dass sie Jakob die Erlaubnis gegeben hatte, unter den Dielen nach den Schätzen zu suchen, was er aber nicht wagte. Er grub stattdessen den Garten um und fand etwas angeschlagenes Porzellan.

Für mich ging die fordernde Arbeit in der Klinik weiter. Frau Dahle erkundigte sich nach meinem Bruder, und ich vermutete zunächst, dass sie ihn anziehend fand, selbst in seinem verletzten Zustand. Vielleicht gehörte sie zu den unattraktiven Frauen, die stets von den unerreichbarsten Männern träumten. Konrad war dafür ja wie geschaffen. Doch dann merkte ich, dass ich ihr unrecht tat: Sie war einfach aufmerksam. Fortan wollte ich freundlicher zu ihr sein, sagte ich mir. Zwar spotteten die Kollegen über unser verbessertes Verhältnis (»Rotkäppchen und der Wolf«), verloren aber bald das Interesse, als wir keinen weiteren Gesprächsstoff boten.

Der andere Unterschied zu meinem üblichen Klinikalltag war noch immer Konrad, dem, wieder verlegt, eine weitere Operation bevorstand. Inzwischen war er öfter alleine, und wenn ich nach ihm sah, erzählte er mir, was ihm durch den Kopf ging. Das war in diesen Wochen sein gesamtes Leben. Er erinnerte sich, ordnete ein, verstand im Nachhinein und richtet den Blick dann doch in die Zukunft: Dieses Internet wollte er kennenlernen, von dem so viel geredet wurde, und – viel wichtiger – er würde nicht mehr trinken und hob die Schwurhand wie in unserer Kinderzeit.

»Ich habe ohnehin nur deinetwegen getrunken. Oder nein, so meine ich es nicht, ich habe wegen Marlene, dir und mir getrunken, wegen meines schlechten Gewissens und weil Marlene nicht aufhörte, dich zu lieben, obwohl sie mit mir zusammen war.« Er schloss für einen Moment die Augen. »Ich genüge ihr nicht. Immer, wenn du dich längere Zeit nicht blicken lässt, wird sie unsicher, stürzt sich in Arbeit, läuft zum Fenster, wenn ein Wagen vorfährt. Sie wusste die ganze Zeit, wer Selmas Vater ist – aber sie hätte sich gewünscht, Selma wäre von dir ... Weißt du, bei all meinen Affären«, er sah an sich hinunter, wie um zu prüfen, ob er je wieder eine Affäre haben könnte, »ging es darum, dass Marlene wirklich zu mir kommt. Ich habe das mit anderen Mitteln versucht als du, aber auch nicht mit mehr Erfolg.« Wieder schloss er die Augen und schwieg eine Weile: »Jetzt bin ich ein Wrack. Marlene wird mich nicht verlassen, sie ist uns ja treu auf ihre Weise.« Als er diesmal die Augen schloss, schlief er ein.

Wenn es so war, wie Konrad sagte, warum lebten wir nicht alle drei zusammen? Warum eigentlich nicht? Diese Idee gab mir Auftrieb, die Plenskower Angelegenheiten zu regeln. Mein Schwung reichte sogar noch, um mit dem Rauchen aufzuhören, aus Solidarität, damit Konrad es leichter hätte, vom Alkohol zu lassen. Ich suchte nach einer Vertretung für die Praxis, ohne Erfolg allerdings, denn die Situation hatte sich seit meiner Zeit in Plenskow nicht gebessert: Kein Arzt wollte in die Provinz, vor allem nicht in diese, dessen Bewohner sich auch noch den Ruf erworben hatten, nicht gerade weltoffen zu sein. Auch wenn ich weiß, dass dieses Urteil auf viele Menschen hier nicht zutrifft, weiß ich doch, dass es für etliche andere noch zu mild ist. Warum sollte ein Arzt, der nicht aus dieser Gegend kam, ausgerechnet nach Plenskow gehen? Von hier zog man weg, besonders wenn man jung und gut ausgebildet war. Schöne Landschaften gab es auch anderswo, und was das Einzigartige am Leben in einem kaum besiedelten Gebiet sein soll, erklärt sich nicht von selbst. Für einen Landarzt bedeutet es vor allem, viel Zeit auf der Straße zu verbringen.

Eine junge Ärztin, die ihre Facharztausbildung noch nicht abgeschlossen hatte, erklärte sich dennoch bereit, als Assistentin in Plenskow zu beginnen, doch müsse die Praxis offiziell von mir geleitet werden. Das schien die Lösung zu sein, bis ich es zufällig Frau Dahle gegenüber erwähnte, die solchen Gedankenspielen ein Ende machte: »Sind Sie verrückt?« Kurz darauf lag die Nummer einer Ärztin in meinem Fach, mit besten Grüßen Dr. Dahle. Beim Anruf erfuhr ich, dass die Kollegin auf einen Kassensitz wartete und diese Zeit nicht länger in der Klinik zubringen wolle, in der sie tätig war. Sie deutete Querelen an. Ich fragte nicht nach, sondern sagte umstandslos zu.

Im Mai wechselte Konrad in die Reha, und im Mai öffnete auch die Plenskower Praxis wieder – jetzt mit Rita hinter dem Tresen –, während Marlene mit ihren

Töchtern den *Granatapfel* betrieb. Kamen Tiles für das Wochenende, wohnten sie nun im Gutshaus, weil ihr Wochenendhaus nun an die Ärztin vermietet war, die Konrads Familie nicht zu nahekommen wollte. Für Tiles war eigens die obere Zimmerflucht hergerichtet worden, und Winfried gefiel es besser so, denn so konnte er sein Wandbild jederzeit aufsuchen; auch Heidrun mochte das neue Arrangement, entdeckte sie doch Laure für sich, mit der sie im Salon Duette sang. In den Mai, und in diesem Jahr auf Pfingsten, fielen auch die Geburtstage von Laure und Marlene, sodass sich für Jakob und mich die Gründe häuften, diesmal nicht zu Konrad, sondern einmal wieder nach Plenskow zu fahren.

Wie früher machten wir uns zusammen auf den Weg. Die Wälder wurden gerade wieder grün, die elf Pappeln an der Dorfstraße begannen im Wind zu rascheln und die Amseln im Garten zu singen. Die Natur war in Feierstimmung, doch uns fehlte zum Feiern die Zeit: Über Pfingsten war im Café Hochbetrieb, die Ausflügler genossen die Sonne im Hof und liebten das Gutshaus und besonders Marlene so sehr, dass sie das alles sogleich weiterempfahlen (Rita verabscheute die ›Zellföhne‹, mit denen sie das taten, und hoffte auf ein rasches Ende dieser Mode). Als endlich das letzte Fahrrad vom Hof geschoben wurde, war kein Kuchen mehr übrig, um darauf eine Kerze anzuzünden.

Und das letzte Fahrrad gehörte Gerd, einem Sportsmann mit weiterführenden Interessen, der die Plenskower Kirche in wenigen kecken Strichen skizziert hatte, dann die anmutige Laure, dann die wundervolle Marlene, auf deren Porträt er viel Zeit verwendete. Man verstand sich gut. Marlene lächelte ihm auf eine Weise zu, die mich gelb anlaufen ließ. Endlich, erst kurz vor unserer Abreise, kehrte Ruhe ein, und wir kamen für eine Stunde im Café zusammen, um unsere Glückwünsche zu überbringen. Und ja, Marlene sah keinen Tag jünger aus als einundvierzig mit ihren schon von Grau durchwirkten Haaren und schwieligen Händen. Frau Tile, Laure und Pavel boten das Blumenduett aus *Lakmé* dar, Marlene umarmte die beiden Sängerinnen, Laure etwas länger, und Rita rief begeistert: »Damit hättet ihr das Treffen junger Talente gewonnen!« Wir waren so berührt, dass sich Heidrun zu einer Zugabe entschloss, der *Glöckchenarie*, an der sie so grandios scheiterte, dass sich sogar der Kater mit eingezogenem Schwanz davonschlich.

Auf der Rückfahrt sagte Jakob die Worte: »Ich hasse Gerd.« Ich horchte auf – was stand da zu befürchten? – und in der Nacht träumte ich, wie sich Gerds unbehaarte Sportlerwaden Marlene näherten. Seine langen Kopfhaare dagegen begannen sich über seinen Körper auszubreiten, bis er schließlich wie ein Affe aussah. Im Traum war ich ganz sicher, er werde Marlene mit dem Chikungunya-Virus anstecken, doch eine Sprachhemmung hielt mich auf, sie zu warnen: Ich konnte das Fieber nicht aussprechen, das ich doch selbst schon behandelt hatte. Erschaudernd erwachte ich und schämte mich meiner durchschaubaren Träume.

Erst Mitte Juni konnten wir Konrad aus der Reha-Klinik nach Hause holen, eine Aufgabe, die mir zugefallen war. Konrad sprach zuerst von seinem Rechner und dem Internet und erst dann davon, dass er wieder laufen konnte, wenn auch auf Krücken, und lobte grinsend, was Rita ›sein gutes Heilfleisch‹ nannte. Dafür, dass er vor wenigen Wochen nur knapp überlebt hatte, war er jetzt erstaunlich lebendig; ließ sich die Geschichte von Frau Tiles *Glöckchenarie* erzählen, ließ mich vorsingen, lachte gutmütig und fand, dass Heidruns Nervenleiden die Welt um Längen schöner machte. Wie gut, dass dagegen kein Kraut gewachsen sei! Konrad stellte von seinem Beifahrersitz aus fest, wie herrlich das Leben war. Am Rande eines Feldes bat er mich anzuhalten, stieg aus, humpelte in den Weizen und pflückte Kornblumen und Kamille für Marlene. Dabei summte er die *Glöckchenarie*, und je weniger ihm das gelang, desto mehr Pathos legte er in seine Pose. Wie froh war ich, dass Konrad lebte! Jetzt würde ein neuer, besserer Abschnitt unserer Bruderschaft beginnen!

Wir kamen mitten in die Vorbereitungen für Marlenes Mittsommerfest. Der alte Badstüber lud gerade trockene Äste für das Feuer von seinem Wagen, Selma saß im Nussbaum, um die Lampions in die Zweige zu hängen, Marlene stand mit einem Hammer in der Tür, den sie auch nicht aus der Hand legte, als sie Konrad in die Arme zog. Wie schön sie sich für seine Rückkehr gemacht hatte mit dem neuen wolkenblauen Kleid und dem plötzlich wieder schwarzglänzenden Haar. Immerhin, dachte ich schadenfroh, hat Gerd nichts mehr zu melden, doch es gab mir einen Stich, dass es mir nicht besser erging, dass ich wieder nur der Chauffeur war. Konrads Angst war völlig unbegründet gewesen – er war der Einzige. Nun ließ er seinen Blick über seinen Besitz schweifen, erblickte mich – »Die Blumen, Niketsch!« – und war schon wieder in sein altes Ich zurückgeschlüpft. Die Zeit unserer übermütigen Bruderschaft war kurz bemessen gewesen.

Als ich Konrads Rechner – einen Kasten, den er nicht tragen konnte – ins Haus schaffte, fiel mir auf, dass im Vestibül das Schuhregal fehlte, und ärgerte mich, dass nichts beim Alten bleiben konnte. Ich ärgerte mich besonders, weil nicht ich es war, der den Unterschied machte. Ich stellte den Kasten unsanft ab und fischte mir eine Zigarette aus dem Päckchen, das auf dem Kühlschrank lag, und genoss es, gerade selbst entschieden zu haben, eine zu rauchen, eine Virginia noch dazu, über die der alte Badstüber die Nase gerümpft hätte. Vielleicht sollte ich einfach noch mehr entscheiden, zum Beispiel, gleich wieder abzufahren, auf dem Markt einzukaufen, zu kochen, Frau Dahle einzuladen. Das Letzte erschien mir dann doch zu kühn und erfüllte mich mit einer Mutlosigkeit, die auf die anderen Vorhaben übergriff, sodass ich mich nur noch in meine Kammer schleppte und auf die Liege warf.

»Wo ist denn der Schlüssel?«, fragte eine Frauenstimme im Traum. Oder nein, es war kein Traum, die Stimme kam vom Flur. Wurde Besuch erwartet? »Ich finde den Schlüssel nicht«, hörte ich die liebe Stimme wieder, die eine leichte Berliner Färbung hatte. »Hast du ihn, Winfried?« – Winfried! Konnte es sein, dass so Frau Tile klang, wenn sie sich unbeobachtet glaubte? Ich stand auf, öffnete die Tür einen Spalt. Tatsächlich, Ehepaar Tile, er mit zwei großen Koffern, sie in ihrem Täschchen kramend, wo der Schlüssel für ihre Zimmer hätte sein sollen, aber nicht war.

»Kann ich helfen?« Mein Kammerschlüssel öffnete die Tür zu Tiles' Reich.

»Wie praktisch, nicht wahr?«, sagte Herr Tile anerkennend und zerrte die Koffer über die Schwelle.

»Huch, dann können wir uns nachts besuchen«, flüsterte derweil Frau Tile, nun wieder dialektfrei.

»Huch«, rief sie nun, »ein Schuss!«

»Sie jagen das Wild, nicht wahr?«, beruhigte sie Herr Tile. Wir lauschten, aber es war nichts mehr zu hören.

»Dann war es nur ein Warnschuss«, beschloss Frau Tile das Thema für sich, und ich stellte mir vor, wie Klonski auf seinem Hochsitz hockte und die Rehe davor warnte, sich Nahrung zu suchen. Aber darüber mussten wir nicht streiten. Höflich verabschiedete ich mich und ging hinunter, folgte den Stimmen in die Küche, holte mir einen Teller und ein Messer aus dem Schrank und setzte mich zu den anderen an den Tisch. Wieder einmal waren sie alle aufgebracht. Erst verstand ich nicht, was sie umtrieb, doch mit vielen Nachfragen erfuhr ich die Hintergründe: dass sich schon mit dem Wegzug von Jost und Sybille die Stimmung im Dorf gegen sie gewendet und die Entlassung von Claudia Badstüber den Stein ins Rollen gebracht hatte. Nun konnten die Plenskower etwas gegen das Gutshaus haben, das sie »Frauenhaus« nannten, so wie sie für das anstehende Mittsommerfest hartnäckig bei »Walpurgisnacht« blieben. Heute war Laure Opfer dieses Grolls geworden, als sie am Kiosk einen Liter Milch holte. Frau Schulze hatte über den Tresen geplaudert: Frau Klonski habe ja dies über Laure gesagt, Frau Walter jenes; man munkele gar, Laure habe ein Kind abgetrieben. Laure hatte die Milch bezahlt und stehen gelassen; fassungslos war sie zu Marlene gelaufen.

Wird ihren Kindern Leid zugefügt, wächst Marlene eine Macht zu, vor der man sich hüten muss. Zwei Jahre zuvor hatte ich das mit einiger Bestürzung bei Jakob erlebt, und an diesem Tag traf das Beben Frau Schulze, die nicht ahnte, was ihr bevorstand, als Marlene am Kiosk auftauchte. Marlene schilderte uns nun, wie sie Frau Schulze hinter ihrem Tresen angetroffen hatte, die sich für unbelangbar hielt: »Ich habe nur gesagt, was die anderen gesagt haben!« Marlene aber hatte nicht lange gezögert, die überraschte Schulze an den Haaren gepackt und zu sich herabgezogen: »Wenn sich ein Dorf aus lauter Dummköpfen auf etwas einigt, ist es noch lange nicht wahr.« Das hatte sie fast geflüstert.

»Dann muss sich Ihre Tochter eben anständiger kleiden!«, behauptete Frau Schulze noch in ihrer misslichen Lage, und Marlene festigte ihren Griff. »Mit welchem Recht maßen Sie sich ein Urteil über meine Tochter an?«, fauchte sie, noch immer sehr leise. »Im Vergleich zu ihr sind Sie ein schleimiges Gewürm, eine erbärmliche Bettwanze, ein glitschiger Grottenolm, und entsprechend still sollten Sie sein.« Woher Marlene solche Wörter überhaupt kannte, bleibt ihr Geheimnis, aber sie hatte sie parat und wiederholte sie ohne Reue. Bei uns am Tisch wischte sie sich die Hände noch einmal ab, obwohl sie die Haare, die sie Frau Schulze ausgerissen hatte, schon auf deren Tresen zurückgelassen hatte. Zum Schluss habe sie den Kiosk verflucht und seinen baldigen Konkurs geweissagt, woraufhin Frau Schulze gerufen habe: »Sie haben hier Hausverbot!« Die Feindschaft war geschmiedet, ohne Zurück, und in solchen Momenten bekam ich Angst vor Marlene, denn ich verstand, dass sie willens und in der Lage war, andere zu zerstören.

Ich sah zu Laure hinüber. Um einen Menschen wie sie war auch schon ein Trojanischer Krieg geführt worden, da war Frau Schulze vergleichsweise gut weggekommen. Wie sollte Konsum-Schulze, wie sollten die anderen Bewohner dieses Dorfes Laures Existenz verwinden? Tag für Tag führte sie vor, dass es einem einzigen Menschen möglich war, gleichzeitig schön und anmutig, freundlich und herzlich zu sein. Diese Sonnenseite des Lebens, die Laure so perfekt verkörperte, durfte nicht sein, man kam im Vergleich einfach zu schlecht weg.

»Warum hast du der Schulze nicht ordentlich eine geschallert?«, fragte Rita, die gern dabei gewesen wäre. Nun überlegte sie, die Ohrfeige selbst nachzuholen, gleich am nächsten Morgen, um Frau Schulze das Fürchten zu lehren.

»Das ist doch jetzt erledigt«, wandte Konrad ein.

»So lassen sich Konflikte nicht lösen«, sprang ich ihm bei.

»Misch du dich nicht ein!«, fuhr Rita mich an. »Du hast doch keine Ahnung, was es für ein Mädchen heißt, wenn ihr so etwas angehängt wird. Eine Abtreibung mit dreizehn! Das ist Agitation.« In mir knäulte sich eine unbändige Wut zusammen. Warum sollte ich nicht mitreden? Warum glaubte meine Mutter, mir den Mund verbieten zu dürfen? Ich konnte, ich wollte das nicht mehr und wurde nun selbst, vielleicht zum ersten Mal überhaupt, gegen Rita laut.

»Ich mische mich aber ein! Was hat denn Laure von solchen Methoden? Damit bist du keine Unterstützung, sondern nur ein schlechtes Vorbild.«

Bestürztes Schweigen. Alle durften hier schreien – außer mir, in meinem Skript war das nicht vorgesehen. Marlene begriff, dass sich mein Tadel auch gegen sie richtete, auch sie war gerade ein schlechtes Vorbild gewesen und hatte die Lage zugespitzt, statt sie zu klären. Sie war die erste, die sprach: »Laure soll wissen, dass sie nicht allein ist.« Als hätte ich es nur nicht verstanden.

Dann meldete sich Pavel: »Nikita, sprich nicht so mit deiner Mutter.«

Und auch Konrad hatte mir noch etwas mitzugeben: »Drehst du jetzt völlig durch?«

Ich schaute in die Runde, schob den Hocker zurück und sagte: »Seht doch zu, wie ihr klarkommt.«

Als ich die Tür schloss, hörte ich Rita sagen: »Jetzt ist er auch noch empfindlich.«

Ich packte meine Sachen wieder zusammen, achtete darauf, wirklich nichts in der Kammer zurückzulassen und nahm sogar Agnes' Notiz und Foto mit. Nebenan hatten Tiles Sex. Ich wollte nicht mehr zurückkehren, für immer gehen, mich meinem eigenen leeren Leben stellen und etwas Besseres daraus machen als bisher. Konrad war wieder zu Hause – sie brauchten mich nicht mehr.

Neuntes Kapitel

Mich überkam ein übermächtiges Verlangen, mir Luft zu machen, laut zu werden, ungerecht gegen die zu sein, die mir beruflich unterstellt waren. Zwar stieß ich damit auf Unwillen, aber nicht eigentlich auf Widerstand – mein Umfeld ließ mich wüten. Lediglich hinter angelehnten Türen zogen die Schwestern über mich her: Rotkäppchen habe wohl die Tollwut. Frau Dahle fragte nach einer Sitzung, woher meine schlechte Laune rühre, aber ich war nicht mehr der Niketsch, der artig auf jede Frage antwortete, und ließ sie stehen; kehrte um und lud sie zum Abendessen ein: Es gebe Kuchen und Wein. Bevor sie auf meine seltsame Offerte antworten konnte, wurde ich allerdings zum Ärztlichen Vorstand des Klinikums bestellt und musste sogleich den Weg in dessen Büro antreten. In den langen Korridoren überlegte ich, wie ich meine Ausfälle rechtfertigen konnte, für die ich jetzt zur Rechenschaft gezogen wurde. Am klügsten wäre es, gar nichts zu erklären. Einfach um Entschuldigung zu bitten und Besserung zu geloben. Das würde mir leichtfallen, denn ich wollte ja tatsächlich so nicht sein, fand es ja selbst grundfalsch, meine Wut hier abzulassen – sie galt doch denen, die sie anfachten: Marlene, Konrad, Rita. Dort kam die Tür des Vorstands, ich klopfte, wurde eingelassen und aufgefordert, mich zu setzen. Weder freundlich noch unfreundlich. Warum ich mich nicht auf die frei werdende Stelle des Direktors der Klinik für Innere Medizin und Endokrinologie beworben habe. Man warte. In letzter Zeit habe man Führungsstärke an mir beobachtet, endlich würde ich auch mal auf den Tisch hauen, großartig. Bewerbungsschluss sei bald, also bitte, ich möge mich beeilen, auf Wiedersehen.

Verblüfft stand ich auf, trat hinaus und steuerte die Raucherinsel im Hof an. Konnte es sein, dass meine Ausfälle auch noch belohnt wurden? Musste man ein unbeherrschter Mensch sein, um Erfolg zu haben? Und: Ließe sich dieses Verfahren auf das Privatleben übertragen? Immer schön langsam, bremste ich mich, ich war nur zur Bewerbung aufgefordert worden, das hieß noch gar nichts. Es würde viele Bewerber geben, etliche externe und natürlich die Dahle, die für den Posten genauso geeignet oder ungeeignet war wie ich; nur dass sie ehrgeiziger war und ihre Unterlagen bestimmt längst abgegeben hatte. Richtig, Frau Dahle. Ich drückte die Zigarette aus, trat den Rückweg durch die Korridore an und konnte sie nicht mehr finden. So hinterließ ich eine Notiz mit Adresse und Uhrzeit in ihrem Fach. Mal sehen, ob sie käme. Wäre sie mir jetzt begegnet, hätte sie mich fragen müssen, woher denn meine gute Laune rühre. Und darauf hätte ich leicht antworten können, denn jeder Segler kennt den Rausch eines kräftigen Rückenwinds.

Die Hochstimmung hielt an, der Zwiebelkuchen geriet so gut wie nie. Fröhlich summte ich ein paar Takte der *Glöckchenarie*, als es an der Tür klingelte. Frau Dahle hatte abends also auch nichts zu tun. Sie trat ein, als käme sie zum Ablesen der Wasseruhr, stellte die Rotweinflasche an der Garderobe ab und musterte meine Wohnung. Ich musterte sie, die eine zu enge, karierte Bluse trug, deren Rot nicht zum Rot des Lippenstiftes passte, den sie auf ihren schmalen Mund gelegt hatte. Den öffnete sie nun, um meinen Lebensstil zu kritisieren: Ich wohne ja wie ein Student. Der Zwiebelkuchen allerdings fand ihren Beifall, und es schien sie zu erleichtern, dass an mir überhaupt irgendeine Lebensart zu entdecken war. Sie lenkte das Gespräch auf Konrad, erkundigte sich nach seiner Gesundheit, seiner Praxis, seinem Gutshaus, seiner hübschen Frau, und meine Stimmung sank umso tiefer, je länger sie bei ihm verweilte. Ein anderes Thema musste her, nur welches? Sollte ich sie auf die Neubesetzung des Direktorenpostens ansprechen? Das wäre heikel, denn bestimmt standen wir in Konkurrenz. Ich schenkte erst einmal Wein nach. Mittlerweile war Frau Dahles Lippenstift in der Serviette gelandet, eine Haarsträhne hatte sich gelöst, und ihr Gesicht war gerötet. So sah sie jünger aus und irgendwie verloren, aber auch zugänglicher als vorhin.

»Wollen wir du zueinander sagen?«, fragte ich, von mir selbst überrascht, und hob mein Glas. »Ich bin Nikita – meine Mutter liebt die russische Sprache.«

»Elsa«, sagte sie, erleichtert ihr Glas hebend. »Kann ich Nick sagen? Ich liebe alles Britische.«

Ich erklärte mich einverstanden, warum nicht, Großbritannien war immerhin nicht Plenskow.

Elsa Dahle verriet mir, dass sie eine Schwäche für P. G. Wodehouse habe, ich verriet, dass mir dieser Autor völlig unbekannt sei; sie, dass sie es wohl niemals schaffen werde, hier im Osten heimisch zu werden, ich, dass mir mein Wohnort gleichgültig sei; sie, dass sie sich auf den Direktorenposten beworben habe, ich, dass ich es noch tun würde. Wir schlossen ein Bündnis: Wenn einer von uns den Posten bekäme, würde die andere ihn unterstützen. Elsa Dahle verbesserte mich: »Wenn *eine* Erfolg hat, unterstützt *der* andere sie.«

Wir traten auf den Balkon, denn es war ein schöner Abend, an dem schon die ersten Sterne im wolkenlosen Himmel aufschienen, bevor es richtig dunkel geworden war. Wäre es nicht auch eine Möglichkeit, dachte ich, mir einen Freundeskreis aufzubauen oder einem Segelclub beizutreten, andere Menschen in mein Leben zu lassen? Alles könnte leicht sein. Ich erzählte Elsa von meiner Leidenschaft für das Segeln, sie von ihrer für das Reisen. Demnächst, sagte sie, werde sie mit ihrer Schwester in die Türkei fahren, um die totale Sonnenfinsternis zu sehen.

Pavel!, durchfuhr es mich. Es ging nicht anders, ich

musste mit ihm in die Kernzone der Sonnenfinsternis, wer sonst würde ihn bringen? Ich hielt das Gespräch mit meinem Gast noch aufrecht, indem ich über die Möglichkeit des Weltuntergangs sprach, dem wir im Nordosten, wo alles mit reichlich Verspätung geschah, gelassen entgegensehen konnten. Aber ich war nicht mehr bei der Sache, und Elsa Dahle erinnerte sich, dass für sie der Arbeitstag früh begann.

Am nächsten Tag kaufte ich drei Sonnensichtbrillen aus Pappe, wie sie jetzt in vielen Geschäften angeboten wurden: eine für Pavel, eine für mich und eine dritte für Elsa. Federleicht flog das Pappding in ihr Fach – und ich freute mich, wie einfach es war, eine Freundschaft zu jemandem zu pflegen, auf den es nicht ankam. Was für eine schwere Pflicht dagegen, den Urlaubsantrag bei der Verwaltung abzugeben, nicht, weil man dort über die Kurzfristigkeit meines Ansinnens klagte – halb hoffte ich ja, man würde ablehnen –, sondern weil mich dieser Urlaub unweigerlich nach Plenskow zurückführen würde. Widerwillig plante ich die Reise, telefonierte mit Pavel (zum Glück war es Selma, die den Hörer abnahm und ihn ohne Umstände weiterreichte), fand den Ort der schönsten Sonnenfinsternis heraus und verbrachte einen halben Tag mit der Suche nach einem Zimmer in diesem Karlsruhe.

Als mein Urlaub begann, hatte ich noch eine Gnadenfrist, die ich beim Friseur und beim Fotografen zubrachte. Dann setzte ich mich erst einmal an die Bewerbung.

Am besten, überlegte ich, das Anschreiben klingt schon selbst ganz direktorenmäßig. ›Hiermit bewerbe ich mich‹, schrieb ich und zündete mir eine Zigarette an. ›Hiermit‹, las ich noch einmal, das sagt doch niemand. Mein bisheriger Weg. Warum sie mich brauchen. Was ich zu bieten habe. Nach einer Stunde hatte ich vier Zigaretten geraucht und alles wieder durchgestrichen. So würde es nicht gehen. Mir dämmerte, dass das Problem tiefer lag, dass ich womöglich selbst nicht an meine Eignung glaubte. Zu sehr hatte ich nach der Promotion die Forschung vernachlässigt und war nur durch Zufall als Koautor auf einige Veröffentlichungen gelangt, die in meinem Umfeld entstanden waren. Auf eine Karriere als Klinikdirektor war ich gar nicht vorbereitet. Ich drückte meine letzte Zigarette aus und ließ es sein.

Am nächsten Morgen brach ich auf nach Plenskow. Es war noch früh, der Seenebel hatte sich in die Straßen geschoben und außer einem Müllwagen war noch niemand unterwegs. Ich fuhr aus der Stadt in das weite Land, wo die Wiesen dampften und die Sonne ihr Bestes gab, Licht und Wärme zu spenden. Trotz dieser Schönheit war ich gereizt, und als der Plenskower Kirchturm in der Ferne auftauchte, wich diese Laune einer Wut auf meine Familie, die mich so geringschätzte und trotzdem nicht in Ruhe ließ. Ich würde nur bleiben, bis Pavel in den Wagen gestiegen war. Schließlich war die Reise in die Kernzone lang; sechs Stunden würde es schon ohne Pausen dauern, also konnte ich sagen: acht. Das Kopfsteinpflaster der Dorfstraße rüttelte mich durch, ich bog nach links, hielt auf dem Vorplatz, stieg aus und sah mich um. In den Blüten der Schwarznesseln summten zwei dicke Hummeln. Tische und Stühle waren über den Platz verstreut, auf einer Lehne ein Badehandtuch, wohl beim Trocknen vergessen und nun vom Tau wieder feucht. Ich betrat das Haus, das unverschlossen, aber noch still war, suchte im Café, in der Küche, im Salon nach Pavel und war unserer Reise schon überdrüssig. Wir hatten diese Stunde vereinbart – und nun schlief er sich aus? Schließlich tat ich das hier für ihn, weil ihm das Himmelsereignis so viel bedeutete. Als ich die offene Hintertür sah, nahm ich die Stufen hinab in den Garten, zündete mir eine Zigarette an und erwog, einfach wieder abzufahren.

»Gibst du mir auch eine?«, hörte ich Marlene. Sie wischte sich die Gartenerde von den Händen, nahm die Zigarette, aber nicht das Feuerzeug, sondern lehnte sich zu meiner Glut.

»Pavel freut sich auf die Reise«, sagte sie.

»Wir müssen los«, erwiderte ich.

»Ach was, ihr braucht erst morgen Mittag dort zu sein.« Sie musterte mich. »Sieht gut aus, deine neue Frisur.«

»Es dauert lange – wir müssen weit nach Süden.«

»Weißt du, dass Rita mitkommt?«

»Das klingt schadenfroh, Marlene!«

»Ich muss täglich mit ihr auskommen!«, verteidigte sie sich. »Und es ist nicht gerade so, dass es von Tag zu Tag leichter wird. Vor kurzem fand sie mich noch *etepetete*, nun *liederlich*. Ist das ein Fortschritt?«

Jetzt musste ich doch lachen. »Das habe ich auch oft gehört. Wenn ein Eselsohr im Matheheft war oder ein durchgestrichenes Wort zwischen den Russischvokabeln. Ganz schlimm: wenn man auf das Tischtuch kleckerte. Dabei hatten wir immer abwaschbare Tischtücher aus so einem unvergänglichen Material. Nur Konrad konnte sich so was leisten und blieb doch *ganz vortrefflich*.«

»Das ist er ja auch«, sagte Marlene, als hätte ich es gerade in Zweifel gezogen. »Da hat sie wenigstens mal recht.« Und als sich die Stille ausdehnte, fügte sie hinzu: »Hast du gefrühstückt? Möchtest du einen Kaffee?«

»Ich möchte los«, wiederholte ich und ging hinein, Pavel zu wecken. Rita und ich traten gleichzeitig in den Salon, sie zwar noch im Bademantel, aber wach genug, sich über meine Zigarette zu beklagen: »Nicht hier drin!«

»Ist Pavel auf?«, gab ich zurück.

»Die ganze Nacht war er wach, nun schläft er endlich. Wehe, du weckst ihn!«

»Wir müssen aufbrechen«, sagte ich.

»Hat dein Auto jetzt Abfahrtszeiten? Wir müssen sowieso warten, bis die Apotheke öffnet, da liegt noch ein Medikament für mich.«

»Du kannst nicht mitkommen. Diese Reise ist für Pavel, exklusiv. Es gibt auch nur ein Zweibettzimmer.«

»Dann buch doch noch ein Zimmer dazu.«

»Alles ausgebucht. Ich habe zwanzig Hotels angerufen,

um am Ende ein schlechtes Pensionszimmer zu finden. Alle wollen an diesem einen Tag nach Karlsruhe.«

Marlene erschien mit einem Tablett: ein Kaffee für mich, einer für Rita und einer – so machte sie alles wieder gut – für Pavel. Ehe Rita begriff, wohin Marlene steuerte, klopfte die schon an die Zimmertür und wurde von einer munteren Stimme hereingebeten.

»Jetzt weckt sie ihn!«, beschwerte sich Rita dennoch.

»Niketsch will los«, klärte Marlene sie auf, als sie zurückkam.

»Bis dahin hat er aber noch die Chance auf ein bisschen Zank und Streit«, ließ sich Konrad hören, der im Schlafanzug in der Küchentür erschien. Jetzt waren sie alle beisammen, alle, die ich nicht hatte sehen wollen. Fehlte eigentlich nur Frau Tile, die sich irgendeinen Dienst von mir erbat. Wahrscheinlich ließ ihr Mann gerade ein Wannenbad für sie ein oder entkoffeinierte ihren schwarzen Kaffee. Pavel saß aufrecht in seinem Bett, hielt seine Tasse in der linken Hand und schaute durch die offenen Fenster in den Garten.

»Guten Morgen«, krähte er, als er mich erblickte.

»Guten Morgen, Pavel. Steh auf, wir wollten längst auf dem Weg sein.«

»Ein alter Mann ist kein D-Zug«, brachte er allen Ernstes an.

»D-Züge gibt es nicht mehr.« Rita war mir gefolgt. »Die heißen jetzt Intersittie.«

»Ich bringe deine Sachen schon zum Wagen«, beharrte ich und drückte meine Zigarette auf dem Fenstersims aus.

»Welche Sachen?«, fragte Pavel.

»Dein Gepäck.«

»Er meint unsere Koffer«, sagte Rita, »aber warum drängelt er so?«

»Stimmt, ich hatte mal einen Koffer«, erinnerte sich Pavel.

»Gepackt ist der nicht zufällig?«, fragte ich.

»Ach wo«, Pavel winkte ab.

»Das ist doch nun wirklich kein Beinbruch«, sagte Rita.

»Und was, denkt ihr, mache ich so lange?«

»Du genießt die Zwischenaktsmusik«, rief Pavel heiter. Rita ging. Ich ließ mich zu Pavels Füßen auf das Bett sinken und merkte, wie mein Ärger verrauchte. Eigentlich war es mir egal. Dann fuhren wir eben heute Nachmittag und zu dritt über die Autobahn; morgen würde ich meine Pappbrille an Rita abtreten und nicht in den Himmel schauen, und Dank würde ich weder erwarten noch erhalten. ›As always‹, hörte ich Agnes. Sie würde mich auslachen.

Auch Pavel hatte gerade an Agnes gedacht. »Ich möchte mal wissen, wer Agnes abbekommen hat. Dieser Mr Maynard, wieso versteckt er sich? Schämt er sich für irgendwas? Oder schämt sich Agnes, weil er Kapitalist ist?«

»Mr Maynard existiert überhaupt nicht«, vermutete ich. »Agnes hat ihn sich euch zuliebe ausgedacht.« Doch Pavel interessierte das nicht, er wollte etwas loswerden. Er selbst habe ja großes Glück gehabt, erläuterte er mir, dass Rita ihn genommen hatte, obwohl sie fünfzehn Jahre jünger war als er. Nach dem Krieg gab es so wenige Männer, dass selbst die ganz Alten und Einbeinigen noch Frauen abbekamen. Selbst die Verrückten, die Prinzipienreiter, die Säufer! Zu denen er natürlich nicht zählte. Da wiederum hatte Rita Glück gehabt.

»Wer wohl Laure einmal bekommt?«, sinnierte er weiter. »Sie ist etwas Besonderes, sie hat das Zeug zu einer großen Künstlerin. Wenn ich sterbe, bist du gefragt, Nikita: Du musst aufpassen, dass sie die Musik nicht aufgibt. Versprich mir das.«

Laure war reizend und sehr musikalisch, aber ich wollte wirklich keine neuen Pflichten, die mit meiner Familie zusammenhingen.

»Sag das lieber Marlene«, diesmal knickte ich nicht ein, »ich habe zu viel um die Ohren, in Zukunft vielleicht noch mehr. Da kann ich nicht auch noch Laure unter meine Fittiche nehmen, zumal sie gut zurechtkommt.«

»Ja, sie hat Klasse.« Pavel lehnte sich behaglich zurück. »Aber Marlene kann ich nicht fragen, sie ist eine blöde Kuh.«

»Ist sie nicht.«

»Doch«, Pavel nippte am Kaffee, »sie war doch zuerst deine Freundin.«

»Das ist fünfzehn Jahre her! Länger!«

»Siehst du?«

»Was soll ich da sehen?«

»Wenn du's nicht selber merkst, bist du doch nicht so schlau, wie ich dachte.«

Pavel ging mir mit seinen kryptischen Einlassungen auf den Geist. »Dann bin ich eben nicht schlau«, schloss ich das Thema ab, oder zumindest fast: »Ich wusste gar nicht, dass du Marlene nicht magst.«

»Na klar«, sagte er grimmig, »sie will aus Laure eine Zuckerbäckerin machen, als wären sie aus demselben Holz geschnitzt. *Du* musst die Sache mit der Musik in die Hand nehmen. Ein Internat wie für Jakob wäre das Richtige für Laure, das gibt es auch für angehende Musikerinnen.«

»Ist ja gut«, gab ich halb nach, »ich frage Laure, ob sie das möchte. Mehr kann ich nicht versprechen.«

Pavel kramte in der Nachttischschublade. Nach einer langen Weile, in der er offenbar viel Schönes fand – er freute sich über die wiedergefundene Packung Salmiakpastillen und wunderte sich, wie das Tintenglas hierher geraten war –, suchte er in Ritas Nachttisch weiter. Immerhin war er aufgestanden. Vielleicht würden wir doch vor dem Mittag loskommen. Mittlerweile hatte er den Schrank durchsucht und war ins Nebenzimmer gegangen, wo er offenbar weiter die Schubladen durchstöberte. Ich lehnte mich auf seinem Bett zurück, schloss die Augen und lauschte dem Kramen, dem Wispern des Gartens, dem Klirren, Summen und Wachsen und dem Trocknen des Morgentaus.

»Dein Abenteuer beginnt jetzt!«, hörte ich Konrads Stimme.

»Ich bin nicht bereit, meine letzte Reise anzutreten«, erwiderte Pavel. Ich schlug die Augen auf und sah die beiden im Flur.

»Wozu brauchst du den Kompass?«, fragte Konrad.

»Ich? Gar nicht! Er ist für Nikita.«

»Wozu braucht er einen Kompass?«

»Nur so als Trost.«

»Er weiß ganz gut, wo Norden ist.«

»Er kann eben immer mal draufgucken«, verteidigte sich Pavel.

»Warum nicht«, hörte ich Konrad, der schon aus meinem Blickfeld gegangen war, und Pavel trat ins Zimmer.

»Du bist sang- und klanglos eingeschlafen«, erklärte er mir, »und nicht einmal aufgewacht, als ich dir ins Ohr getrötet habe.«

Ich richtete mich auf und sah auf die Uhr: zwölf.

»Wir müssen los«, durchfuhr es mich.

»Ich komm nicht mit«, sagte Pavel und spielte mit dem Kompass. »Weißt du, ich muss dir etwas sagen, und es ist kein Scherz. Die Wahrheit ist nämlich: Ich bin zum Reisen zu alt. Alle kommenden Sonnenfinsternisse kann ich mir nur aus meinem Liegestuhl ansehen.«

Ich schaute ihn an, meinen Vater, den Greis, und ahnte, wie recht er hatte. Er drückte mir seinen alten Kompass in die Hand: ein rundes Ding aus Messing mit zerkratzter Scheibe.

»Danke«, sagte er, dieses selten gehörte Wort, »dass du dich um Laure kümmerst, wenn ich nicht mehr da bin.« Der Kompass zeigte nach Nordwest.

»Vielleicht ist er übelabwehrend«, sagte Marlene später, als wir im Café saßen. Sie machte dabei eine Bewegung, als wolle sie einen magischen Kreis um das ganze Anwesen ziehen.

»Der Kompass?«, fragte Rita ungläubig. »Der hat uns schon in der UdSSR ...«, sie wurde von der Vertretungsärztin unterbrochen, die sie durch die Praxistür erinnerte, dass gerade Sprechstunde sei. Rita aber wollte lieber bei uns bleiben.

»Sie ist immer so unfreundlich«, flüsterte sie mir zu, »und verantwortungslos. In der zweiten Augusthälfte will sie Urlaub machen!« Dann wandte sie sich unvermittelt an Pavel: »Hast du deine Medikamente genommen?«

»Ja, meine Liebe, habe ich.«

»Nikita, kannst du in den beiden Urlaubswochen die Sprechzeiten abdecken?«, kam sie wieder auf mich zurück.

»Nein, ich muss arbeiten.«

»Du kannst doch Urlaub nehmen.«

Pavel kicherte. »Na los, lass dich breitschlagen.«

Breitschlagen. Was für ein Wort. Mich breitschlagen lassen, das war meine Spezialität. Ich sagte: »Nein.«

»Wie?«, fragte Rita.

»Nein.«

»Aber warum denn nicht? Es ist schön hier im Sommer. Das wäre fast wie Urlaub, und du weißt ja, wie angespannt die Lage ist ...«

»Rita, es geht nicht.«

Die Vertretungsärztin rief abermals: »Frau Wander! Nun kommen Sie schon!«

»Hier sind alle verrückt geworden«, schimpfte Rita und zog sich in die Praxis zurück. Ich bat Marlene um einen Espresso.

Auf Pavels Lieblingsplatz – am Tisch, der den besten Blick auf das Wandbild gewährte – saß ein junges Paar. Pavel sprach die Frau an, deren eckige Bewegungen auffielen und die einen frischen Verband trug. »Was, denken Sie, hält die Figur auf dem Bild in der Hand?«

Der junge Mann schaute Pavel verärgert an. Er wollte seine Begleiterin offenbar nicht mit ihm teilen, wollte die Verletzte allein umsorgen und allein das Gespräch bestreiten. Sie aber ging gern auf Pavel ein. »Eine Knolle. Ein Rhizom oder so. Etwas Unterirdisches jedenfalls.«

Sie gefiel mir. So hatte ich mir Sylvia von Dredow vorgestellt, ein bisschen eigen und spitz, auf genau diese Weise ehrlich.

»Weswegen tragen Sie den Verband?«, fragte ich sie.

»Sie wurde von einer Biene gestochen«, belehrte mich ihr Begleiter missmutig.

»Nehmen Sie ihn ab«, riet ich ihr. »Besser, Sie kühlen.«

»Oder Sie legen eine aufgeschnittene Zwiebel darauf«, sagte Marlene, die zu uns getreten war.

»Organisieren Sie hier die Feste?«, fragte die junge Frau,

während sie den Verband abwickelte. »Ich habe viel davon gehört. Wann ist das nächste?«

»Ich hatte eigentlich an ein keltisches Mondfest gedacht, aber wahrscheinlich gibt es erst zu Halloween wieder eine größere Party.«

»Halloween?«

»Das ist etwas Amerikanisches«, sagte der Begleiter. »Und es ist für Kinder.«

»Am letzten Augustwochenende werden wir den Geburtstag meines Mannes feiern, aber eher im privaten Rahmen. Niketsch, du kommst doch?«

»Oh, ich möchte auch Teil dieser Familie sein!«, rief die junge Frau mit dem Bienenstich. »Es muss herrlich sein.« Das war an mich gerichtet. Ihr Begleiter schaute gequält.

»Sie«, antwortete ich ihr, »können immer noch eine Familie nach unserem Vorbild gründen.« Und dachte: aber nicht mit ihm.

»Das sieht er in seinem prophetischen Kompass«, erklärte Marlene.

»Mal sehen«, sagte die Frau mit dem Bienenstich, »ob die Welt morgen überhaupt noch steht.«

Am nächsten Morgen zogen dicke Wolken über den Himmel, nur ein hoffnungsvoller Wind zerzauste Pavels weißes Haar. Er hatte sich schon früh in seinen Liegestuhl gelegt, die Pappbrille auf der Nase, den Wolken gestikulierend, sie mögen sich fortscheren. »Hoffentlich hören sie auf dich!«, sagte Marlene, als sie Pavel in eine Decke wickelte. Und die Wolken hörten, waren aus unserer Sicht geschoben, als sich die Sonne verdüsterte. Wir bekamen Gänsehaut auf den Unterarmen, als es hell und dunkel zugleich wurde, als säßen wir im Schatten der Sonne, die nun zu einem hellen, flachen Mond wurde. Die Vögel sangen nicht, die Patienten klagten nicht, die Familie redete nicht. Das Dorf hielt den Atem an in diesem stillen Moment unter dem Schattenlicht. Auf dem Vorplatz standen die Gäste des Cafés und teilten ihre Brillen, darunter der alte Badstüber, der den Kopf in den breiten Nacken legte, und Frau Niemann. Rita hielt sich die Hände an beide Wangen, Marlene sah aus, als würde sie sich sonnen, und Konrad, als hätte er sich dieses Schauspiel ausgedacht, das sich Selma gründlich einprägte. Marie, die ihren Sommer in Plenskow verbrachte, warf ihren neuen Bubikopf zurück, den sie sich von Selma abgeschaut hatte. Laure war schon wieder schöner geworden, Jakob größer. Sie alle, das fiel mir zum ersten Mal auf, waren sommerlich und jung, aber sie waren keine Kinder mehr. Ihre Kindheit war verstrichen mit Selmas Herbarium, ihrer Brille, ihrer Entscheidung, Vegetarierin zu sein; mit Laures Verkleidungen, misslungenen Himbeerbaisers, ihren tadelnden Worten an alle Raucher; mit Jakobs Baumhäusern, Mückenstichrekorden (52) und Träumen von Hunden, Rittern, Schätzen. Ich liebte sie so sehr. Vielleicht hatte die Frau mit dem Bienenstich recht, und es war ein Glück, Teil dieser Familie zu sein. Warum haderte ich eigentlich so mit ihnen, warum mit mir? Warum beharrte ich darauf, dass Marlene zu mir zurückkam, wo es doch ausgeschlossen war? Konnte ich nicht Frieden schließen mit der Wirklichkeit? Kurz war alles ins rechte Licht gerückt, selbst mein Platz in diesem Leben. Doch langsam tauchte die Welt aus ihrem schwarz-weißen Zustand auf, wurde wieder farbig und warm, und Pavel rief: »Ende! Für die Randzone nicht schlecht.«

Noch am selben Tag fuhr ich zurück in die Stadt. Nun schrieb ich doch noch meine Bewerbung und gab sie in letzter Minute ab. Zu Konrads Geburtstag, das hatte ich Marlene versprechen müssen, würde ich wiederkommen und ein selbstgebackenes Brot mitbringen. Ein Walnussbrot hatte es werden sollen, doch als es so weit war, nahm es in meinem Ofen den unerwarteten Weg zu einem Teigklotz, für den es keine Hoffnung gab. So lief ich in der Frühe zum besten Bäcker der Stadt, durch einen kühlen, glitzernden Morgen, unter kreischenden Möwen, die es landeinwärts getrieben hatte. Eine Frau kam mir auf dem Rad entgegen und sah mich neugierig an. Diese Morgenstimmung schien auch anderen Menschen wohlzutun. Vor dem Bäcker hatte sich eine kleine Schlange gebildet, in die ich mich einreihte. Die Wartende vor mir drehte sich um und musterte mich freundlich, als wäre auch ich ein frisches Brot, dem sie nicht widerstehen konnte. War es möglich, fragte ich mich verwundert, dass sie mich attraktiv fand? Die Schlange rückte vor, sodass ich nun in der Tür zwischen Straße und dem Verkaufsraum vor der

Backstube stand. Und da meine Gedanken schon auf Abwegen waren, nahmen sie gleich den nächsten merkwürdigen Abzweig. Ob Elsa Dahle mich auch attraktiv fand? Sollte ich ihr Frühstücksbrötchen bringen? Würde sie das als Annäherungsversuch missdeuten? Ich rückte weiter vor und hielt die Tür der hinter mir Wartenden auf, die müde vor sich hin starrte und mich nicht zur Kenntnis nahm. Wahrscheinlich war es Unsinn, dass mich die Frauen plötzlich bemerkten – ich, Nikita, Mitte vierzig, verhinderter Zuckerbäcker und verhinderter Segler, war eben einer, auf dem der Schatten des kleinen Bruders lag. Womöglich würde Elsa die Tür im Bademantel öffnen und die Lage wäre peinlich. Ich rückte an die Auslagen heran, entdeckte im Regal ein Walnussbrot und vorn in den Auslagen knusprige Brötchen, die ich besser liegen lassen würde. Elsa Dahle zog mich zwar mit dem Namen Rotkäppchen auf, aber sie war die Letzte, die von einem Mann versorgt werden wollte. Die Kundin vor mir zahlte und lächelte mir im Hinausgehen zu. Jetzt war ich an der Reihe, kaufte zwei Brote und eine große Tüte von den herrlichen Brötchen, die ich Elsa bringen würde, denn wir waren ganz entschieden nur Kollegen und Freunde. Mich anlächeln – Elsa! Unvorstellbar. Als ich auf die Straße trat, schlug ich zuversichtlich den Weg zu ihrer Wohnung ein.

Sie lebte in einem Mietshaus, dessen Verputz in einem Anflug von Farbenfreude violett gestrichen worden war. Ich klingelte – am Schild stand natürlich Dr. Dahle –, wurde eingelassen und im Erdgeschoss empfangen. Elsa, im karierten Schlafanzug einen wenig erfreuten Dank murmelnd, entließ mich gleich wieder. Nein, Elsa Dahle fand mich wohl eher nicht so attraktiv. Irgendetwas daran, das gestand ich mir ein, enttäuschte mich. Dabei, sagte ich mir auf dem Heimweg, fand ich sie ja auch nicht attraktiv, so fahrig und frostig, wie sie war. Sie sah wie eine überarbeitete Vierzigjährige aus und trug Karos. Es war lediglich, dachte ich noch, als ich schon auf der Landstraße war, dass ich in letzter Zeit ein wenig Freude an ihrer Gesellschaft gefunden hatte. Und dass sie mich irgendwie rührte.

In Plenskow hingen die Blätter der Kastanien braun an ihren Ästen, aber der Sommer hatte noch Kraft übrig, die er in diesen Tag zu legen versprach. Auf dem Feld, auf dem Jost früher Flachs angebaut hatte, leuchteten jetzt Getreidestoppeln, und Vogelschwärme pickten sich hier die Wegzehrung für ihre Weltreise zusammen. Das alles ließ mich wehmütig werden: die wache Zeit, sie ging zu Ende. Jetzt mussten wir uns wieder an das Versprechen auf reiche Ernte halten, auf gefüllte Speisekammern und große Feste im Dunkeln. Und im nächsten Frühjahr wäre die Welt wieder sehr verändert, und ich würde wieder älter sein.

Ich parkte auf dem Vorplatz und suchte die anderen im Garten. Rita rief mir zu, ich käme gerade rechtzeitig und möge die Tische und Stühle neben das Gewächshaus tragen. »Nein, lass sie unter den Obstbäumen«, rief Marlene. Ich setzte mich auf die Tischkante und zündete mir eine

Zigarette an. Ob es die Frau aus der Warteschlange störte, wenn ein Mann rauchte? Oder die auf dem Fahrrad? Oder Elsa Dahle? Ich legte mich rücklings auf den Tisch, schaute den Rauchwolken nach, die durch die Zweige des Apfelbaumes schwebten. Durch das Blattwerk lugte der blaue Spätsommerhimmel, in dem weiße Wolken flockten, viel schöner als mein Qualm, doch ich rauchte trotzdem weiter. Irgendwie gefiel mir der Kontrast. Im Haus spielte jemand Klavier. Auf dem Küchenboden zersprang etwas Gläsernes, dann Ritas Fluchen. Ich blieb liegen. Es gab einfach mal nichts für mich zu tun. Elmar sprang auf den Tisch, drehte sich in meine Armbeuge und wir dösten zusammen nach Katzenart. Man ließ uns in Ruhe, und erst als ein paar Regentropfen fielen, schüttelte der Kater sein Fell und verdrückte sich. Ich ging in meine Kammer und schlief weiter. Ich war so müde. Hätte ich einen Monat freigehabt, ich hätte ihn verschlafen.

Als ich mich besann, war der Tag vorüber; unten im Café aber war noch Leben: Hier saßen alle beisammen, Tiles, der alte Badstüber, der – Daumen unter den dunkelgrünen Hosenträgern – Frau Niemann mitteilte, dass er nicht mehr rauche, seit sie die Zigaretten mit Buchenlaub gestreckt hatten, also seit einem halben Jahrhundert nicht mehr. Er mochte überdies nur Orientzigaretten. Frau Niemann nickte, Pavel sah ihr begeistert zu und Rita tat, als ob sie das, was sie ärgerte, gar nicht wahrnahm. Frau Niemann erzählte, dass Frau Schulzes Kiosk im September endgültig schloss, denn neuerdings war hier auf dem

Land ein Lieferdienst unterwegs, mit dem sie nicht konkurrieren konnte. Niemand bedauerte das und niemand fragte laut, welche Rolle Marlenes Fluch dabei gespielt haben mochte.

Laure und Heidrun Tile sangen ein Geburtstagslied, das Pavel am Klavier begleitete. Als Konrad um eine Zugabe bat – er hoffte wohl auf die *Glöckchenarie* –, knickste Heidrun nur und fragte, ob wir es alle gemerkt hätten: Sie sei heute ganz besonders gut bei Stimme. Zwar wollte der alte Badstüber das bestätigen, bekam aber einen Hustenanfall. Konrad kam ins Plaudern, würdigte das Wunder, dass er diesen Geburtstag überhaupt erlebte und dann auch noch in so guter Gesellschaft. Darüber sei er glücklich. Wir waren alle unfassbar glücklich darüber, und nichts wies an diesem Abend darauf hin, wie schwer wir es miteinander hatten.

Pavel sagte laut und vernehmlich: »Wenn ich sterbe, was ich lange vor Konrad zu tun gedenke, wird sich Nikita um Laures musikalische Ausbildung kümmern.«

»Du stirbst doch nicht, du alter Nölpott!«, widersprach Rita.

»Das ist aber nett, nicht wahr?«, sagte Herr Tile.

»Ja, Pavel, versprochen«, sagte ich. Marlene hob ihr Glas und prostete mir zu. Selma, die das sah und albern fand, schickte mir eine spöttische Kusshand, die ich gefällig erwiderte, worüber sie sich halb zu ärgern, halb zu freuen schien. Laure sah Pavel böse an. Herr Tile lenkte unsere Blicke auf die Wandmalerei, *seine* Wandmalerei, wie er fand. Ob uns aufgefallen sei, dass das Pferd im Verhältnis zu den beiden Figuren zu klein sei? Ob wir etwa glaubten, die Pferde der von Dredows seien wirklich so klein gewesen? Diese und viele weitere Fragen würde er demnächst in einem Buch über die Dredow'schen Güter abschließend beantworten. Die Welt warte auf ein solches Werk, das unerklärlicherweise noch niemand geschrieben habe. In seinem Glas ertrank eine Wespe.

Ausgerechnet am Sonntag und als ausnahmsweise die Plenskower Kirchenglocken läuteten, starb Pavel, der alte Kommunist, in seinem Liegestuhl. Ich war mit einer Zigarette in den Garten getreten, als er – zu sich oder zu mir? – sprach: »Mach dich los.« Die Endgültigkeit in seinem Ton ließ mich aufmerken, ich lief zu ihm, nahm seine Hand, horchte auf seinen Atem und schon gleich darauf auf die Stille, als kein Atemzug mehr folgte. Unmerklich war die Schwelle zwischen Leben und Tod gewesen, wie schlafend lag er da, mit entspannten Zügen und glatter Haut, während ihm der Wind durch das weiße Haar strich.

Ich rief Selma zu, die anderen zu holen, wollte einen Moment allein mit meinem Vater sein, als hätte ich ihm noch etwas zuzuflüstern. Ich wollte ein letztes Mal ansehen, wie er seinen Blick in den Himmel richtete, um den Sternenwanderungen zu folgen. Sein Leben, so schien es mir jetzt, war groß und schön verlaufen, doch war auch etwas offengeblieben, so als hätte Pavel sich bis zuletzt mit Wünschen getragen, die weder aufzugeben noch erfüllbar gewesen waren. In seinem Gesicht lag nun etwas von dieser Sehnsucht. Ich fühlte keine Trauer, nur etwas Diffuses und so etwas wie Selbstmitleid. Und auch die anderen, die sich nach und nach einfanden, brachten nur einen Wirbel mit, so wie Rita, die schluchzte: »Heute begann doch immer die Schule!«, oder Konrad, der sagte: »Jetzt musste er doch vor mir gehen.« Marlene schickte die Kinder in die Beete, damit sie einen Blumenstrauß für Pavel pflückten, und nahm Rita in die Arme, die sich gleich wieder freimachte.

Rita, unfähig, ihren Verlust zu verstehen, stürzte sich in die Formalitäten, die sie allein erledigte: Jeder Unterstützungsversuch galt ihr als Einmischung. Sie bat die Vertretungsärztin, den Totenschein auszustellen (was diese so eilig tat, dass sie einen Mord an Pavel nicht bemerkt hätte), sie beauftragte einen Bestatter, lud zur Beisetzung, schrieb Laure das Lied vor, das sie zu singen habe, und ordnete schwarze Kleidung an. Rita war nicht ansprechbar und verbiss sich in diese Verrichtungen, als ginge es bei ihnen um Leben und Tod. Fast stolz stellte sie sich am Telefon mit den Worten vor: »Ich bin die Witwe« und machte Tempo, als käme es darauf an, Pavel so schnell wie möglich unter die Erde zu bringen. Dass Agnes es so nicht rechtzeitig nach Plenskow schaffen konnte, zählte nicht – die Beisetzung fand ohne sie statt und Rita beklagte sich laut, dass Agnes, ihr Unglück, nicht einmal zur Beerdigung ihres eigenen Vaters komme. So war nur ein kleiner Kreis auf dem Friedhof versammelt. Laure ließ ihrem

Kummer freien Lauf und weinte so sehr, dass sie nicht singen konnte, und erst als der Ablauf auf diese Weise unterbrochen wurde, verstand Rita plötzlich, wer da beerdigt wurde. Sie legte ihre tapferen Hände über das Gesicht und schluchzte auf, und es klang, als löste sich ein Pfropfen, der vor ihrem Leid gesessen hatte.

Meine eigene Trauer drang früher durch die Betäubung, doch war sie von Schuldgefühlen durchsetzt. Ein Leben lang war ich von Pavel irgendwie enttäuscht, er war ein so abwesender Vater gewesen, der seinen Anteil an der Elternschaft an Rita abgetreten hatte. Nur an Agnes hatte er sichtbar gehangen, nicht aber an mir, der ich genauso gut ein Nachbarsjunge hätte sein können, den Pavel ab und zu in eine freundliche kleine Unterhaltung verwickelte, bei der er so tat, als sei man schon groß. Jetzt glaubte ich, er habe meine Enttäuschung bemerkt und darunter gelitten. Was waren das für seltsame Ratschläge, die er mir zum Ende hin gegeben hatte: loslassen, eine Frau finden, mich nicht breitschlagen lassen, außer natürlich, wenn es darum ging, eine Patenschaft für seine Lieblingsenkelin zu übernehmen. All das zeugte davon, dass ihm mein Lebensglück am Herzen lag – und dass er glaubte, ich hätte es nicht gefunden. Mehr als ein paar dunkle Worte und einen unpräzisen Kompass hatte er mir allerdings nicht zu geben. Aber wer hatte das schon? Was warf ich ihm eigentlich vor?

Von uns allen traf Pavels Tod, so wie er es vorausgesagt hatte, Laure am schwersten. Nun war sie allein mit der

Musik, nur die wöchentliche Gesangsstunde bei Alischa Zwist war ihr geblieben. Niemand sonst begleitete Laures Weg, und auch ich – unmusikalisch, wie ich war – vermochte nicht, ihr Pavel zu ersetzen. Woher sollte ich wissen, worauf es jetzt ankam? Um mein Versprechen dennoch zu halten, schrieb ich Laure einen Brief, in dem ich ihr meine Unterstützung anbot; auch die Möglichkeit einer Schule mit musikalischer Ausrichtung nannte ich darin. Dann war ich mit meinem Latein am Ende. Ich wusste, es war zu wenig.

Rita, die mich in dieser Zeit oft anrief, um über die Arbeit in der Praxis zu klagen, beschwerte sich plötzlich über Laure, die neuerdings ihr Sorgenkind war. Doch erst als ich einmal mit Marlene sprach, wurde mir bewusst, dass Laure wirklich ihren Halt verloren hatte. Marlene sagte Sätze wie: »Laure befindet sich im freien Fall. – Ich weiß mir keinen Rat mehr. – Alice Niemann war doch sonst immer so hellsichtig, warum rät sie jetzt nur zu Geduld?« Dann ihre Wut auf die Plenskower, die auf Laure Jagd machten, um sie, Marlene, zu treffen. Es war nicht bei den Gerüchten um eine Abtreibung geblieben. Das Dorf, die Schule und auch ein Teil der Caféhausgäste beschäftigte Laures erwachende Weiblichkeit sehr. Niemand war diesem Wunder gewachsen – als sei es ein Ereignis von mythischer Qualität, als würden sie der Geburt der Venus beiwohnen –, weder Laure, noch die Gaffenden, die infrage stellten, entwerteten, hineindeuteten. Und Laure hatte sich verändert: Sie sprach mit einer überraschenden, melodischen Stimme, die dunkler klang als ihr Kindersopran, ihre blonden Haare lockten sich über den Schultern, und ihr rundes Gesicht nahm die glücklichsten Konturen an. Sie hatte eine Zeit lang Gefallen an roten Hütchen und Täschchen aus anderen Jahrzehnten gefunden, doch die legte sie weg, als man sich im Dorf fragte, ob sie nicht zu sehr nach ihrer Mutter schlug. Nichts von dem, was Laure war, konnte von den Provinziellen, Kleingeistigen, weniger Beschenkten gutgeheißen werden. Sie suchten den dunklen, falschen Grund des zu offensichtlich Schönen.

Nun, als Laure strauchelte, war sie gegen diese Anfeindungen wehrlos. Marlene erzählte, dass der Schulze-Sohn im Schulbus verbreitet hatte, Laure ließe sich hinter dem Gewächshaus von den Gästen des Cafés anfassen. Als das Gerücht Laure erreichte, war sie genauso fassungslos wie damals, als es zum Streit mit Konsum-Schulze gekommen war. Ein andermal habe der Badstüber-Enkel Laure zu verstehen gegeben, dass er auch gern einmal würde wie die anderen, sie wisse schon. Die Dörfler und Mitschüler wiesen Laure die Rolle der Aufreizenden zu und fühlten sich befugt, ihre Phantasien in Umlauf zu bringen. Laure geriet völlig durcheinander, wusste nicht mehr, wer sie war. Seit Pavel nicht mehr lebte, fehlte ihr die Vergewisserung, dass sie eine Aufgabe und ein Talent hatte, doch jetzt sagte ihr die Welt, dass sie ein besonders hübscher Körper sei, und wenn sie nicht aufpasste, bald ein beschmutzter. Aber wir verstanden es damals nicht, nicht ihre Trauer, nicht ihr Potenzial, denn Laure war von einer Art, die wir alle nicht begriffen, selbst Marlene nicht.

Kurz vor Weihnachten besuchte ich Plenskow mit dem Vorsatz, Laure noch einmal auf das Internat anzusprechen. Als die ganze Familie – außer Konrad, der gerade wieder in einer Reha-Klinik war – einen Waldspaziergang machte, fand sich Gelegenheit zu einem Gespräch. Ihr Großvater, begann ich, als wir etwas zurückfielen, sei der Ansicht gewesen, sie möge sich nicht hier, sondern an einer besonderen Schule weiterbilden, und ich wollte ihr gern helfen, den richtigen Platz zu finden. Laure war überrascht, obwohl nichts von dem, was ich sagte, neu für sie sein konnte. Sie schien ihren Gaben schon nicht mehr zu trauen, wollte lieber bei ihren Eltern bleiben, die sie im Notfall verteidigten, wollte lieber bei Alischa Zwist Gesangsstunden nehmen, die ihr als Letzte geblieben war.

»Woanders«, redete ich ihr zu, »gibt es auch gute Lehrer für Gesang und für das Klavier.«

»Von Internaten hört man so Sachen«, wandte Laure ein. »Ich finde schrecklich, was Jakob erzählt.«

»Internatsschüler sitzen alle im selben Boot. Da kann man Freunde fürs Leben finden. Und sie werden nicht nur danach schauen, wie du aussiehst.« Ich hatte mich weit vorgewagt, vielleicht zu weit, aber Laure nahm den Faden dankbar auf.

»Ja, hier werde ich ständig beobachtet. Und alle tun so, als ob mit mir etwas nicht stimmt. Sie verstehen alles falsch, behaupten, ich würde die Jungs anmachen und die

Mädchen in den Schatten stellen. Dabei mache ich gar nichts. Wann ist das endlich wieder normal?«

»Normal?«

»So wie es früher war.«

»Es wird nicht mehr wie früher. Du wirst erwachsen. Aber es ist dein Leben, Laure, lass es dir nicht aus der Hand nehmen, nicht von solchen Leuten.«

Wir waren weit zurückgefallen. Marlene drehte sich nach uns um und wartete, dass wir aufholten. Laure blickte schweigend auf ihre Stiefel, auf die der Pulverschnee immer neue Muster warf.

»Im Internat –«, sagte sie nach einer Weile, »ich habe Angst, dass es dort nicht besser wäre.«

»Was für ein Internat?«, fragte Marlene.

»Es ist deine Entscheidung«, sagte ich zu Laure.

Vor uns öffnete sich der See, der von Schneekristallen überzogen war, in die die Vögel ihre Schriftzüge liefen. Selma und Jakob zertraten das Eis am Uferrand, und ich bekam Lust, es ihnen gleichzutun.

»Ist das nicht wunderschön?«, fragte Marlene, als wollte sie Laure wieder neu für Plenskow begeistern.

Wir traten zu den anderen ans Ufer. Das Eis splitterte, als Laure mit Kraft darauf stampfte. Wischte man zuerst den Schnee weg, sah man kein Leben, sondern nur das eisige Seewasser über dem Grund und die eingeschlossenen Kiesel.

Zehntes Kapitel

Statt für Laure etwas zu erreichen, verlor ich sie aus den Augen – so wie alles, was nicht mit meiner Arbeit zusammenhing. Hin und wieder traf ich Elsa, stritt mit ihr, und diese Treffen erschöpften und enttäuschten mich. Irgendwie hätte sich in meinem Leben etwas ändern müssen, zum Guten, doch es tat sich nichts. Nicht einmal mein Vorhaben, mit dem Status quo Frieden zu schließen, hatte sich gehalten; es war mir einfach aus den Händen geglitten.

Rief Marlene an, wurde der Kontrast deutlich: Sie hatte wieder viel in Bewegung gesetzt, war auch selbst in Bewegung. Neuerdings gab es Ausstellungen im Café und, seit sich Konrad mit der neuesten Technik beschäftigte, auch ein Weblog, das Marlene und Laure zusammen schrieben. Das sei eine Art offenes Tagebuch, erklärte Marlene, das von Dingen handele, die man selbst herstellen könne. Selma schrieb Gastbeiträge über Wildkräuter. Schon wieder waren sie mittendrin in etwas Aufregendem und Neuem, während es mir einfach nicht gelingen wollte, eine Welt zu schaffen, die den Namen eines Privatlebens verdiente. Offenbar war ich zur Einfallslosigkeit verdammt. Ich arbeitete ja auch immerzu. In Wahrheit stagnierte ich aber auch beruflich, aus meinem Aufstieg schien nichts zu werden. Zwar war ich wie Elsa zum Bewerbungsgespräch eingeladen worden, aber nun kam der Vorstand zu keiner Entscheidung. Den Gerüchten zufolge gab es ein Tauziehen zwischen zwei Seiten, die je ihren bevorzugten Bewerber durchsetzen wollten, doch weder Elsa noch ich gehörten zu diesen heißen Kandidaten. So war aus dem Rückenwind von einst wieder eine Flaute geworden.

Als das neue Jahrtausend anbrach, war es für mich schon wieder ein beliebiges Datum, an das ich keine bestimmte Hoffnung knüpfte. Meinen Geburtstag vergaß ich, legte mich nach einer Nachtschicht an seinem Morgen schlafen und hätte ihn verstreichen lassen, wäre da nicht eine Unruhe gewesen, die mich wachhielt. Meine kreisenden Gedanken führten zu meinem Gespräch mit Laure zurück, in dem ich als Ratgeber aufgetreten war, obwohl ich von den Problemen eines heranwachsenden Mädchens überhaupt nichts verstand. Übermüdet, wie ich war, fühlte ich die ganze Schmach meines unerbetenen Geschwätzes. Was hatte mich bloß getrieben? Hatte ich nicht selbst Rat und Hilfe viel nötiger? Gab es für Fälle wie mich nicht auch ein Internat? Dort wäre ich immerhin nicht einsam. Irgendetwas musste doch auch für mich passen, es musste doch irgendwo einen Ort geben, an den ich gehören konnte. Vielleicht sollte ich in ein Land gehen, wo die Menschen von Armut geplagt wurden, Epidemien bekämpfen oder sonst etwas Heroisches tun ... Ich warf den Morgenmantel über, um aufzuschreiben, was für mich von Bedeutung sein könnte, was mir außer Plenskow wichtig war:

Ärzte ohne Grenzen
segeln
draußen sein
rauchen
kochen/große Küche?
Freunde (Elsa, Jakob)

Viel war das nicht, doch um die Liste mit der Zeit zu erweitern, brachte ich sie gut sichtbar am Kühlschrank an. Irgendetwas würde sich aus diesem Anfangsverdacht ergeben.

Doch für Monate blieb der Zettel ohne Folgen – nichts kam hinzu. Dann las ihn Elsa bei einem unserer Abendessen.

»Was ist denn das?«, fragte sie, als sie ihren Namen las.

»Meine guten Vorsätze für das neue Jahrtausend.«

»Du willst segeln, mit dem Rauchen aufhören ...«

»Nein«, unterbrach ich sie, »ich will segeln, rauchen und kochen. Es geht darum, was ich mag.«

»Wenn du große Küchen magst, bist du hier aber falsch«, stellte sie trocken fest, und ich konnte ihr ansehen, um wie viel lieber sie über den nächsten Punkt gesprochen hätte – dass ich ihr soeben auf einem Umweg gesagt hatte, ich mochte sie. Wahrscheinlich hörte sie das selten.

»Irgendwann ziehe ich um, in eine Wohnung mit einer großen Küche«, sagte ich, »und vor der Tür liegt mein Segelboot. So stell ich mir das vor.«

»Solche Wünsche kenne ich«, spann sie den Faden weiter. »Ein helles Haus an einem Wasserlauf, ein Garten, ein oder zwei Kinder.« Sie seufzte. »Aber nein, nicht für mich. Ich gehe sowieso zurück nach Hamburg.« Ein Jobangebot. Ein Aufstieg. Was sie davon erzählte, klang vielversprechend, doch ich konnte mich nicht mitfreuen.

»Warum bleibst du nicht hier?«, hörte ich mich sagen. »Wir haben es doch gut.«

»Wir?«, fragte sie. »Nick, sieh mal den Tatsachen ins Auge: Es gibt kein Wir, ich bin hier allein, habe auch kein tolles Gutshaus wie du, in das ich an freien Tagen fahren könnte. Und meine Arbeit kann ich auch woanders machen, besser sogar, denn hier hält man mir vor, dass ich erstens aus dem Westen und zweitens eine Frau bin.«

Ich schaute sie an, diese unverständliche Mischung aus Härte und Verletzlichkeit, und merkte, dass ich sie keinesfalls missen wollte. Meine Hand griff über den Tisch nach ihrer. »Und wenn es doch ein Wir geben würde?« Ich tappte im Dunkeln, vielleicht lag ich gerade ganz falsch und verkannte meine eigenen Empfindungen – wahrscheinlich trieb mich nur die Angst vor einem weiteren Abschied. Auch Elsa wirkte eher verunsichert als erfreut.

»Komm«, sagte ich und führte sie auf den Balkon, meine Hand an ihrem Rücken. Was tat ich hier bloß?

»Siehst du den Großen Wagen? Wenn du der Deichsel folgst, kommt dort eigentlich ein heller Stern, der Polarstern, aber es ist wohl gerade eine Wolke davor.«

»Nein, du musst der Achse folgen. Dann kommt der Kleine Wagen mit dem Polarstern, siehst du?« Elsa zeigte in den Himmel und rückte dabei näher. Und dann rückte sie noch näher.

Meine neue Freundin überraschte mich jeden Tag. Sie war ein Morgenmuffel, und ich mochte, dass sie sich keinerlei Mühe gab, das zu ändern. Ich mochte, wie das Bett sanft knarzte, wenn sie sich drehte. Ich mochte, wie es mich nervte, dass sie von mir verlangte, das Rauchen aufzugeben. Sie wurde entspannter, konnte aber auch störrisch sein wie etwa in dem Wunsch, mit mir nach London und Venedig zu reisen. Wenn schon gondeln, hatte ich einzuwenden, doch lieber durch den wohltemperierten schwedischen Sommer. In London kreischte sie auf, als sie ein Mitglied der Königsfamilie auf der anderen Straßenseite ausmachte, in Venedig kaufte sie sich drei Sonnenbrillen, in Schweden wich sie am Steuer blitzschnell einem Elch aus, der in der Dämmerung unseren Weg kreuzte. Ich bewunderte sie und genoss das Gefühl von Partnerschaft, das mir so lange gefehlt hatte, in vollen Zügen.

Elsa blieb, und ich tröstete sie über die versäumte Chance in Hamburg hinweg, indem ich sie als Klinikdirektorin phantasierte: Noch immer saß der alte Direktor, eigentlich längst im Ruhestand, kommissarisch auf dem schwer besetzbaren Stuhl. Da war noch alles möglich. Aber sie war keine Träumerin, wollte nun lieber eine eigene Praxis, als auf das Unwahrscheinliche zu warten.

Fragte Elsa nach Konrads Gesundheit oder dem Plenskower Gutshaus, wich ich meist aus, aber ihre Beharrlichkeit war größer als meine Zurückhaltung. Manchmal gab ich etwas preis, und einmal erzählte ich ihr sogar von dem Weihnachtsfest, bei dem uns Selma zu Pflanzen gemacht hatte.

»Bestimmt warst du ein Fliegenpilz, wegen des roten Käppchens«, zog sie mich auf. »Oder eine Nutzpflanze, ein Olivenbaum vielleicht? Ein Kohlkopf? Eine Steckrübe?«

»Du wärst jedenfalls eine Brennnessel gewesen«, gab ich zurück. Ich würde ihr nicht verraten, mit einer Mistel verglichen worden zu sein. »Wenn wir mal nach Plenskow fahren, kannst du Selma fragen, was sie in dir sieht.«

Allerdings zog es mich gerade nicht ins Gutshaus, seit Wochen schon nicht, ich hielt nur telefonisch die Verbindung. Von Jakob erfuhr ich das Übrige: dass Konrad die Praxis im Juni wieder übernehmen würde, dass man froh war, wenn die Vertretung endlich ging – außer Herr Tile, der mit seinem Wandbild lieber unter einem Dach schlief –, dass Laure nun die Haare kurz trug, um sich hässlicher zu machen, wie Jakob sagte, und dass Marlene so viele heidnische Feste feierte, dass sie im Verdacht stand, diese alten Traditionen allesamt selbst zu erfinden. Wer hatte zum Beispiel je von einem Holdertag gehört?

Jakob berichtete andersherum zu Hause von uns und

erwähnte wohl auch, wie oft er Elsa nun bei mir antraf. Rita sagte dazu am Telefon: »Na, für Kinder ist es ja jetzt zu spät.« Konrad wünschte mir zwar Glück, doch dann entstand eine Pause. Ich ahnte, was er jetzt nicht aussprach: Darauf müssen wir anstoßen. Marlene sagte nichts. Zu gern hätte ich gewusst, ob sie ein bisschen eifersüchtig war. Manchmal stellte ich mir vor, wie sie es nun bereute, Konrad gewählt zu haben, aber das waren eitle Träume, denen ich nur nachhing, wenn ich wach lag, statt zu schlafen.

Wenn ohnehin viel in Bewegung ist, kommt oft gleich der nächste Stein ins Rollen. Ich wurde zum Vorstand bestellt, zu demselben, der mich im Vorjahr zur Bewerbung aufgefordert hatte, und ohne Feierlichkeit zum stellvertretenden Klinikdirektor erklärt. Zur Begründung hieß es, das sei Teil des Kompromisses. Direktor werde jemand aus Kaiserslautern oder Karlsruhe, jemand von drüben jedenfalls.

»Danke«, sagte ich und dachte: Elsa.

Nachdem sie – uns zuliebe – ihre Hamburger Stelle ausgeschlagen hatte, sollte ich ihr vorgesetzt sein? Wäre es nicht fair, wenn ich nun meinerseits verzichtete? Warum war überhaupt die Wahl auf mich, nicht auf sie gefallen? – Und Elsa nahm es schwer. Wir stritten und verletzten uns, Trennung stand im Raum. Wenn ich sie nicht verlieren wollte, würde ein klärendes Gespräch nicht genügen, hier war ein weiter Weg zurückzulegen. Nachträglich warb ich um sie und merkte erst jetzt, dass ich das Leben mit ihr wirklich wollte, auch wenn sie Marlene in nichts glich.

Ich hofierte und beschenkte sie, legte auch mir eine neue Garderobe und sogar ein Parfum zu, lud sie zu Ausflügen und in die besten Restaurants ein, bis sie mir langsam verzieh. Die letzte Karte, die ich zog, war Plenskow – das Gutshaus reizte sie, und so führte ich sie zur Versöhnung in das Leben ein, das ich mit ihrer Hilfe gerade hinter mir gelassen hatte.

Als wir zu dieser Reise aufbrachen, träumte Jakob auf dem Rücksitz von einem Hund, doch auf der Dorfstraße verstummte sein fröhliches Geplapper.

»Was ist denn das? Eine Schenke?«, fragte Elsa.

»Das war mal das Gasthaus *Zum Hirschen*«, erklärte Jakob.

»Was ist das für ein Verschlag neben der Kirche?«

»Der Kiosk von Frau Schulze. Auch geschlossen«, antwortete Jakob.

»Alles ist Vergangenheit. Gibt es hier Menschen? Oder sind das leere Schneckenhäuser?«

»Da vorn, das ist Heidrun in ihrem ... Garten«, sagte Jakob und zeigte auf Frau Tile im Bikini.

»Bloß gut, hier wohnt ja doch jemand!«, sagte Elsa.

»Es ist nur ihr Wochenendhaus«, wurde sie von Jakob aufgeklärt.

»Aber hier« – jetzt musste ich für Plenskow eintreten – »im Herzen des Dorfes ist Leben.«

Das Gutshaus erhob sich in seinem stattlichen Gleichmaß vor uns und verfehlte seine Wirkung nicht. Elsa war hingerissen. Mich stachelte das an, Plenskows Ruhm zu preisen, der weit über die Dorfgrenzen hinausreiche, dazu den hiesigen Landarzt, den die Siechenden aus dem gesamten Landkreis aufsuchten, und selbstredend das Café, wo man heimische Backwaren und italienischen Espresso serviere, rauschende Feste feiere und regionale Kunst ausstelle. Aktuell waren das die Werke eines Experimentalkeramikers, wie das Banner an der Mauer ankündigte. Von den Tischen auf dem Vorplatz war allerdings gerade nur einer besetzt, und zwar, wie ich feststellte, vom Pflegemittelpaar. Ich nickte ihnen zu und eilte ins Haus. Elsa folgte mir und hätte nicht weniger andächtig ins Vestibül treten können, wenn es die Vorhalle von Buckingham Palace selbst gewesen wäre.

Sie kannte meine Familie durch Konrads Klinikaufenthalt, doch nun, in der neuen Konstellation, stellte ich sie allen noch einmal vor. Zuerst gingen wir in die Praxis, wo wir Rita bei den Abrechnungen antrafen, aber auch Konrad, der im weißen Kittel fast wie früher wirkte, wiederhergestellt als jemand, dem die Welt gehört. Gegenüber im Café lud uns Marlene zu einem Stück Kuchen ein, wobei der Begriff in die Irre führt: Marlene lud uns zu einem Höhepunkt der Konditoreikunst ein, wollte Eindruck machen, denn meine neue Gebundenheit war ihr, wie ich erfreut bemerkte, nicht einerlei. Aus den Augenwinkeln beobachtete ich sie, meine alte Liebe mit dem orientalischen Ohrgehänge, das sie mit leisem Klimpern begleitete, und fragte mich, was sie mir noch bedeutete. Wenn ich jetzt die Wahl hätte zwischen Elsa und Marlene ... Ich schaute Elsa an, die ihre Augen auf mein Gesicht geheftet hielt – und war mir unsicher. Es ist etwas Altes mit Marlene, das erst noch zu Ende vergehen muss, sagte ich mir. Aber seine Zeit ist fast um.

»Was siehst du auf dem Fresko«, wandte sich Marlene an Elsa, »was hält die Figur in der Hand?«

»Wer ist der Maler?«, fragte Elsa zurück.

»Er ist unbekannt, aber seine Handschrift lässt sich zuordnen. Der Restaurator hat schon drei Dorfkirchen gefunden, in denen er seine Spuren hinterlassen hat.«

»Oder sie, die Malerin«, sagte Elsa.

»Meine älteste Tochter kennt die Namen der abgebildeten Pflanzen«, sagte Marlene.

»Wo ist sie denn?«, fragte ich.

Marlene seufzte: »Bei der Fahrschule.« Und zu Elsa gewandt: »Selma will ein Moped, es ist entsetzlich. Entschuldigt mich, die Gäste.«

Ich nahm Elsas Hand. »Und? Was siehst du auf dem Bild?«

»Eine ziemlich giftige Herbstzeitlose«, sagte sie, »aber gut, vielleicht auch eine Sonne ... eine Sonne im praktischen Reiseformat.«

»Man sollte immer eine Sonne dabeihaben. Ich habe meine Sonne zum Glück direkt vor mir.« Gerade jetzt fühlte sich Elsa überstrahlt, das sah ich ihr an, kannte ich doch diesen Zustand selbst zur Genüge, diese vertrackte Lage, in der man sich selbst unsichtbar wird. Ob sie das Haus ansehen wolle, fragte ich, und sie schob umstandslos ihren

Stuhl zurück und ging hinaus. Das Tortenwerk hatte sie kaum angerührt.

Im Salon trafen wir Laure, die auf dem Klavier klimperte. Schlecht sah sie aus, dicker, und ihre Kurzhaarfrisur stand ihr tatsächlich nicht. Sie erzählte uns mit einem Schaudern, dass Rita ihren Namen und ihr Geburtsjahr auf Pavels Grabstein hatte meißeln lassen, um Frau Niemann zu vertreiben, die dort öfter Blumen ablegte. »Aber wie grässlich!«, rief Laure seltsam schrill. »Den eigenen Namen auf einem Grabstein zu lesen!« Da dachte ich: Es ist wohl nur die Pubertät, die Laure so zusetzt.

Vielleicht lag es daran, dass das Café gerade überlaufen war und Marlene keine Zeit für uns fand, vielleicht aber auch daran, dass Elsa Marlene mied – auf jeden Fall verbrachten wir das Wochenende vor allem zu zweit. Über den See rudernd, durch den Wald streifend, in die Weite schauend wurden unsere Auseinandersetzungen belanglos; wir ließen sie fallen und nahmen sie nicht wieder auf. Wir freuten uns zusammen an den kleinen Dingen: am Besenmoos und an den herzförmigen Blättern des Hirtentäschels, das weiß am Wegrand blühte – Elsa war von meinen botanischen Kenntnissen beeindruckt, die ich allesamt von Selma hatte. Wir freuten uns daran, wie das Ruder in das klare Wasser tauchte, wie die Blässhühner in sicherer Entfernung vorüberschwammen, wie still es um uns war, so still, dass wir glaubten, die Fische nach Luft schnappen zu hören und das Raunen der Espen zu verstehen. Wir brauchten Geduld miteinander. Es würde schon werden.

Waren wir doch einmal bei den anderen, bestritt Rita das Gespräch mit ihrem einzigen Thema: mit Pavel. Den nannte sie nicht mehr ihren alten Nölpott, behauptete sogar, das nie getan zu haben. In ihrer Erinnerung war er zu einem tadellosen Menschen geworden, zu einer moralischen Instanz, die auch ich gern gekannt hätte. Beschwerte sich Marlene darüber, dass das Pflegemittelpaar wieder einmal einen unterirdischen Preis für das Gutshaus geboten hatte, das gar nicht zum Verkauf stand, entgegnete Rita, dass Pavel über die richtige Mischung aus Freundlichkeit und Bestimmtheit verfügt habe, um derartige Ansinnen ein für alle Mal zu beenden. Erwähnte Jakob einen Hund, ging seine Tierliebe nun auf Pavel zurück, und als Selma von ihren Fahrstunden erzählte, lernten wir, dass Pavel in jungen Jahren ein ganz hervorragender »Tschoför« gewesen sei. So setzte es sich fort: Pavel hier, Pavel da, bis wir dieser Lichtgestalt überdrüssig waren. Da brachte das Klingeln an der Tür Erleichterung, allerdings nur, bis Tiles zu erzählen begannen: Eben hatten sie am Seeufer die zerbrochenen Ruder des Bootes entdeckt, und bald darauf das Boot selbst auf den Grund, mutwillig zerstört von irgendwem.

»Sie wollten *mich* zerstören«, rief Frau Tile, und zu Elsa gewandt: »Es war nach *mir* benannt. Wer tut mir so etwas an?«, doch diese Frage ließ sich nicht beantworten. Bis heute nicht.

Konrad versprach Jakob eine Jolle.

Elsa wurde mit meiner Familie nicht warm, jedenfalls

nicht gleich, doch die Kinder waren ihr sehr zugetan. Einmal ging sie mit Laure in ein Konzert, ein andermal suchte sie eine Klavierlehrerin für sie, doch Marlene verbat sich die Einmischung. Laure bekomme schließlich nach wie vor mütterliche, väterliche sowie großmütterliche Liebe, dazu ihren Gesangsunterricht und viel Lebenspraxis durch Café und Weblog. Außerdem stand eine Amerikareise bevor. Und dass Laure gerade nicht so gut aussah, hatte doch Vorteile in ihrem Alter. Dem widersprach Jakob: Je schöner, desto besser. Er selbst war gerade in die Klassenschönheit verliebt, allerdings unglücklich, aber auch das hatte für ihn eine glückliche Seite, konnte er doch mit Elsa ausgiebig über sein Unglück reden. Er vertraute ihr, ließ sich sogar von ihren Briten begeistern und überredete sie fast, sich einen Collie oder Setter zu halten, den er nach Schulschluss ausführen würde. Doch auch Elsas Pläne sprachen gegen einen Hund: Für sie war es höchste Zeit, sich aus der Klinik zurückzuziehen und sich niederzulassen.

In dem Jahr, als Selma achtzehn wurde und ihr Abitur ablegte (Jakob beklagte sich über ihre Bestnoten, die er, der Traumverlorene, nie erreichen würde), in dem Jahr, als Laure ihre Trauer um Pavel ablegte und wieder aufblühte, als der alte Badstüber starb und im Dorf das Gerücht umging, Konrad habe seinen Tod durch einen Behandlungsfehler verschuldet, in dem Jahr ging es mit Elsa und mir plötzlich sehr schnell. Wir zogen in eine gemeinsame

Wohnung, zwar ohne Wasserlauf, aber mit großer Küche, Balkon und Blick in einen grünen Hof. Mit diesem Umzug ließ meine Sehnsucht nach Plenskow merklich nach, nur wankte der ungewohnt feste Boden noch unter meinen Füßen wie nach einer langen Seereise. Mein eigenes Zuhause, meine eigene Partnerin, meine eigenen Pläne – das alles erschien mir fast unstatthaft.

Sobald wir eingezogen waren, träumte ich wieder und wieder, bald zu sterben. Anfangs schlug ich meine tödliche Traumkrankheit nach, aber diese *Morbus Quittus* war nirgends verzeichnet. Auch Elsa hatte nie von ihr gehört und zweifelte an ihrer Existenz: »Du hast deine Angst geträumt. Du fürchtest, die Quittung zu bekommen.« Wahrscheinlich war es nur das: Ich fürchtete ja wirklich, dass mir so viel Eigensinn auf die Füße fallen musste, dass mir so viel Glück nicht zustand. Dabei konnten die Götter doch wirklich nicht neidisch sein auf Elsa, sagte ich mir beschwichtigend, Zeus hätte sie links liegen lassen oder eine Metamorphose veranlasst. Die Götter wären nicht wie ich von Elsas unwägbaren Tiefen berauscht, von ihrem Humor überrascht, von ihrer Zielstrebigkeit beeindruckt. Die schauten nur nach Äußerlichkeiten. Lediglich Hugo von Dredow hätte nachvollziehen können, was ich an Elsa fand, denn seine Sylvia war aus demselben Holz gewesen; Hugo allein hätte mir auf die Schulter geklopft.

Weihnachten kam. Inzwischen waren wir so seltene Gäste in Plenskow, dass Konrad und Marlene nicht einmal gefragt hatten, ob wir mit ihnen feiern wollten. Mir war das lieb, denn so konnten wir ohne Zeugen um alles zanken, bis wir die Aufgaben verteilt hatten: Elsa schmückte, ich kochte. So kamen wir zu einem Fest mit Stechpalmengirlanden und einem Weihnachtsbaum, den elektrische Lichter und eine glitzernde Tannenbaumspitze zierten, gerade so, wie Marlene es verabscheute; dazu die kontinentalen Speisen, die Elsas Briten rundweg abgelehnt hätten. Während dieser Weihnachtstage begann ich daran zu glauben, in diesem kleinen Glück heimisch zu werden und Marlene, Familie und Gutshaus entbehren zu können.

Am zweiten Weihnachtstag, endlich, wählte ich doch die Plenskower Nummer. Marlene war am Apparat und ließ mich erst jetzt wissen, dass Selma und Laure gerade bei Agnes in New York waren, was so stolz wie besorgt klang. Jakob, erfuhr ich, langweilte sich ohne seine Schwestern, rauchte heimlich und schlief bis zum Mittag. Marlene rief nach ihm, doch Konrad nahm den Hörer.

»Niketsch!«, rief er erfreut. »Wie geht es dir?« Doch statt die Antwort abzuwarten, redete er gleich weiter. »Würdest du dir Rita einmal vornehmen? Sie ist krank und will sich von ihrem eigenen Sohn nicht beraten lassen, du kennst sie ja.«

»Was kann ich da tun?«, wehrte ich ab. »Ich bin doch auch ihr Sohn.«

»Hör erst mal zu«, sagte Konrad. »Es kann im Prinzip alles sein, von chronischer Bronchitis über Diabetes bis hin zu Arteriosklerose. Nur Grauen Star können wir ausschließen«, beschrieb er Ritas Leiden. »Sie sieht jede Unordnung und schickt Jakob zum Aufräumen. Oder noch schlimmer: mich.« Konrad hatte ihr Untersuchungen vorgeschlagen, ganz unverbindlich und schmerzfrei, doch sie hatte ihn angefahren, er möge sich bitte um seine eigenen Angelegenheiten kümmern. Vielleicht würde es also helfen – und da kam ich ins Spiel –, wenn ich die Sache einmal in meiner besonnenen Art anging. Doch obschon ich meiner Mutter die beste Gesundheit wünschte, wollte ich das durchaus nicht. Rita war erwachsen – sie konnte selbst zum Arzt gehen. Aus ungeklärten Gründen sprach ich das allerdings nicht aus, sondern sagte zu, mich gleich im Januar um Ritas Wohl zu kümmern.

Jakob war nicht zu sprechen, und gerade, als ich auflegen wollte, meldete sich Marlene noch einmal.

»Niketsch?«, rief sie, »ich habe gar nicht gefragt, wie es dir geht.«

»Uns geht es ausgezeichnet!«, übertrieb ich es etwas und malte ihr unser Fest in den schillerndsten Farben aus.

»Ihr habt es gut«, sagte sie wehmütig.

»Ihr habt es doch auch gut!«, wandte ich noch im Überschwang ein.

»Nein«, sagte Marlene. »Die Kinder in Amerika und dann die Sorge mit der Praxis. Seit der alte Badstüber gestorben ist, glauben viele dem Gerede und trauen Konrad nicht mehr. Er will hier weg, stell dir vor. Er will eine Praxis übernehmen, die sich irgendwo an der Nordsee befindet.«

»So konkret ist das schon?«, fragte ich. Konrad erstaunte mich.

»Ich kann das alles hier nicht aufgeben«, sagte Marlene am anderen Ende. »Ich bekomme Angst, wenn ich nur daran denke, nicht mehr in diesem Haus zu leben. Als wenn es mich beschützt.«

»Dir wird schon etwas einfallen«, munterte ich sie auf. »Dir ist doch immer etwas eingefallen.«

»Diesmal nicht. Jakob sucht nach dem Silberbesteck im Kamin und der Schmucksammlung im Keller«, sagte sie, »aber wie immer findet er nichts. Dabei würde es uns jetzt retten.«

»Schick Jakob zu uns, ja?«

Als ich Elsa von Marlenes Hoffnung auf einen Schatz erzählte, fand sie das lächerlich, doch als ich überlegte, Konrad und Marlene unter die Arme zu greifen, war das für sie eine ernste Angelegenheit: »Meine Praxiseinrichtung«, erinnerte sie mich missvergnügt. Richtig, die Praxis. Doch wie sollte ich den Gedanken ertragen, dass Marlene ihr magisches Haus verlor? Ich konnte sie doch nicht hängen lassen.

Am nächsten Morgen traf Jakob schon ein, als ich noch das Frühstück richtete. Er brachte die trübe Stimmung aus Plenskow mit, war aus hundert Gründen niedergeschlagen, wobei sein Liebeskummer nicht mehr das schlimmste unter den Übeln war; am schlimmsten war jetzt die Ungerechtigkeit, dass seine Schwestern in New York waren und er nicht. Außerdem war ihm das zerstörte Ruderboot nicht ersetzt worden, die Schatzsuche verlief frustrierend und die Stimmung zu Hause war scheußlich, seit Konrad diese Nordsee-Idee aufgebracht hatte. Einen Hund hatte er übrigens auch nicht. Ich verdächtigte Elsa, dass sie Jakob den Hund versprach, als der Wasserkocher neben mir rauschte und die Eier in der Pfanne zischten. Die beiden schienen jedenfalls, als wir bei Tisch saßen, einen Plan zu verfolgen, in den ich nicht eingeweiht war.

Jakob fragte etwa: »Niketsch, es sind wieder die Raunächte. Was träumst du so?«

»Nun, wie immer«, sagte ich, schon etwas ahnend. »Sofern ich schlafen kann, träume ich von einer seltsamen Krankheit, die es nicht gibt, die mich aber umzubringen droht. Sie heißt *Morbus Quittus.*«

»Ja«, fiel Elsa ein und erläuterte Jakob die Lage, »diesen Traum schickt ihm sein schlechtes Gewissen. Nick glaubt nämlich, dass er es zu gut hat.«

»Dann nimm dem schlechten Gewissen doch den Wind aus den Segeln«, schlug Jakob vor. »Mit einer guten Tat«, schob er noch hinterher.

Elsa und Jakob schauten mich erwartungsvoll an.

»Indem ich beispielsweise einen armen Köter aus dem Tierheim rette?«, fragte ich.

»Zum Beispiel«, sagte Elsa, während Jakob zufrieden nickte, weil ich es so schnell verstanden hatte.

Natürlich fuhren wir nach dem Frühstück ins Tierheim, und als wir wieder herauskamen, begleitete uns kein schicker britischer Rassehund, sondern eine bizarr gescheckte Hündin, Stammbaum unbekannt, mit eingeklemmtem Schwanz, keineswegs sicher, ob dies ihr Glückstag war. Obwohl sie erst zwei Jahre alt war, hatte sie schon seit April im Tierheim gelebt, fast ihr halbes Hundeleben lang.

»Seit April!«, hatte Jakob ausgerufen, und die Hündin hatte die Ohren aufgestellt. »Du heißt wohl April?«, hatte er gefragt, und sie war zu ihm geschlichen, um zaghaft ihren Kopf auf sein Knie zu legen.

April also war nun unser Hund; April, die uns ängstlich von ihrer Decke aus beobachtete und die beim Autofahren zitterte; die die Wohnung lieber nicht erforschte, auch lieber nicht spazieren ging, lieber nichts aß und lieber nicht schlief. Wir redeten ihr zu, streichelten sie, boten ihr Hundedelikatessen an, bis sie erwog, uns zu trauen. Am meisten traute sie mir: Mich erkor sie zu ihrem wahren Herrchen. Von der *Morbus Quittus* habe ich seither nicht mehr geträumt. Und Jakob hielt sein Versprechen: Täglich ging er nach der Schule mit April ins Freie, warf ihr Stöcke und raufte mit ihr. Er sprach mit ihr wie mit einer weiteren Schwester, und einmal, im Februar, hörte ich ihn fragen: »Kommst du mit zum Maskenball?«

Elftes Kapitel

Der Maskenball war Laures Einfall gewesen, aber Marlene übernahm die Regie. Mit diesem Fest verband sie keine geringere Hoffnung als die, es würde ihr Schicksal wenden. Lieber wollte sie bis zur Erschöpfung arbeiten als anerkennen, dass sie sich mit diesem Gutshaus übernommen haben könnte, dass es vielleicht nicht möglich wäre, die Mittel für die immer neuen Reparaturen aufzubringen, geschweige denn dafür, je alle Räume in Betrieb zu nehmen oder den Originalzustand des Vorplatzes wiederherzustellen. Doch hing sie zu sehr an diesem Bild eines großen offenen Hauses, das der ohnmächtigen Enge ihrer Herkunft in nichts glich. Sich geschlagen geben – das war ihre Sache nicht, lieber richtete sie ein Fest aus, über das noch in Jahrzehnten gesprochen werden würde.

Als Elsa und ich eintrafen, erinnerte mich das Café an früher, als es noch Marlenes Werkstatt war, denn überall wurde gearbeitet, geschneidert, gebacken und geschmückt. Ich sah Sybille und Marie, Selma und Laure, Rita und Frau Niemann, aber keine hatte Zeit für uns; wir waren Außenstehende, für die es gerade nichts zu tun gab. Und plötzlich sehnte ich mich danach, mitmachen zu dürfen und wieder so selbstverständlich einbezogen zu werden in all die Arbeit. Doch so war es nicht mehr: Diesmal hatte ich Marlene brav zwei Karten abgekauft.

Elsa, um dem Wirbel zu entkommen, schlug einen Spaziergang vor und rief nach April, die von der Autofahrt noch taumelte. Draußen war es noch hell. Der Winterwald, in den wir eintauchten, war diesig und abgestorben. April nahm ihn mit all ihren Sinnen auf, durchstöberte das raschelnde Laub vom Vorjahr, entfernte sich aber nie weit von uns und blieb mit gespitzten Ohren stehen, als sie hinter der Biegung zwei Jäger bemerkte, die wir im Näherkommen als Klonski und LPG-Schulze erkannten. April hielt sich hinter uns, doch Klonski sprach uns an: »Gibt es einen bestimmten Grund, warum Sie Ihren Hund nicht anleinen? Glauben Sie, die Leinenpflicht gilt für Sie nicht?«

Elsa, die Leine um die Schultern, rief April umstandslos herbei, tat, wie ihr geheißen, und machte sie hinter der nächsten Weggabelung wieder los.

»Das sieht dir gar nicht ähnlich«, zog ich sie auf, »wo bleibt dein Kampfgeist?«

»›Choose your battles wisely‹ sagen die geschätzten Briten. Ich habe Besseres zu tun, als mit der Waldpolizei zu zanken.«

»Das war der Förster, Klonski. Er hat früher in Ritas Chor mitgesungen, stell dir vor.«

»Aber wohl nur, um die Zusammenrottung zu überwachen«, sagte sie. Und nach einer Weile: »Wenn man solche Leute im Wald trifft, wird er unheimlich.«

Doch es war wohl nur die Dämmerung, die unseren Weg so zwielichtig erscheinen ließ. In den kahlen Zweigen schwamm die schmale Mondsichel, und bis auf unsere Schritte herrschte vollkommene Stille. Wir gingen schweigend, bis sich der Wald öffnete, und nun tat sich die silberne Fläche des Sees vor uns auf, die sich mit leichtem Wellenschlag gegen den Frost wehrte. Nur das Schilf stand so starr am Ufersaum, als würde der Halm verlieren, der sich als Erster bewegte.

In der Ferne fiel ein Schuss. Unwillkürlich rief ich nach April, die neben mir stand, und trotzdem musste ich an Josts Hund denken – traute Klonski und Schulze plötzlich zu, das Tier getötet zu haben. Obwohl ich versuchte, diesen Gedanken abzuschütteln und munter zu klingen, erriet Elsa meine Sorge und schlug beherzt den Rückweg ein. Ich zeigte auf die dunklen Umrisse des Kirchturms, der Dächer, der Weiden, die im Winterschlaf lagen, und sagte: »Man ahnt noch nichts von dem rauschenden Fest, das hier morgen gefeiert wird.«

»Doch«, entgegnete Elsa, »ich sehe schon die Kutschen mit der *high society* anrollen.«

Aber die feine Gesellschaft war es nicht, die den Maskenball besuchte, sondern die einzige Gesellschaft, die es in dieser Gegend gab, dazu die Dauergäste Tiles und das Pflegemittelpaar, die Patientin mit dem Bienenstich samt Begleiter und so mancher Plenskower, der sich in seiner Verkleidung allzu gut getarnt wähnte. Auch wir waren kostümiert: Elsa hatte ihre karierten Kleider – Bluse, Rock, Tuch und sogar Strumpfhose – so irrwitzig kombiniert, dass man meinte, in eine optische Täuschung zu blicken; mir dagegen diente ein gestreiftes Hemd und eine blaue Hose als Matrosenanzug, dazu der Rauschebart vom Weihnachtsfest. So fielen wir nicht auf, denn Aufsehen erregten die aufwendigeren Kostüme – und natürlich der Schauplatz selbst, den Laternen und Leuchter in ein mildes Licht tauchten: Hier umrankten Flechtgirlanden die Galerie und hundert Tulpen schmückten den Tresen, dort bog sich das Buffet unter Canapés und Crèmes. Das Streichquartett saß zu dritt auf der Galerie (der Bratscher fehlte wegen einer offenen Tuberkulose), spielte Mozart und die Gäste lärmten dagegen an, um sich ihrem Nebenmann verständlich zu machen.

Aus diesem Klangteppich hörte ich Sybille deutlich heraus. Sie verkörperte eine grün schillernde Waldfee mit moosigem Gesicht, die die Wünsche der Gäste wahr werden ließ, und zwar unter Zuhilfenahme je einer Wunderkerze. In der letzten Stunde musste sie schon Dutzende Wünsche erfüllt haben, denn immer wieder sprühten die Feuersterne über den Köpfen der wogenden Menge auf. Eine Frau, vor deren Gesicht sich ein Gazeschleier bauschte, stöckelte mit so gewagten Absätzen die Stufen zum Portal empor, wie nur Claudia Badstüber stöckeln konnte. Der Mann an ihrem Arm verriet sich durch seine Körperlänge als ihr Gatte, Sybilles Exmann, der das Café gemieden hatte, solange ihm eine Begegnung mit Sybille gewiss gewesen wäre. Nun glaubte er wohl, sich ungestört ein Bild machen zu können. Seine Verkleidung schlotterte ihm um den Körper, und ich vermochte nicht zu erraten, was sie darstellen sollte: Aus den Seitenflossen schlussfolgerte ich etwas Aquatisches, einen Pinguin vielleicht oder einen Rochen, doch seine Kopfbedeckung passte eher zu einem Imker. Kaum durch die Tür – was schon nicht einfach war, denn bis ins Vestibül drängte sich die Menge dicht –, wurde auch dieses Paar von der Waldfee begrüßt. Nach ihren Wünschen gefragt, kicherte Claudia und flüsterte Sybille etwas ins Ohr, woraufhin die Funken sprühten und die Waldfee reichlich Kindersegen versprach, Simsalabim, was den Rochen zu einem Streit mit seiner Begleiterin veranlasste.

Heidrun Tile, ganz in Paillettenglitzer, rief: »Ich habe auch einen Wunsch!«, flüsterte ihn Sybille zu und erfuhr zu ihrem Erstaunen, dass er unerfüllbar sei. Simsalabim, da war nichts zu machen. Sybille tat, als wolle sie gehen. »Reingelegt«, lachte sie schallend. »Du, Heidrun, seist fortan die betörendste Frau der Welt!« Die Wunderkerze zischte, während sich Frau Tile beschwerte, dass dies gar nicht ihr Wunsch gewesen sei, doch die Waldfee hatte da ihren eigenen Kopf, wie auch ich lernen musste. Obwohl ich mir ein Segelboot wünschte, versprach sie störrisch nur einen Anker; Elsas Wunsch – was mag es gewesen sein? – mündete in der Aussicht auf eine glückliche Ehe. Auch Marlene war nicht begeistert, als Sybille ihr einen fabelhaften Neustart vorhersagte, um den sie nicht gebeten hatte.

»Nein, Sybille, du liegst falsch! Dieses Haus lässt sich nicht mitnehmen.« Sybille aber zündete ungerührt ihre Wunderkerze an und sprach ihr Simsalabim.

Marlene trug an diesem Abend ebenfalls eine dunkelgrüne Robe und ihre Rubinohrringe. Natürlich sah sie hinreißend aus. Selma erklärte mir, dass Marlene eine Kaukasustanne und sie selbst eine Zaubernuss sei; Jakob dagegen trat als Graf von Dredow auf, doch der half gerade der schönen Justitia, der Frau mit dem Bienenstich, die Waage und Schwert verloren hatte und ihre Insignien suchte. Gefunden wurden sie allerdings nie.

Selma fragte Marlene: »Was hast du eigentlich gegen einen Neustart? Ein Leben an der Nordsee wäre doch gar nicht so schlecht.«

»Neustart – das geht doch nicht. Dieses Haus haben wir aufgebaut, das lasse ich nicht zurück. Und wozu überhaupt?«, verschloss Marlene sich weiter.

»Wie du weißt, ist die Traufe fällig«, hielt ihr Selma unbarmherzig entgegen.

»Die Dachrinne ist in Ordnung«, widersprach Marlene, »die haben wir machen lassen, als wir kamen.«

»Jetzt ist sie aber verstopft. Da, wo der Nussbaum steht.«

»Dann werden wir sie eben reinigen.«

»Wenn ich euch richtig verstanden habe, sind wir pleite.«

»Es hat immer einen Ausweg gegeben. Schau mal, in solchen Häusern liegen wirklich oft Schätze versteckt, selbst Winfried Tile sagt das. Außerdem gibt es liebe Menschen, die wir um Hilfe bitten können, wenn es hart auf hart kommt«, sprach Marlene und sah mir in die Augen.

»Falls du Nick meinst«, schaltete sich Elsa ein, »der ist gerade ziemlich am Limit, denn wir richten meine Praxis ein.« Ich schwieg betreten.

Marlene wandte sich ab, um das Buffet aufzufüllen, was aber Laure schon erledigte. Obwohl das Verkleiden doch eigentlich ihre Sache war, hatte die sich mit ihrem Kostüm keinerlei Mühe gegeben. Sie trug lediglich Hut und Sonnenbrille wie ein Star, der nicht erkannt werden möchte.

»Laure«, sprach ich sie an. »Wie geht's? Wie war es überhaupt in New York?«

Sie brachte nur ein unwilliges »Gut« heraus und verzog sich hinter die Bar.

»Was ist los mit ihr?«, fragte Elsa, erst mich, dann Selma, die uns bat, Laure ein bisschen in Ruhe zu lassen, weil sie gerade etwas durchmache. Elsa und ich sahen uns an und dachten: Liebeskummer.

»Ich zeig euch was«, sagte Selma und zog ein Foto aus dem Jackett. Es war ein Abzug der Fotografie, die ich schon kannte: Agnes mit Mr Maynard und seiner Schwester beim Baden. »Das ist Mr Maynard«, sagte Selma und zeigte auf die Schwester. Ich begriff nicht gleich, aber Elsa fragte: »Warum macht sie ein Geheimnis daraus, mit einer Frau zusammenzuleben?«

»Weil diese Familie völlig verbürgerlicht ist. Sie tun nur so alternativ!« Selma schnaubte empört durch die Nase. »Rita hat sich vielleicht früher mal als Kommunistin gefühlt, aber eigentlich steht sie auf Konventionen. Nicht gerade leicht für eine Tochter, die eine Frau liebt. Oder nehmt mal meine Mutter: Die freut sich doch schon auf ihre Enkel und Urenkel, wenn wir alle glücklich verheiratet sind. In ihrer Welt ist niemand homosexuell, das kann sie sich gar nicht vorstellen. Dazu müsste sie mal raus aus ihrem Dorf.«

»Jetzt tust du deiner Mutter aber unrecht«, fühlte ich mich verpflichtet zu sagen. Ich war erstaunt von diesem Ausbruch, der ausgerechnet von Selma kam, die im Begriff stand, selbst den Weg in eine sehr bürgerliche Existenz einzuschlagen. Schließlich strebte sie ein Medizinstudium an.

»In ein paar Jahren siehst du das bestimmt anders«, fügte ich noch hinzu.

»Wenn du jemanden beschlaumeiern willst, hol ich mir mal was zu trinken.« Selma tauchte in der Menge ab, ich blieb verdutzt zurück.

»Was hätte ich denn sagen sollen?«, wandte ich mich hilfesuchend an Elsa, die nur die Schultern hob. Zu meiner Linken blickte ich in die wasserblauen Augen von Frau Niemann, die ihr Gesicht in die hundert feinen Falten legte, die ihr Lächeln waren. »Warum sagen?«, hörte ich ihre Glasharfenstimme.

»Wie?«, fragte ich und sie nickte. Was gab es da zu nicken? Was bedeutete das?

Elsa, die ich fragen wollte, war in ein Gespräch mit zweien geraten, die ausgestanzte Augenmasken trugen und leicht als das Pflegemittelpaar erkennbar waren.

»Oh tatsächlich!«, riefen sie zeitgleich aus, als Elsa zu Ende gesprochen hatte, und schauten mich ehrfürchtig an. Was war nur in sie gefahren? Jetzt schüttelten sie mir auch noch die Hand! Wie mir die Party gefalle, und hier, die Visitenkarte, ich möge sie bitte besuchen kommen mit meiner charmanten Partnerin.

Die Karte wies sie als Hoteliers aus.

»Kommen Sie vorbei«, wiederholte der Mann, »ausgezeichnete Küche, etwas in Ihrer Kategorie.«

»Kategorie?«, fragte ich.

»Premium«, sagte er.

»Darum geht es uns: Premium muss Premium bleiben«, ergänzte sie.

»Anders als hier«, nahm der Mann den Faden wieder auf, »aber ich habe eine ganz besondere Verbindung zu diesem Haus, kenne es schon lange.«

Ja, ich erinnerte mich gut an den Tag, als Konrad und ich auf dem Gerüst Bier getrunken hatten und dieses ungebetene Paar zusammen mit Tiles in unser Leben trat.

Elsa versprach ihnen unser baldiges Kommen und schob mich zum Buffet.

»Was hast du denen ins Glas getan?«, zischte ich ihr zu.

»Ich habe ihnen nur deine berufliche Position verraten.«

»Angeberei ist mir peinlich!«

»Ich weiß.« Elsa kraulte mir den Rauschebart. »Du bist bescheiden. Aber eigentlich ärgert es dich, wenn man dich übersieht.« Jetzt häufte sie Gurkensalat auf ihren Teller. Der sah gut aus. Aber ich musste etwas anderes nehmen, sonst glaubte sie noch, ich würde auch ihrer Argumentation folgen. Doch da, wo ich stand, gab es nur Süßspeisen: Gebäck und Gläser mit Panna Cotta.

»Wie Pavel!«, rief Rita in meinem Rücken. »Iss erst etwas Herzhaftes!« Dann nahm auch sie ein Glas.

»Und du?«, fragte ich.

»Ich hatte schon.«

»Was macht denn deine Gesundheit?«, fragte ich etwas linkisch, doch ich wollte die Gelegenheit nicht ungenutzt lassen, schnell Konrads Auftrag erfüllen, den ich seit Wochen mit schlechtem Gewissen vor mir herschob. Die Arbeit, die neue Wohnung, der Hund – da war gerade wenig Zeit für Ritas Eigensinn.

»Wieso?«

»Du siehst etwas blass aus«, log ich in Ritas rotes Gesicht.

»Unsinn! *Du* bist blass. – Elsa! Achte mal darauf, dass Nikita nicht so viel arbeitet!«

»Tut mir leid«, Elsa winkte ab.

»Deine Freundin ist nicht sehr liebenswürdig«, raunte

mir Rita laut genug zu, dass Elsa es hören musste. Der war es egal. Sie war ganz darauf konzentriert, von der Menge nicht weitergedrängt zu werden, obwohl sie offensichtlich im Weg stand.

»Wollen wir uns einen Platz suchen?«, wandte ich mich an Elsa.

»Wenn du möchtest«, entgegnete sie und angelte sich ebenfalls eine Nachspeise.

»Komm«, rief ich auch Rita zu, »lass uns mal über deine Gesundheit reden.« Damit schoben wir uns zur Galerie, an der wir nur zu zweit ankamen. Immerhin, Elsa und ich hatten nun Sitzplätze auf den Stufen, von denen wir die Menge überblicken konnten. Selma tanzte eng umschlungen mit Justitia. Rita war am Buffet geblieben, wo wir sie im heftigen Streit mit Marlene sahen.

»Wie du siehst, findet Rita keine ihrer Schwiegertöchter liebenswürdig«, sagte ich zu Elsa.

»Das ist andersherum auch so«, erwiderte sie. Ich schluckte. Einerseits fand ich diese Klarheit erfrischend, andererseits überschritt sie damit eine rote Linie. Durfte Elsa meine Mutter einfach nicht liebenswürdig finden? Ich meine: auch, wenn sie es tatsächlich nicht war?

»Pssst«, sagte Elsa und horchte auf das Gespräch über uns auf der Galerie. Da die Musiker gerade in ihren Noten blätterten, ließ sich die quengelnde Stimme von Hirschen-Schulze deutlich ausmachen. Er sprach über den Tod des alten Badstübers: »Hundert hätte der werden können!«, und Konsum-Schulze machte daraus hundertzwei. Claudia Badstüber wusste aus Erfahrung, dass Konrad ein schlechter Arzt war, ständig betrunken zudem, und LPG-Schulze fasste wie für das Protokoll zusammen, dass man ihn eigentlich anzeigen müsse, wegen unterlassener Hilfeleistung, nein Mord! Mord nun auch wieder nicht, aber »eindeutig wegen seinem Behandlungsfehler«. »Über hundert hätte der werden können«, hörten wir Konsum-Schulze noch einmal.

»Oh Gott!«, flüsterte mir Elsa zu.

»Und Selma, die tanzt wie ein Junge«, kam wieder Konsum-Schulzes Stimme. Aber Claudia Badstüber hatte eine noch bessere Beobachtung gemacht, Laure nämlich. Laure aß und trank nicht, schwieg und war blass, und was das wohl zu bedeuten habe.

»Nee!«, meckerte Hirschen-Schulze begeistert.

»Doch!«, rief Claudia. »Wetten? Man sieht doch sogar schon was.«

Aber wetten wollte niemand. Alle wollten, dass es so war: Dass Laure mit ihren fünfzehn Jahren schwanger wäre, das war für sie Gewinn genug.

Oben auf der Galerie ging man nun dazu über, sich gegenseitig zu zerfleischen. Claudia Badstüber wurde an ihre Abtreibung erinnert – »Da war ich aber schon siebzehn!« –, Konsum-Schulze an ihre Kinderlosigkeit, LPG-Schulze an eine zwanzig Jahre zurückliegende Affäre mit einer Frau, die allgemein für hässlich befunden worden war.

»Warum wird immer behauptet, die Frauen im Osten

wären emanzipierter als die aus dem Westen?« Elsa richtete sich auf.

»Also wenn ich mir meine Familie so ansehe – da haben die Frauen das Sagen«, stellte ich fest. »Oder da vorn, Tiles, sie macht ihm doch gerade die Hölle heiß.«

Heidrun versuchte Winfried von einem neuen Wagen zu überzeugen.

»Aber unserer fährt doch noch, nicht wahr?«, wehrte er sich mit dünner Stimme.

»Ich möchte ein Cabriolet!«

»Meine Liebe, in meinem Beruf verdiene ich dir keine goldene Nase, nicht wahr?«

Frau Tile starrte ihn an und schwieg. Plötzlich schluchzte sie auf.

»Heidrun«, flehte ihr Mann, »so war das doch nicht gemeint. Ich meinte – wie sagt man? – ich verdiene *mir* keine goldene Nase. So wollte ich es sagen. Ich verdiene einfach nicht so viel Fersengeld wie Krösus, nicht wahr?«

Doch Frau Tile war jetzt untröstlich. Sie weinte und versuchte vergeblich, mit ihrem Paillettenärmel die Tränen abzuwischen. Ich führte sie schließlich in den Salon, wo sie sich in Ruhe ausweinen konnte. Ihr Mann schaute sie betroffen an und brachte ihr schließlich ein Wasserglas, das sie sich wie ein Riechfläschchen unter die Nase hielt.

Jemand trat in die Küche. Ob es wahr sei, hörte ich Marlenes eindringliche Stimme. Dann auch nebenan Tränen. Die Sterne mussten heute besonders ungünstig für ein rauschendes Fest stehen. Hier driftete alles in eine Untergangsstimmung, die auch mich befiel, und als ich mich im Salon umblickte, schien es mir gewiss, dass es bald vorbei sein würde mit seinem Glanz. Da hinten hatte der Tannenbaum gestanden, als die Kinder klein waren, der Ofen mit seinen gesprungenen Kacheln hatte Pavel in seinen letzten Jahren gewärmt, Marlene hatte allem Seele eingehaucht, während ich mich irren Hoffnungen hingegeben hatte und Konrad fast zu Tode gekommen war. Er war genauso angeknackst wie alles hier. Wir hatten doch alle das Maß verloren, gerade, als plötzlich alles möglich zu werden schien. Aber was war das für ein Kinderglaube, dass uns alle Türen offenstehen würden! Unerbittlich krochen die Grenzen unserer Möglichkeiten auf uns zu: kein Cabriolet für Heidrun Tile; keine musikalische Laufbahn für Laure; kein Gehör für Ritas Weltbild; kein Gutshaus für Marlene; keine Gerechtigkeit für mich in dieser Familie. Wir mussten den Griff lockern und sagen ... Ich weiß nicht, was zu sagen war, aber Frau Tile sprach tapfer zu ihrem Mann: »Na gut.«

Ich ließ die beiden allein und klopfte an die angelehnte Küchentür.

»Du bist es«, sagte Marlene, die Laure im Arm hielt.

»Was hast du?«, fragte ich.

»Ich bin schwanger«, sagte Laure heiser und wischte sich die Tränen ab. »Es ist nur der Schreck, dass es sich herumgesprochen hat.«

»Wir bekommen das schon hin«, sagte Marlene mit wirklicher Zuversicht.

Die Tür zum Café wurde aufgerissen, und ein Schneewittchen erkundigte sich, ob wir die Zwerge gesehen hätten. Dann knallte die Tür wieder zu. Gleich darauf ging die Tür wieder auf, diesmal war es Rita.

»Hier seid ihr!«, rief sie empört. »Niemand ist mehr an der Bar!«

»Laure bekommt ein Kind«, sagte Marlene.

»Das ist doch kein Beinbruch!«, schimpfte Rita und verstand erst einen Moment später, was sie da gehört hatte. »Du meinst, ich werde Urgroßmutter?«

»So kann man das auch sagen.« Laure lief verstört hinaus und Marlene kehrte zurück ins Café, es half ja nichts.

»Jetzt sind alle verrückt geworden.« Rita strich sich unschlüssig mit ihren großen Händen über die Schürze und folgte Marlene dorthin, wo es etwas für sie zu tun gab.

Die ganze Situation erinnerte mich daran, wie Pavel im Garten gestorben war. Auch jetzt zeigten wir uns außerstande, das Vorgefallene zu erfassen. Selbst Marlenes Festigkeit war falsch: Sie beraubte Laure der Möglichkeit, sich selbst für oder gegen das Kind zu entscheiden. Marlene gab bereits die Richtung vor, unangreifbar wie immer. Und meine Rolle? Ich war perplex und völlig ahnungslos, was nun zu tun sei.

Auf dem Kühlschrank lagen Marlenes Zigaretten. Ich zündete mir eine an, schloss die Augen, horchte auf die Musik im Café und das Rascheln im Salon, wo sich Tiles versöhnten.

Wenn ich schon keine Antwort wusste, so konnte ich doch zumindest fragen. Mit jedem Zug fiel mir eine neue Frage ein: Wie konnte ich Laure helfen? Welcher Faden band mich an Marlene? Warum waren meine Gefühle für Elsa so wechselwarm? Wer war Konrad für mich? Was bedeutete mir Plenskow? Und: Was wollte ich eigentlich? Mein Kopf schien voller Fragen zu sein, allesamt Tore, hinter denen sich die Erkenntnisse türmten, zu denen ich bisher nicht gelangt war. Vielleicht ließe sich mit ihrer Hilfe doch ein Leben zusammenfügen, das ich lieben konnte und das nicht bedeutungslos verstrich: das *mein* Leben wäre. Ich drückte die Zigarette in einem Schraubdeckel aus und ging Elsa suchen.

In der Menge war sie nicht zu sehen, so versuchte ich es oben, klopfte an Laures Tür und wurde hereingebeten. Laure und Elsa saßen wie alte Freundinnen auf dem Bett.

»Ach hier bist du«, sagte ich zu Elsa. »Ich habe nach dir gesucht.« Und zu Laure: »Wenn ich dir irgendwie helfen kann …?« Doch offenbar konnte ich das nicht. Eigentlich hätte ich Laure gern gesagt, dass sie sich auch gegen das Kind entscheiden konnte, aber irgendwie fühlte ich mich nicht berechtigt als der kinderlose Mann, der ich war.

»Ja, danke«, sagte Laure.

»Was ist mit dem Vater des Kindes?«, wagte ich mich vor.

»Der wohnt in Manhattan«, klärte mich Elsa auf. »Sie sind kein Paar.«

»Ach so«, nickte ich und wusste nicht, wohin mit mir. Sie warteten darauf, dass ich sie allein ließ.

»Ich geh dann mal«, sagte ich, und sie hielten mich nicht zurück. Um zu entscheiden, wohin mit mir, brauchte ich einen Moment: nach unten, um sehr viel zu trinken? Oder in unser Gästezimmer, Tiles früherem Quartier, wo April schon zu lange allein war? Hinter der Tür wurde Elsas Stimme lauter, und ich hörte das Wort Schwangerschaftsabbruch heraus. Wie gut, dachte ich, dass wenigstens Elsa einen klaren Kopf behielt. Ich entschied mich für das kalte Zimmer und kraulte April hinter den Ohren, während mir ein halbblinder Spiegel das Bild eines Fremden zuwarf. Ich nahm den falschen Bart ab, faltete das Kostüm über die Stuhllehne und legte mich mit einem Fachmagazin ins Bett.

Die Nacht war unruhig: Musik und Stimmen klangen herauf, Autotüren knallten, später trommelte eiskalter Regen auf Dach und Scheiben, und Elsa schaltete das Licht ein, als sie ins Bett kam. In den Morgenstunden rief Jakob nach April, die ihn bellend begrüßte. Auch Elsa schlief schlecht, warf sich hin und her und sagte am Morgen: »Lass uns aufstehen!«

»Du bist ein Morgenmuffel«, erinnerte ich sie, denn meine Träume wollten gerade in einen neuen Dämmerzustand hinunterkreisen.

»Heute nicht. Lass uns Frühstück machen.« Und damit warf sie die Decke zurück.

Auf der Treppe begann sie zu zählen, wie viele wir zum Frühstück sein würden. Eine weniger entschlossene Elsa schaute sich im Vestibül um und verstummte: Flaschen und Gläser standen auf dem Boden, die bunten Girlanden, die das Treppengeländer geschmückt hatten, lagen in den Pfützen, färbten sie rot und grün, daneben Essensreste auf Papptellern. Im Café war es noch schlimmer: Es roch nach schalem Bier, Kerzenwachs war in den Poren der Tische und Dielen ausgehärtet, auf dem Buffet zwei Mäuse. Hundert verwelkte Tulpen. Ich hielt mich an die Kaffeemaschine, denn wenn wir erst einmal einen Kaffee getrunken hätten, so mein Kalkül, würde uns das, was das Morgenlicht offenbarte, bestimmt nicht mehr so viel ausmachen.

Bald stießen Laure und Marlene zu uns, die ebenfalls aussahen, als ob sie kaum geschlafen hätten. Die nächste war Rita im Bademantel, sie wirkte steinalt. Als Selma und Marie die Treppe herunterkamen, sagte Selma: »Jetzt wissen es also alle.« Aber Sybille, die ihnen folgte, wusste es noch nicht.

»Dann wirst du mit sechzehn Mutter sein?«, rechnete sie aus.

»Wie alt warst du, als du Marie bekommen hast?«, fragte Laure.

»Neunzehn.« Nach Reue klang das nicht.

Wir verteilten uns auf die Stühle, von denen wir Krümel und Schnipsel gewischt hatten, und schwiegen erschöpft. Marlene schaute sich um: »Das war umsonst.« Das Fest hatte seinen Zweck verfehlt. Es hatte Laure erfreuen, Geld in die Kasse spülen, die Plenskower umgarnen und sie mit dem Gutshaus versöhnen sollen. Zwar waren die Einnahmen noch nicht gezählt, aber was konnten sie noch nützen, jetzt, wo sich alles gegen sie verschwor. Die Stimmung im Dorf, erzählte uns Marlene, sei inzwischen offen feindselig, und Sybille rief immer wieder dazwischen: »Das ist ja wie bei uns!« oder »So ging es uns auch! Bis der Hund erschossen wurde!«

Wo war eigentlich Elmar?, fragte ich mich bang.

Sybille sprach von ihrem neuen Leben auf dem Hof, von Jost, der dort endlich so arbeiten konnte, wie er es sich wünschte, von Marie, die nun viele Freundinnen hatte – wenn auch nicht so gute wie hier, fügte sie an Selma gewandt hinzu. Wieder legte sie Marlene einen Neuanfang nahe, doch Rita machte diesem Gedankenspiel ein Ende: »Ich bin es nachgerade überdrüssig, verpflanzt zu werden!« Wir rührten in unseren Tassen.

»Ihr seht aus wie zehn Tage Regenwetter«, rief Rita Konrad und Jakob entgegen, die von draußen hereinkamen. April lief freudig auf mich zu und schüttelte ihr nasses Fell.

Marie fragte: »Wo ist eigentlich Elmar?«

»Er streunt«, sagte Selma.

»Wir haben nie herausgefunden, wer unseren Hund erschossen hat«, stellte Sybille die Verbindung her, gegen die sich alles in mir sträubte.

»Doch, es waren Klonski und LPG-Schulze!«, behauptete Marie. »Sie rennen immer noch mit ihren Flinten herum.«

»Die jagen keine Haustiere«, sagte Konrad. »Da fehlt das Motiv.«

Ich hob den Blick, weg von den müden Gesichtern, zum Wandbild. Was hätten sie gemacht, die beiden da oben? Sie wirkten nicht, als wären sie je angefeindet worden. Wie von fern hörte ich Konrads Stimme: »Sie wollen hier keinen Landarzt, sie wollen kein Café und sie wollen kein Gutshaus. Aber wir haben eine Wahl! Wir müssen nicht für immer bleiben.« So also sprach der veränderte Konrad.

»Konrad!«, rief Rita. »Man kann doch ein Haus nicht mitnehmen! Das liegt doch auf der Hand.« Und sie zeigte ihre große Hand vor, als könnten wir die Beweise wirklich darauf sehen.

Wir warteten, was Marlene jetzt sagen würde. »Ich liebe dieses Haus ozeanisch«, hatte sie so oft gerufen, – doch nun verpasste sie ihren Einsatz. Dunkle Schatten rahmten ihre Augen, in den Haaren Silberfäden. Wie eine alte Kämpferin sah sie aus, die sich einem übermächtigen Feind in den Weg gestellt und verloren hatte. Sie hob den Arm und ließ ihn wieder sinken.

»Ich bin erschöpft«, sagte sie und fügte wie zur Erklärung hinzu: »Ich kann nichts mehr aufbringen.« Ich starrte sie an.

»Das kannst du nicht machen!«, rief Jakob, der Marlenes Worte sofort als das verstand, was sie waren: als Kapitulation. Und als wir schwiegen, rief er: »Das könnt ihr nicht machen!«, und rannte hinaus. Selma lief ihm nach, und als sich Marie und Laure anschlossen, folgte auch ich ihnen nach oben.

»Was ist los?«, fragte Selma ihren Bruder, der das Gesicht im Kopfkissen vergrub.

»Das ist mein Zuhause!«, rief er in sein Kissen.

»Aber du bist doch meist im Internat«, versuchte Selma es mit Vernunft.

»Ja eben. Ich will nach Hause fahren können!«

»Was würde dich denn trösten?«, fragte nun Laure und strich Jakob versuchsweise über die Haare. Doch der schluchzte nur.

»Niketsch könnte die Geschichte von diesem Matrosen endlich mal zu Ende erzählen«, schlug Selma vor, als ob Ablenkung helfen würde.

»Das ist doch eine Kindergeschichte«, wandte ich ein, »für die ihr längst zu groß seid.« Doch mein Publikum machte es sich schon bequem. Ich musste Zeit gewinnen, hatte ich doch keine Ahnung, was diesem Matrosen in all den Jahren widerfahren war.

»Wie hieß er noch? Achim? Ede? Jürgen?«, begann ich stockend.

»Ernesto«, berichtigte mich Selma trocken.

»Ah ja, der Seemann Ernesto, der nach Singapur reist.« – Bitte, Ideen, kommt. – »Nun, Singapur erreicht er nicht, denn nach jahrelanger Irrfahrt läuft er in den Hafen von Santo Domingo ein, wo er sich in das karibische Flair verliebt, aber noch mehr in die Tochter des Hafenmeisters, die zwar nicht reich, aber umso vergnügter ist und ihm elf Kinder schenkt, von denen jedes einen eigenen Kopf hat. Sie leben in einer Hütte mit Blick über die Bucht und brauchen nicht viel zu ihrem Glück. Ernesto wird einhundertvier Enkel haben, aber das geschieht erst, als seine Geschichte schon zu Ende ist.«

»Ist das alles?«, fragte Selma.

»Ja, das war's. Im Vergleich zu vielen anderen Menschen hat Ernesto doch allerhand erlebt.«

»Aber er kommt nie an!«, rief Marie.

»Doch, in der Karibik. Das ist wirklich nicht so schlecht«, verteidigte ich mich.

»Und warum nicht in Singapur?«

»Na, weil es ihm nicht mehr wichtig ist«, sagte Jakob ungeduldig und setzte sich auf. »Er ändert eben sein Ziel.«

Meine törichte Geschichte hatte sie in ziemliche Nachdenklichkeit versetzt; aber alles war besser als dieser Kummer, dieser Strudel aus Leid, der alles Glück zu verschlingen drohte.

Später, als der Regen nachließ, tauchte der Kater aus dem Apfelbaum auf. Marlene zog ihre Gummistiefel an und ging zu Tiles hinüber, vor deren Haus der bronzefarbene Mercedes des Pflegemittelpaares parkte. Es wird ein schwerer Gang gewesen sein, wie zu einem Marktplatz, auf dem sie ihr Lebenswerk anbieten musste.

Zwölftes Kapitel

Seit dem Maskenball fuhren wir so oft wie möglich nach Plenskow, meist mit Jakob auf dem Rücksitz, den Elsa bei der Abfahrt immer mit den Worten aufheiterte: »Letztes Mal war der Tiefpunkt, dieses Mal geht es bergauf, du wirst sehen.« Doch Jakob glaubte nicht daran. Das Gutshaus sollte verkauft werden, da konnte es nie wieder gut werden, so sah er das, auch wenn ihn niemand außer April verstand.

Auch für Rita wurde es nicht besser. Untröstlich lief sie durch ihre Räume, die sie durchaus nicht gegen irgendeine Behausung an der Nordsee eintauschen wollte. »Und Pavels Grab?«, klagte sie mich an, als trüge ich die Verantwortung. Ein besonders unsensibler Mensch (Marlene) habe auch noch den Vorschlag gemacht, Alice Niemann die Grabpflege zu überlassen. Ausgerechnet! Hatte es nicht Mühe genug gekostet, sie davon abzubringen? Eine andere Lösung war aber nicht in Sicht, außer vielleicht ...

sie würde einfach hierbleiben! Doch was sollte sie allein in Plenskow? Warum war Pavel nur so früh gestorben! Und wo war überhaupt die undankbare Agnes, die ihrer Mutter keine Gesellschaft leistete? Ratlos hörte ich diese Klagen an und gab Rita für diesmal recht: Sie hatte es wirklich nicht leicht.

Laure aber sorgte für Erstaunen. Als der Winter zu Ende ging, verkündete sie, ihr Kind bekommen zu wollen und sich richtig darauf zu freuen. Marlene freute sich mit ihr, und Konrad stimmte ein: Es gebe ohnehin keinen richtigen Zeitpunkt zum Elternwerden, also warum nicht jetzt. Während Elsa versuchte, ihr Entsetzen zu verbergen, forschte ich bei Laure nach den verräterischen Anzeichen eines Selbstbetrugs. Ich verfolgte aufmerksam, wie sie sich in den nächsten Wochen tapfer mit allem herumschlug, was die Lebensgeister schwächt: mit morgendlicher Übelkeit, mit der vergeblichen Suche nach dem Vater des Kindes und, noch quälender für sie, mit den Schulaufgaben, auf die sie sich nicht mehr konzentrieren konnte. Doch Selbstbetrug war das nicht. Manchmal ließ sie sich auf das Sofa plumpsen und wünschte Selma herbei, die ihr mit dem Schulzeug hätte helfen können, doch ausgerechnet jetzt ein Praktikum in Berlin machte. Waren Elsa und ich in Plenskow, gaben wir ihr Nachhilfe, doch Laure war nicht mehr bei der Sache, kam schnell auf andere Dinge zu sprechen, auf das Kind, den bevorstehenden Umzug oder Pavels Tod. Doch jetzt sei niemand gestorben, halb so schlimm also! Und als sie mich zweifeln sah, fügte sie hinzu: »Warum ist es eigentlich so wichtig, dass ich meine Lage schlimm finde? Ich möchte nicht den ganzen Spaß verpassen!« Nach und nach begriff ich, was Laure da tat. Mir schien, sie deutete alles zu ihren Gunsten um – ein Kind zu erwarten war schließlich etwas Wunderbares und unter den gegebenen Bedingungen sogar abenteuerlich. In der Schule zumindest nahm man ihr diese Deutung ab: Laure wurde bewundert. Begeistert berichtete ich Elsa von meiner Erkenntnis, pries Laures Weisheit und die mythische Qualität ihres Wesens, die immer wieder aufgeschienen war, doch Elsa unterbrach mich: »Sie ist nicht weise, Nick. Sie ist naiv. Laure wird es schwer haben.« Elsa machte sich Sorgen.

Auch Konrad behielt Laure im Blick, achtete darauf, dass sie keine Untersuchung ausließ und sich schonte. Sich selbst schonte er allerdings nicht: Er hielt die Praxis am Laufen, deren Schließung er vorbereitete, nahm die Hürden, die mit der Praxisübernahme im fernen Badeort verbunden waren, reiste, arbeitete sich durch verhasstes bürokratisches Dickicht, überwand seinen Unwillen, überwand sich, um all das zu vollbringen. Die Mühsal stand ihm ins Gesicht geschrieben. Er wirkte alt. Mit mir wechselte er kaum ein Wort, strahlte nur seine neue Entschlossenheit aus und war mir ein Rätsel geworden.

Im Frühjahr fuhren sie zusammen für einige Tage an die Nordsee. Marlene hatte mich gebeten, das Haus in dieser Zeit zwei Kaufinteressenten zu zeigen, die, so hoffte sie, das Pflegemittelpaar überbieten würden. Zwar war ich glücklich, dass sie mich wieder einbezog, aber für große Zuversicht bestand kein Anlass: Ich würde das Haus in diesen Tagen nicht vermitteln. Längst zeichnete sich ab, dass der Wert des Anwesens auf dem Markt nicht gerade beträchtlich war. Wozu konnte ein Gutshaus in diesem abgelegenen Landesteil denn noch dienen? Für ein Museum stand es zu weit im Abseits, für ein Hotel zu fern vom Meer, etliche Kilometer landeinwärts, trotzdem den Stürmen ausgesetzt und nur von kurzen Sommern gesegnet. Dies war ein Haus für eine andere Zeit, eine vergangene Lebensform, als das Land noch bewohnt und die Städte noch klein waren.

Als ich ankam, waren die anderen schon unterwegs. Ich fütterte den Kater und bewirtete einige Radfahrer mit Kaffee, die nicht über die Enttäuschung hinwegkommen konnten, dass der *Granatapfel* für ein paar Tage geschlossen blieb. Dann endlich war ich allein im Haus, nur in Gesellschaft der Tiere, legte mich auf das Sofa und schaute durch die großen Fenster in den Garten. Der Abend dämmerte schon, und bald würde es draußen dunkel sein, so dunkel, wie es nur die Nächte fern der großen Städte sind. Früher, als hier die Gutsleute lebten, muss dies die Stunde gewesen sein, in der Licht gemacht wurde. Das Personal wird in weißen Schürzen die Wachsleuchter angezündet und auf die Glut in den Kaminen frische Scheite gelegt haben. Ich stelle mir die damaligen Winter schwärzer und die Zimmer kälter vor, dabei werden es die Herren dieser Gegend doch warm und gut gehabt haben – ihnen gehörten ja die Felder ringsum und der Wald, der sich in der Ferne abzeichnete. –

April weckte mich in der Dunkelheit. Draußen ein Knacken und der Kegel einer Taschenlampe. Plötzlich hellwach, richtete ich mich auf und schlich im Schatten der Wände zum Fenster. Zwei Männer waren im Garten, die leise miteinander sprachen. Jetzt nahmen sie die Stufen zum Wintergarten – ich musste sie vertreiben, schoss es mir durch den Kopf, sonst würden sie als Nächstes neben mir stehen. Ich riss das Fenster auf und rief in die Nacht: »Keine Bewegung!« Die Lampe erlosch. Kein Ton mehr im Garten und wieder rief ich: »Hände hoch, ich bin bewaffnet!« April bellte zu meiner Unterstützung, fand dieses Wildwest-Spiel wohl aufregend, für das ich mich zutiefst schämte, als mir aufging, wie grotesk ich mich verhielt. Doch meine Worte verfehlten ihre Wirkung nicht, die beiden rannten jetzt durch den Garten davon, einer schlug hin, stand taumelnd auf und folgte seinem Komplizen bis zur Pferdewiese, wo ich sie aus den Augen verlor. So wie sich der Zweite bewegt hatte, meinte ich, den Sohn von Hirschen-Schulze erkannt zu haben. Aber wer war der andere? Was wollten sie hier überhaupt? Lauschend stand ich am Fenster, hörte zuerst nur mein Herz pochen, dann einen Eulenruf, sonst war es wieder still. Zum Glück, dachte ich, hat Marlene meinen seltsamen Auftritt nicht gesehen, zum Glück auch Konrad nicht, der gutmütig darüber gelacht haben würde – doch gelacht hätte er. Als ich mir sicher war, die beiden Eindringlinge wirklich vertrieben zu haben, ging ich hinüber ins Café und machte mir einen starken Espresso. Elmar und April hielten sich wie Schutzgeister an meiner Seite, als ich mich auf Pavels alten Lieblingsplatz setzte. Das Wandbild brachte mich auf seltsame Gedanken. Ich überlegte, ob ich nicht selbst das Gutshaus kaufen sollte, um mit Elsa einzuziehen und die Praxis fortzuführen. Doch so sehr ich mich auch bemühte, ich konnte kein Bild von Elsa heraufbeschwören, wie sie hier die Post öffnete oder die Zähne putzte. Elsa würde nie hier wohnen. Wenn ich hier einzog, dann mit Marlene – als derjenige, der ihr das Paradies offen hielt. Elmar streckte die Glieder und fauchte. April stellte die Ohren auf. Ich sollte längst darüber hinweg sein. Von einer unerreichbaren Frau träumen wie ein Jüngling! Das war so beschämend wie mein Wildwest-Auftritt, es musste ein Ende haben.

In der Frühe, als der Raureif noch lag, mit dem die Eisheiligen Bäume und Felder überzogen, lief ich mit April durch den Wald und um den See, und weil ich nicht Abschied nehmen wollte von diesem Flecken Erde, liefen wir lange und kamen erst zurück, als der Vormittag schon verstrichen war.

Auf dem Vorplatz parkte ein Land Rover. Der erinnerte mich an den Termin mit einem von Elsa vermittelten Hamburger Paar, das hier eine Immobilie suchte, und eilte in den Garten. Zum Glück waren sie noch da und hatten sich bereits selbst Einblick verschafft. Dabei hatte sie mit ihren Absätzen die Gartenerde perforiert, als wollte sie hier Zwiebeln stecken.

»Entschuldigen Sie«, rief ich ihnen zu, »dass ich Sie habe warten lassen, es gab einen Notfall.«

»Was für ein Notfall könnte das wohl sein?«, sagte die Frau schnippisch, aber der Mann schüttelte mir die Hand und lobte die Anlage.

»Das sieht ja alles ganz gut in Schuss aus«, befand er.

»Allerdings«, bemühte ich mich um sie, »die Eigentümer haben das Anwesen bestens gepflegt. Das Hauptgebäude ist erst Anfang der 1990er Jahre grundlegend restauriert worden – innen wird das noch deutlicher.«

Stolz zeigte ich ihnen Wintergarten, Vorplatz, Freitreppe; verweilte erläuternd im Vestibül, um ihnen Zeit zu geben, sich in die herrliche Treppe zu verlieben, und führte sie zum Finale ins Café (»Siggi, das ist doch mal ein Frühstücksraum!«). Verständnislos streiften ihre Blicke das Wandbild, das ich ihnen mit meinen Hintergrundkenntnissen nahezubringen suchte.

»Niemand weiß, was die Figur in der Hand hält«, schloss ich meine Erklärungen ab.

»Das könnte etwas Rundes sein«, riet Siggi.

»Ja, etwas Rundes und Rotes, das ist offensichtlich.« Aus der Stimme der hochhackigen Frau sprach Ungeduld. Siggi erklärte mir, dass sie ein Hotel eröffnen wollten, sie seien offen für den Osten, würden hier investieren. Ihr Sohn sollte das Haus managen, während sie in ihrem Stammhaus bleiben würden – selbst so weit in den Osten ziehen, das war ihnen nun doch nichts.

»Warum gerade in dieser Gegend?«, fragte ich und erwartete ein Bekenntnis zur Landschaft oder einen mecklenburgischen Vorfahr. Aber nein, sie waren gekommen, weil man hier die Gutshäuser nachgeworfen bekam; ihr Bekannter habe eine Mark für das seine ausgegeben, erst vor ein paar Jahren.

»Dieses Haus hat allerdings seinen Preis«, erwiderte ich. »Ein instand gesetztes Anwesen mit so weitläufigem Grundstück …«

»Aber die Lage!«, fiel mir Siggis Frau ins Wort. »Sie werden das Haus doch niemals los bei Ihren Preisvorstellungen!«

»Ich habe den Preis noch gar nicht …«

»Siggi, ich habe es dir gleich gesagt: Das ist völlig sinnlos. Der Herr hat absurde Vorstellungen.« Sie hakte sich bei ihrem Mann unter und zog ihn so unwirsch über das Parkett, dass ich es hinterher auf Schäden prüfte.

»Wie Sie wollen.« Das gelang mir sehr höflich. »Ich begleite Sie hinaus.«

Siggi begleitete seine Frau nur widerstrebend zum Wagen. Dabei sah er sich um, mit einer Sehnsucht im Blick, die ihn mir fast sympathisch machte. Aber, dachte ich, er verdient dieses Haus nicht. Er hatte seine Hotelkette und seine unerfreuliche Gattin, ganz so, wie er es sich ausgesucht hatte. Man kann eben nicht alles haben. Ohne Bedauern ließ ich sie ziehen.

Am Nachmittag hielt ein schwarzer Porsche direkt vor der Freitreppe. Die Kaufinteressenten stellten sich als Menschen mit viel Geld vor, das angelegt werden müsse, was ja nicht gegen sie sprach. Ihre Vorfahren hatten bis 1945 in der Gegend gelebt, nun erwarb die Familie den alten Besitz zurück. Zwar war Plenskow nie Teil davon gewesen, grenzte aber an ihre alten Ländereien. Ich schöpfte Hoffnung. Um ihnen das Gebäude schmackhaft zu machen, bezeichnete ich es nun als Herrenhaus, hob die erstklassigen Baustoffe hervor, ebenso wie die luxuriöse Eichentreppe und den unschätzbaren Wert des Freskos.

»Oh, der Verkauf eines Pferdes«, rief der Mann freudig aus, »unsere Töchter reiten auch.« Da pries ich ihnen die Wiese hinter dem Haus an, die von alters her eine Pferdeweide gewesen sei und von den Eigentümern sicher veräußert werden würde. Es war unaufrichtig, so über Plenskow zu sprechen, doch nun wollte ich den Verkauf unbedingt zuwege bringen, und diese adligen Nachfahren würden gewiss gute Hausherren sein. Immerhin verband sie etwas mit der Gegend. Als wir uns in bestem Einvernehmen trennten – »ein, zwei Nächte« wollten sie darüber schlafen –, glaubte ich, sie überzeugt zu haben. Sie ließen nie wieder von sich hören.

»Bleibt nur das Pflegemittelpaar«, sagte Marlene, als wir nach ihrer Rückkehr im Café saßen. »Immerhin mögen sie das Haus, und vielleicht gehen sie mit ihrem Angebot noch etwas rauf. Wir sollten wenigstens die Kredite zurückzahlen können.« – So sah es also aus. Ein Jahrzehnt Arbeit, das Eigenheim von Rita und Pavel, meine Zuschüsse: alles weg. Doch Marlene verfolgte einen anderen Faden.

»Als ich sie neulich bei Tiles traf, hat er mir erzählt, dass sein Großvater als Kind oft hier war. Er hatte sogar ein Foto dabei, auf dem der Großvater etwa sechs Jahre alt ist; Hugo und Sylvia sahen darauf aus, als hätten sie ihn adoptiert.«

»Das Bild kenne ich.« Jetzt wurde ich munter. »Hat der Junge einen Matrosenanzug an? Und Sylvia ein Reformkleid?«

»Genau, das ist es. Es wäre wunderbar«, redete Marlene sich selbst zu, »wenn Menschen hier einziehen, die so eng mit dem Haus verbunden sind. Dann ist der Verlust besser zu ertragen.«

»Welcher Verlust?«, fragte Rita, die das im Vorbeigehen gehört hatte. Marlene fasste sich ein Herz und erklärte Rita, was aus ihrem Vermögen geworden war.

»Geld ist mir immer egal gewesen«, sagte Rita gekränkt. »Und Nikita ist es auch egal«, fügte sie hinzu, wobei sie Elsa ansah.

»Wir kommen zurecht«, beteuerte ich und brauchte dann tatsächlich nur einen Nachmittag, um das Segelboot, dessen Gegenwert ich versenkt hatte, abzuschreiben. Das Loslassen der alten Träume von Plenskow, von Marlene, von eigenen Kindern, auch die Trauer um Pavel – das alles brauchte viel länger als das Wegwerfen einer alten Rechnung, deren Betrag ich nicht einmal genau kannte. Am Ende wog die Einbuße für Konrad und Marlene am schwersten. Sie mussten ganz von vorn beginnen.

Im Juni trat endlich ein, was Elsa so lange vorhergesagt hatte: Es ging bergauf. Laure schaffte ihren Realschulabschluss und warf sich befreit in den Sommer. Dabei strahlte sie eine unbegreifliche, ansteckende Lebensfreude aus, als wäre alles auf das Beste gefügt. Ging sie einige Schritte, genoss sie das Gehen. Holte sie die Post aus dem Briefkasten, genoss sie das Postholen. Sie genoss das Baden im See, die nassen Haare danach, die Sonne, das Radfahren. Oft hörten wir sie singen, und Jakob himmelte sie an wie früher. Die beiden taten, als gehörte Plenskow auf immer ihnen, verleugneten die Zukunft und nahmen hin, dass Rita den Kopf schüttelte: »Ihr seid eine *Folie adieu*!« Doch auch bei ihr wuchs die Freude auf das Kind, und sie begann, dem Nachfahr allerhand zu stricken, wobei sie nur das Rheuma störte, das sie angeblich nicht hatte.

Dass die Schulzes und Klonskis, die Walters und Badstübers für die bevorstehende Geburt nur Häme übrighatten, verstand sich mittlerweile von selbst, doch im Gutshaus nahm man es gelassen, schon nicht mehr bemüht um die Menschen, mit denen man bald nichts mehr zu tun haben würde. Frau Niemann brachte weiter ihre Gaben aus dem Garten, kam ins Café, wo sie oft mit Frau Tile plauderte, die ihrer drückenden Sorge reichlich Raum gab, sie würde sich in Plenskow künftig sehr langweilen. »Ich kann doch nicht Rüben anbauen!«, schüttete sie Frau Niemann ihr Herz aus, die sie fragend und hell ansah. Auch Herr Tile hatte Kummer: Trotz seiner langen Bekanntschaft mit dem Pflegemittelpaar fürchtete er, von seinem

Wandbild getrennt zu werden, denn deren Konzept für das Haus sah ihn nicht vor. Es sah im Übrigen niemanden aus Plenskow vor, nicht einmal als Küchenhilfe; das Anwesen samt Pferdewiese sollte zu einer umzäunten Festung für betuchte Menschen werden. Zutritt verboten. »Außer zum Tag des offenen Denkmals, nicht wahr?«, fügte Winfried hoffnungsvoll hinzu. Aber je weiter der Sommer voranschritt, desto dringlicher wurde es ihm, Fotos vom Wandbild anzufertigen, die er ja ohnehin für sein Buch benötigte. Und wer konnte schon wissen, ob ihm die neuen Eigner später noch Zugang dazu gewährten.

Marlene befeuerte das Vorhaben, tröstete sie doch der Gedanke, wenigstens eine Reproduktion des Bildes mitnehmen zu können. Sie versprach Winfried Tile, einen ganzen Stapel seines Buches in Kommission nehmen und in ihrem neuen Café an der Nordsee zu verkaufen. Es war schön, sie so reden zu hören, dass sie sich wieder eine Zukunft vorstellte und den Neustart in helleren Farben sah. Von der Nordsee erzählte sie wie von einer Entdeckung: vom Wattenmeer, von der Geschäftigkeit in den Straßen, den Urlaubern überall. Dort ließ es sich leben, und erst im Vergleich verstand sie wirklich, wie schwer es ihr geworden war, gegen die gedrückte Stimmung in Plenskow anzukommen. Es würde dauern, bis sich diese Gegend erholt hätte, und so lange konnte nicht durchhalten, wer nur mit gutem Willen und Ideen ausgestattet war. Bis dahin mussten Menschen mit größeren Reserven einspringen. Doch ich kannte Marlene zu gut: In Wahrheit wollte sie ihr

Gutshaus für immer behalten. Zwar gab sie das nicht zu, aber sie schnaufte empört durch die Nase, wenn sie geistesabwesend ihre Gäste bewirtete. Deren Bitten um rauschende Feste schlug sie aus. Wenigstens eine kleine Feier zum Sonnenwendtag? – Für Marlene ausgeschlossen.

Trotzdem feierten wir im August ein letztes Fest im Gutshaus. Elsa ließ es sich nicht nehmen, zu unserer Hochzeit ganz im englischen Stil zu erscheinen, mit weißem Spitzenkleid und Fascinator (Rita verstand Faschingsleiter), und überredete mich zu Cutaway und Zylinder, alles zu warm für den Sommer, sodass mich die Fotos mit hochgekrempelten Ärmeln zeigen. Rita war leicht verstimmt, weil ich gegen ihre Prognose doch noch unter die Haube gekommen war – nein, unter die Faschingsleiter, berichtigte sie sich, so etepetete –, aber für Kinder sei es jetzt zu spät. Agnes, ihr Unglück, habe ja auch keine Kinder. Agnes hob die Brauen und küsste ihren Mr Maynard, Tony Maynard, der eine sehr schöne Frau war. Dazu sagte Rita: »Dazu sage ich nichts.« Elsa war an diesem Tag zu glücklich, um sich von solchem Unmut niederdrücken zu lassen. Auf den Fotos sieht man sie leuchten.

Herr Tile machte den ganzen Tag Fotos; Fotos von Haus und Wandbild, von Elmar und April, von seiner Frau und meiner Frau und von der ganzen Hochzeitsgesellschaft. Für das Gruppenbild drängten wir uns auf der Freitreppe zusammen, davor sieht man die Hochzeitstorte, Marlenes Meisterwerk mit dem Dredow'schen Wappen – damit auch wir eine Dynastie begründeten – und elf Wunderkerzen, die Wunscherfüllung verhießen. Dieser freundlichen Geste zum Trotz blieb ich unsicher, wie Marlene zu meiner Hochzeit stand. Manchmal sah ich zu ihr hin, wie sie hinter dem Tresen den Kaffee zubereitete, als wäre das das Wichtigste; war es getan, fand sie neue Beschäftigung, räumte die Spülmaschine aus, brachte Oberflächen zum Glänzen, aber kaum einmal setzte sie sich zu uns. Abermals stellte ich mir die Frage: Wie wäre es geworden, wenn Marlene und ich zusammengeblieben wären? Wäre ich jetzt in Konrads Lage? Hätten wir drei herrliche Kinder und bald einen Enkel? Wären wir glücklich geworden? Unglücklich? Ich wendete meinen Blick von der anmutigen Marlene zu meiner spröden Braut – und sah, was ich an ihr hatte. Wie stolz war ich auf sie! Zusammen würden wir durchs Leben gehen, nicht dynastisch, sondern nur von unserem skurrilen Hund begleitet; nicht schillernd, sondern überarbeitet; nicht lässig, sondern so hölzern, wie wir nun einmal waren. Es war in Ordnung – wir mussten uns nicht ändern.

Am Abend, als die Hitze nachließ, saßen wir an der weißgedeckten Tafel unter den Apfelbäumen. Laure schaute hinauf zum Abendstern, den Pavel ihr gezeigt hatte; Konrad fand den Polarstern und das Sommerdreieck. Das Streichquartett spielte zu dritt (der Bratscher kurierte eine Maul- und Klauenseuche aus) traurige Stücke, aber wer wollte sich schon an einem solchen Abend beklagen? Erst als Laure *Alma del Core* sang, wurde es festlich. So wie sie da stand und sang, gab es mir einen Stich: Sie hätte Musikerin werden können, aber nun wurde sie Mutter. Ich hatte mein Versprechen an Pavel nicht gehalten.

Weil die Zweige des Nussbaums die Scheiben über dem Café streiften, erklärte Laure dieses Zimmer zu ihrem Nest. Kam die Hebamme, schloss sich die Tür dieses Raums hinter ihnen, als ob sie dort eine Überraschung planten. Einmal riefen die beiden nach Marlene, wieder schloss sich die Tür, dahinter Möbelrücken.

»Warum bringst du dein Kind nicht in einer vernünftigen Klinik zur Welt?«, fragte Konrad nicht nur einmal.

»Hier ist es schöner. Und bei Sybilles Kind ist es doch auch gut gegangen«, entgegnete Laure dann.

»Wir haben drei Mediziner im Haus«, versuchte Marlene, ihn zu beruhigen. »Da kann doch nichts schiefgehen.«

»Ich möchte auch Hebamme werden«, sagte Jakob.

»Entbindungspfleger«, verbesserte ihn Selma.

»Du wirst etwas Richtiges!«, rief Rita.

»Warten wir mal ab«, sagte Marlene, die Jakobs Berufswunsch verstand.

Konrad aber konnte sich mit der Idee einer Hausgeburt nicht anfreunden. Doch konnte er sich auch nicht in die Geburtsvorbereitungen seiner eigenen Tochter einmischen, und so setzte er auf Elsa. Begegneten sie sich in diesen Tagen auf der Treppe, hielt er sie an und erkundigte sich, bei wie vielen Geburten sie schon dabei gewesen sei (bei sehr wenigen), wann zuletzt (oh, ich weiß gar nicht mehr, kurz nach dem Studium?), ob sie bereit sei, Laure im Notfall in die Klinik zu bringen (ja klar). Und während oben alles für die Hausgeburt vorbereitet wurde, richteten Konrad, Elsa und ich den Wagen für einen Krankentransport her – heimlich, um uns nicht Laures und Marlenes Spott auszusetzen.

Elsa und ich konnten nicht länger bleiben, und erst als der Geburtstermin schon herangekommen war, nahm ich mir nochmals ein paar Tage frei. Wieder in Plenskow, geschah nichts. Das Warten wurde lang. Während Konrad immer nervöser wurde, putzte Laure im Café in aller Seelenruhe die Gläser blank, ging gemächlich ein paar Schritte durch den Garten, schlief sich aus. Der Geburtstermin verstrich.

»Wenn sich das Kind nicht bald regt, muss die Geburt in der Klinik eingeleitet werden«, sagte Konrad beim Frühstück.

»Geburtstermine sind nie so genau«, sagte Laure und gähnte.

Beim nächsten Frühstück sagte Konrad: »Wenn es heute nicht kommt, fahren wir in die Klinik.«

»Nicht, dass ich wüsste«, erwiderte Laure arglos, »aber bestimmt ist es gut, wenn du ein bisschen herumfährst. Das lenkt dich bestimmt ab.«

Er fuhr nicht herum, wollte bleiben, wo Laure war, und wurde unwirsch, wenn er zu einem Hausbesuch gerufen wurde: Aus läppischen Anlässen scheuche man ihn durch die Gegend – wozu biete er eigentlich Sprechstunden an? Grimmig fuhr er dann vom Hof. Auch ich mochte mich nicht mehr entfernen, sodass meine Runden mit April immer kleiner wurden. Ständig behielt ich das Gutshaus im Blick, das meine Nerven mit seinem wuchtigen Gleichmaß beruhigte. In diesem Haus hatten schon viele Kinder das Licht der Welt erblickt, lauter kleine von Dredows. Warum nur hatten Hugo und Sylvia keine Kinder bekommen? Hatten sie sich zu spät kennengelernt? Oder hatten sie sich bewusst dagegen entschieden? Sylvia wäre das zuzutrauen, aber da war ja noch die schlichte Notwendigkeit für einen Nachfahr, der die Linie fortsetzte. Nein, bestimmt hatten sie es sich nicht ausgesucht, so wenig wie andersherum die Dienstmädchen, die in den Kammern unter dem Dach so manches ungelegene Kind geboren haben werden, bei schwachem Kerzenlicht und unter den Blicken des Nussbaums, der seine Zweige langsam in den Himmel und seine Wurzeln tiefer in die Erde streckte. Dass hier nun wieder geboren wurde, würde Dr. Liedmann freuen.

Dr. Liedmann. Ich hätte ihn gern noch einmal gesehen, dachte ich, und setzte mich an einen der leeren Tische auf dem Vorplatz. Gern hätte ich gewusst, ob Liedmann noch immer von der Aristokratie schwärmte und ob er mit dem Alter noch kleiner geworden war. Ich hörte ihn die alten Geschichten erzählen und lächelte beim Gedanken an seine Gekränktheit über Hugos Vertreibung von seinen Gütern, die er schwerer genommen hatte als der Betroffene selbst. Einmal nach Dienstschluss hatte Liedmann mir im

Schein der Neonröhren auf- und ablaufend davon erzählt. »Auch wenn man bedenkt, dass die Stellung von Gutsleuten im ländlichen Gefüge eine herausgehobene war«, hatte er umständlich begonnen, »erstaunt die Beständigkeit, mit der die von Dredows diesen Flecken Land und dieses Haus für sich beanspruchten.« Als ich merkte, dass er weiter ausholen würde, machte ich es mir auf einem Drehstuhl bequem und ließ mich auf die Geschichte ein. Selbst die bedeutendsten Geschlechter der Gegend wechselten ihren Stammsitz alle zwei-, dreihundert Jahre, veräußerten Gebäude und landwirtschaftliche Flächen und mussten den festverwurzelten von Dredows geradezu flatterhaft erschienen sein. Liedmann machte dazu eine flatternde Bewegung mit der Hand. Der langen Folge der von Dredow'schen Generationen, über Jahrhunderte Herren dieses Landstrichs, war erst spät die Kraft ausgegangen, nicht mit dem Ende der Monarchie, sondern erst mit Sylvias Tod und Hugos Vertreibung.

Als Stalin verfügte, dass jeder Betrieb mit einer Arbeitsfläche von mehr als einhundert Hektar zu enteignen sei, wurde auch Hugo ein Schreiben dieses Inhalts zugestellt. Der Vater des alten Badstübers, der es überbrachte, konnte nicht umhin, eine Entschuldigung zu murmeln, denn obgleich er im Allgemeinen an die neue Ordnung der Gesellschaft glaubte, erschien sie ihm im Besonderen widernatürlich. Dieses Gefühl verfestigte sich, als er für die Zustellung der Nachricht kein Trinkgeld erhielt. Die Tür fiel polternd ins Schloss, und Badstüber schaute betreten in seine leere Hand. Gerade wollte er nochmals schellen, um die Welt zurück ins Lot zu bringen, doch drangen die Jubelrufe des Komitees noch rechtzeitig an sein Ohr, um ihn davor zu bewahren, den Lauf der Geschichte unnötig zu verlangsamen. Die meisten Mitglieder des Komitees kamen nicht aus Plenskow und nicht einmal vom Land, weswegen sie auch nicht ahnten, was in diesem Unglücksboten vorging. Aus dem Dorf stammten nur Schulze, der Vater der Schulze-Brüder, und sein Freund Bau, Vater der Konsum-Schulze, der schon lange mit Hugo über Kreuz gelegen hatte. Diese Gruppe hob Badstüber empor wie einen Helden und wollte ihn über die Dorfstraße tragen, doch der gelbe Hund des Gutsherrn lief bellend auf die Grölenden zu und störte die Feier. Bau erschlug ihn. Erschrocken ließen die Komiteemitglieder Badstüber sinken und gingen für diesen Tag auseinander. Sie sahen nicht, wie Hugo den Hund unter dem alten Walnussbaum begrub, nicht, wie er die Papiere, Briefe und Bilder der Familie den Flammen des Kamins übergab, und nicht, wie das Licht die ganze Nacht hindurch brannte. Erst als Hugo in der Frühe aus dem Haus trat, sich auf dem Vorplatz umschaute und ein letztes Mal in den Stall ging, um seiner Stute Lebewohl zu sagen, standen die Leute aus dem Dorf stumm am Weg. Bau rief dem Alten zu: »Schluss mit dem Junkertum! Es lebe die Gerechtigkeit!« Doch seine Stimme trug nicht weit. Den damaligen Plenskowern war kalt, und sie hegten jeder für sich einen Zweifel, ob das ein guter Start in die gerechte

Zeit war. Hugo verließ das Gut, die Zone und schließlich das Land. Er starb 1953 in einem Gasthof in Martigues.

Erstmals wechselte das Gutshaus nun Besitzer und Bestimmung. Es bot schlesischen Familien eine Unterkunft, die Plenskow nach und nach wieder verließen, gewöhnlich Richtung Westen. Nur Walters blieben und eine Köchin, die alles verloren hatte außer ihren Sohn und ihren Koffer mit ebenso wenigen Wertgegenständen wie Hugos. Für ihr Kind, den kleinen Klonski, hatte sie ehrgeizige Pläne: Er sollte nichts weniger als der neue Gutsherr von Plenskow werden, denn das Herrschaftliche ihrer neuen Bleibe machte ihr Eindruck. Die beiden hatten im Obergeschoss gewohnt, etwa dort, wo wir uns gerade unterhielten, und Liedmann frage sich, wie sich Klonski wohl an seine Kindheit erinnerte. Hatte er den Ostwind um diese Mauern pfeifen hören? Hatte er sich, sooft er konnte, in den Wald aufgemacht, um einen Platz für sich allein zu haben? Wurde er deshalb Förster? Oder nur, weil kein Gutsherr mehr gebraucht wurde? Die beiden Klonskis waren auch die letzten Bewohner des Hauses, bevor es für die Nutzung der Gemeinde umgebaut wurde. Das Gutshaus nahm den Konsum auf, die Poststelle, Wohnungen für Neubauern und erst zuletzt das Ambulatorium. »Eine Schande«, schloss Liedmann seine Erzählung ab.

Den Ausklang dieser Zeit habe ich selbst noch erlebt, habe den Bodenreiniger gerochen und die Ringe an den Fahnenmast auf dem Vorplatz klopfen hören, bis es still in den Räumen wurde. Marlene zog mit Konrad und den

Kindern ein, und das Haus verwandelte sich zurück in ein Gutshaus – nein, nicht zurück, es verwandelte sich in etwas ganz Neues. Ich schaute mich auf dem Vorplatz um. Bald wäre auch dieses Neue schon wieder Vergangenheit.

An einem verhangenen Sonntagnachmittag im späten September sah ich vom Hof her, wie in Laures Zimmer das Licht anging, sah den Wagen der Hebamme auf den Vorplatz einbiegen, hörte seine Bremsen quietschen und wusste, dass es so weit war. Wir, die wir in Laures Zimmer nichts verloren hatten, fanden uns im Salon zusammen, wo sich Jakob an Selma hielt, Rita an mich und April an Elmar. Konrad raste auf und ab, als wäre er der werdende Vater, und er erinnerte sich an die Geburten seiner Kinder. Selma sei so plötzlich entschlossen gewesen, den Mutterleib zu verlassen, dass Marlene es nicht bis in die Klinik geschafft habe. Seine erste Tochter war auf Höhe des Stadthafens entbunden worden, im Schein des Blaulichts und beim Klang der Sirene. – Als Elsa eintraf, musste sie ihm bestätigen, diesen Ort zu kennen, ja, wir wohnen da in der Nähe, als hinge etwas Wichtiges von diesem geteilten Wissen ab. – Laure dagegen habe sich Zeit gelassen, erfuhren wir nun; ihre Geburt hatte zwölf Stunden gedauert und Marlene in einen mehrtägigen Zustand zwischen Tiefschlaf und Trance versetzt. Zum Glück war wenigstens Jakob ein bequemerer Nachfahr gewesen, der sich anschickte, die Sache hinter sich zu bringen, sobald Marlene in den Kreissaal geschoben worden war. »Bei euch ist alles gut gegangen«, sagte Konrad, den die Gemütsruhe nun vollends verließ, »aber diesmal gibt es nur eine Hebamme. Hoffentlich lebt die nicht mehr im Mittelalter und wäscht sich die Hände!«

Wir ließen ihn reden. Keiner hatte etwas beizutragen. Rita holte den Fernseher aus dem Schrank, der aber seit ihrem Umzug nach Plenskow nicht mehr eingeschaltet worden war und seinen Dienst verweigerte. Vielleicht sollten wir uns gegenseitig etwas vorlesen? Oder Witze erzählen? Oder Malefiz spielen? Wir lehnten maulend ab, doch Jakob holte das Brettspiel dennoch hervor, baute es auf, und wir warfen lustlos die Würfel. Manchmal drangen Stimmen von oben zu uns, mal ging eine Tür, mal lief Wasser durch die Leitungen. War Laures Stimme zu hören, sprang Konrad auf und rannte zur Tür. Wir redeten dann durcheinander auf ihn ein, dass er sich wieder hinsetzen müsse. Ob sie nicht einmal nachsehen würde, versuchte es Konrad bei Elsa. »Bei Veranlassung gern«, war dann stets ihre Antwort. Gegen zehn klingelte das Telefon. Frau Walter bat Konrad, schnell zu kommen, ihr Mann bekomme keine Luft. Flehend sah er mich an. Ja, Elsa und ich würden Laure nicht im Stich lassen, sollte es ernst werden.

Nach Mitternacht, lange nachdem Konrad von den Walters zurück war, öffnete Marlene die Tür und bat uns nach oben. Der Lichtschein aus dem Zimmer hatte sich wie ein Läufer auf die Stufen gelegt. Ich gewahrte das riesige Bett, Laures zerzauste Locken, die Erschöpfung und das Glück in ihrem Gesicht. Das Bündel in ihren Armen, kaum größer als meine Hand, war zu zart, um herumgereicht zu werden, aber nacheinander durften wir in seine Nähe. Es war das allerschönste Kind der Welt, ich sage das in vollem Ernst und ohne Voreingenommenheit. Alle, die das Neugeborene sahen, werden das bestätigen. Dieses winzige Wesen war ein reines Wunder. Selma trat als Letzte zu Laure heran und sagte, sie wüsste einen Namen.

»Ein Pflanzenname?«, fragte Laure belustigt.

Selma flüsterte ihr etwas ins Ohr. Laure schaute ihre Tochter an und sagte überrascht: »Stimmt. Das ist Flavia.«

Am Morgen stand ein Korb mit Blumen auf der Freitreppe, aus denen Marlene eine Girlande band, die sie über das Eingangsportal hängte. Konrad gab Agnes am Telefon die gute Nachricht durch. Am Abend packte das Streichquartett auf dem Vorplatz die Instrumente aus und spielte Mozart – der nunmehr gesundete Bratscher trug einen durchgewetzten Anzug und einen sehr behaglichen Gesichtsausdruck –, und später begleiteten die vier die große Alischa Zwist bei Brahms' *Wiegenlied*, das durch die geöffneten Fenster zu Laure und Flavia drang. Es hätte das vollkommene Glück sein können, wir waren ganz nahe daran, wenn nur der Abschied von Plenskow nicht bevorgestanden hätte, wenn Pavel noch leben würde, wenn der Kindsvater nicht gefehlt hätte, wenn Laure nicht erst sechzehn gewesen wäre ...

Im Oktober nahm Selma zu Marlenes Stolz und Schmerz ihr Studium in Berlin auf. Vielleicht, so hoffte Marlene, könnte Selma bald nach Kiel oder Hamburg wechseln, dann hätte sie es an den Wochenenden nicht so weit zu ihnen. Doch Selma dachte gar nicht daran, die Wochenenden bei ihrer Familie zu verbringen, sie wollte ihre freie Zeit mit verrückten und großstädtischen Dingen füllen, so wie sie sich das Studentenleben vorstellte. Nur dass ihre Nichte Flavia so fern sein würde, trübte diese Aussicht. Am liebsten hätte sie die Kleine einfach mitgenommen.

Für den Umzug kam Selma ein letztes Mal nach Plenskow, und auch Elsa, Jakob und ich reisten an, wofür wir Stunden brauchten, denn die wütenden Novemberstürme hatten Bäume entwurzelt und die Alleen unpassierbar gemacht. Als wir endlich ins Vestibül traten, stapelten sich dort schon die Kisten, und Marlene führte einen Antiquitätenhändler herum, der einen Teil des alten Mobiliars abholte. Auch Elsa und ich sollten uns Erinnerungsstücke aussuchen, aber die Dimensionen unserer Wohnung waren andere – ein Himmelbett passte da einfach nicht hinein. Elsa wollte ohnehin nichts; wie Leichenfledderei käme ihr das vor, sagte sie, aber ich war froh, dass wenigstens der dreibeinige Hocker auf den Rücksitz passte.

Als ich die Wagentür wieder schloss und aufschaute, bemerkte ich die Kinder von Hirschen-Schulze mit zwei etwa gleichaltrigen Freunden. Sie standen breitbeinig auf dem Weg und schienen auf Ärger aus zu sein. Ich wende-te mich ab. Die Umzugshelfer beluden weiter den Lieferwagen, Jakob suchte weiter nach Elmar, der seit Tagen verschwunden war, und Laure schaukelte weiter die weinende Flavia um das Haus. Als ich wieder nach draußen trat, hatte sich die Gruppe am Wegrand um Konsum-Schulze und die beiden Badstübers erweitert. Mir wurde unwohl, als die Menge wie verabredet mehr und mehr Zulauf fand. Wie ein Zerrbild der Versammlung erschienen sie mir, die Hugo von Dredows Abschied so unrühmlich begleitet hatte.

»Wir werden einen Sicherheitsdienst brauchen«, sagte Marlene, die um das Haus zu fürchten begann. Eigentlich sollte es verschlossen warten, bis der oft verzögerte Verkauf an das Pflegemittelpaar endlich vollzogen wäre, doch die Menge da drüben würde es wohl kaum in Ruhe lassen. Marlene bedauerte ein letztes Mal, den Originalzustand des Vorplatzes nicht wieder hergerichtet zu haben – dann wäre das Anwesen jetzt wenigstens spitz und schmiedeeisern umzäunt.

Je näher die Abfahrt rückte, desto mehr drängte sich eine andere Sorge auf: Elmar fehlte. Jakob hatte Stallungen, Gewächshaus und Garten nach ihm abgesucht, er hatte die Pferdewiese und die Felder durchstreift, im Wald seinen Namen gerufen und war zuletzt sogar auf Tiles Sommergrundstück vorgedrungen. Als sich die Abfahrt nicht mehr hinauszögern ließ, tröstete nur Frau Niemanns Versprechen, den Kater bei seiner Rückkehr zu versorgen. Doch Jakob wollte noch nicht aufgeben. Er würde mit uns zurückfahren, denn bis zum Jahresende bliebe er ja noch auf dem Internat, und nun nutzte er die letzten Momente, um den Kater doch noch aufzuspüren.

Schließlich stiegen die Umzugshelfer in ihren Kleinbus und fuhren vom Hof; der Antiquitätenhändler war der nächste. Konrad setzte sich ans Steuer des Lieferwagens, Rita auf den Beifahrersitz, die anderen in den PKW. Als sie vom Hof fuhren, konnte ich ihre Gesichter nicht sehen. Ich wollte ihnen winken, doch unterließ es, als die Plenskower am Weg klatschten und johlten. Als hätten sie gewonnen. Nur Klonski stand reglos wie ein König unter ihnen.

Elsa, Jakob und ich gingen ins Haus. Als die Tür des Hauptportals hinter mir ins Schloss fiel, verriegelte ich sie; Elsa schloss den Ausgang des Wintergartens und zog den Schlüssel ab.

»Eine Flinte wäre jetzt gut«, sagte sie. Wir fegten die leeren Räume, schauten hin und wieder hinaus in den Regen, der den Sturm abgelöst hatte, sahen die Dämmerung kommen und beeilten uns in der unausgesprochenen Übereinkunft, vor Einbruch der Dunkelheit aufzubrechen. Jakob rief noch immer nach Elmar, während ich schon das Wasser aus den Leitungen ließ. Als wir zur Abfahrt bereit waren, war es stockfinster. Auf der Freitreppe fiel mir der Schlüssel aus der Hand auf den Fuß; beim Bücken glitt ich auf dem nassen Stein aus und brach mir das linke Bein.

2002 bis 2003

Plenskow, 3. November 2002

Durch die Scheiben sehe ich ihre Spuren: das Gewächshaus, die Himbeersträucher, den vergessenen Gartenstuhl. Drei Tage ist ihr Aufbruch nun her, und so, wie ich vor Jahren der Erste hier war, bin ich nun der Letzte, dem die Aufgabe zufällt, sich an alles zu erinnern. Marlene denkt ohnehin, ich sei der geborene Chronist, einer, dem nichts entgeht und der sich alles einprägt. Schon früher haben wir dieses Spiel mit der Erinnerung gespielt – sie fragte dann: Wie alt wird Sybille eigentlich? Wo, sagt Frau Niemann, wird der Bärlauch gesät? Glaubst du, dass es Mr Maynard wirklich gibt? Ich hatte auf alles eine Antwort, und zwar, das sei hier einmal festgestellt, die richtige. Nur mit Mr Maynard habe ich mich geirrt, denn es gab ihn.

In all den Jahren gehörte ich zu ihnen wie ein dienstbarer Geist, war zugegen, wenn sie feierten und wenn sie stritten und galt ihnen zu wenig, als dass sie viel vor mir verborgen hätten. Niemand könnte geeigneter sein, unsere Zeit in Plenskow aufzuzeichnen. Doch auch meinem Gedächtnis traue ich nicht in dem Maße, dass ich glauben könnte, es würde die Geschehnisse so vieler Jahre getreu den Tatsachen und in der richtigen Reihenfolge herausgeben. Ich kann nur ahnen, wie viel es vortäuscht und vermischt. Manches, was ich abrufen möchte, zeigt sich nur in blassen Bildern, während mir das, was ich gern vergessen würde, allzu deutlich vor Augen steht.

Viel Mobiliar ist nicht geblieben, nur Tisch, Hocker und zwei moosgrüne Sessel, von denen ich die Katzenhaare abgesammelt habe, die einzigen Spuren des Katers, der verschwand, als hier das Kistenpacken begann. Eine Matratze habe ich mitgebracht und an den Ofen geschoben. So ist mein Leben wieder provisorisch geworden. In den Stallungen stapelt sich das Brennholz, mit dem ich das Haus über dem Gefrierpunkt halten werde. Indes wird mir die Axt in meinem Zustand nichts nützen, aber so manches Ding gewinnt an Wert: der Werkzeugkasten, das Luftgewehr, die elektrischen Kochplatten. Zu diesen Dingen gehört auch ein neues Schreibgerät, ein Laptop, an den ich mich noch gewöhne; das Schreiben selbst geht gut, doch die Angst, plötzlich alles Notierte zu verlieren, lässt mich nicht los. Ich werde Elsa bitten, mir Disketten zu schicken, um Sicherungskopien anfertigen zu können. Ich schreibe gern, besonders wenn ich dabei rauchen kann; gleich jetzt zünde ich mir eine Zigarette an und genieße, dass Ritas Einwände mich nicht erreichen. Ich schreibe gern, das räume ich ein, weil ich Menschen gegenüber manches nicht ausdrücken kann, das Schreiben aber lässt mir Zeit zwischen einer Äußerung und ihrer Ankunft beim Empfänger. So denkt es sich aufrichtiger, denn ich weiß: Ich kann alles noch vernichten, was doch niemand erfahren soll. Und mir gefällt, wie umständlich der Vorgang ist, Wort für Wort zu buchstabieren, so langsam und schabend, dass es einen ganz munter macht. Schaue ich auf, um die Asche abzuklopfen, sehe ich die Reihen der schimmernden Regentropfen auf den Zweigen in großer Schärfe, sehe dem vergeblichen Versuch der Wiederbelebung der toten Blätter zu, und habe Geduld bis zum Frühjahr.

Das Klackern der Tastatur klingt im leeren Raum, als würden die Wände flüstern, und April stellt die Ohren auf, wie um zu verstehen. Der Salon duftet nach den Äpfeln, die in der Ofenröhre schmoren, und trotz meines Missgeschicks bin ich froh, an diesem Ort zu sein, hier, wo ich gesund werden, Kraft schöpfen und endlich Klarheit finden kann.

4. Dezember 2002

Die Untätigkeit, zu der mich der Krankenstand zwingt, macht mich zur leichten Beute schwerer Gedanken. Also teile ich die Tage genau ein, April gibt den Takt vor, weswegen wir dreimal täglich hinausgehen – für mich muss ich sagen: Ich fahre, weil ich erst nächste Woche auf den Gehgips hoffen kann. Bei jedem Wetter suchen wir morgens, mittags, abends wenigstens den Friedhof auf, wobei »jedes Wetter« tiefhängende Wolken meint, aus denen es mal nieselt, mal regnet, mal dürftig schneit, als wolle die Zeit zu einem immerwährenden November verschwimmen.

Ich füttere die Öfen, Hund und Kater – der eines Morgens zerzaust auf dem Fenstersims saß –, doch mich selbst zu versorgen, fällt unter diesen Umständen am schwersten. Obwohl Frau Niemann manchmal ihre Vorratskammer für mich öffnet, bin ich hauptsächlich auf das Angebot eines Lieferdienstes angewiesen, der Plenskow an Donnerstagen ansteuert. Beim Kochen fühle ich mich wie eine Hausfrau in Zeiten der Not, bin erfindungsreich im Kombinieren schlechter Zutaten geworden und sehne mich so sehr nach frischen Lebensmitteln und unserer großen Küche, dass ich nachts von beladenen Marktständen und Sternerestaurants träume. Doch ich bin nicht hier, um mich aufzugeben, daran erinnere ich mich beim Zubereiten und nehme es ernst.

Ich bin hier, um mein Erinnerungswerk zu schreiben, das mich aufwühlt und schmerzt. Mein Vorhaben hat sich längst als zu groß erwiesen, mir fehlen Notizen, Kalender und Fotos. Die Zeit gerät mir durcheinander. Ereignisse verlagern sich in falsche Jahre, gewinnen oder verlieren an Bedeutung, und die des Dorfes haben sich ja ohnehin im Verborgenen abgespielt, außerhalb unserer Hörweite. Ganz zu schweigen von der Vergangenheit des Gutes, die im Dunkeln liegt und nur aus zweiter Hand zusammenzusetzen wäre, was ich anderen überlasse, Herrn Tile zum Beispiel, der sich um eine gesicherte Geschichtsschreibung bemühen mag. Unnötig zu sagen, dass die Leichtigkeit der ersten Seiten längst dahin ist. Auch rauche ich nicht mehr im Salon, aus Überlebensgründen. Den Aschenbecher habe ich in den Wintergarten verbannt, wo ich die Tür öffnen und frierend in das ärmliche Licht schauen muss; das bewahrt mich vor dem Kettenrauchen.

Die beiden Tiere leisten mir Gesellschaft, eine Schar Meisen ist dazugekommen, die hier nach Futter sucht. Ich hänge ihnen fette, mit Sonnenblumenkernen gespickte Kugeln in die Apfelbäume, denen sie munter zusprechen. Manchmal dringen Menschen in meine Einsiedelei. Gestern waren es Jakob und Elsa, die mich bemitleideten und mir einen Gefallen taten, als sie endlich von sich selbst erzählten: was sie erleben, was sie beschäftigt. Elsas Praxis kann bald öffnen, und Jakob wird nach den Weihnachtsferien das Internat verlassen, um seiner Familie zu folgen. Davon habe ich ihm abgeraten, nicht nur Aprils wegen, die ihn vermissen wird, sondern weil ich aus eigener Erfahrung weiß, welchen Kummer die Anhänglichkeit an die Familie bringt.

29. Dezember 2002

Zu Weihnachten brachte Elsa einen Plumpudding, der armselig schmeckte, doch ihre Gegenwart tat gut. Dass sie mich in meiner Einsamkeit nicht vergisst, rechne ich ihr hoch an. Zumal ich immer unerträglicher werde. Die Komplikationen mit dem Knöchel schlagen mir ebenso aufs Gemüt wie das Bohren im Versiegten und Verflossenen. Obwohl ich Elsa weißzumachen suche, dass ich hier nur ausharre, um das Haus vor Schaden zu bewahren, obwohl ich ihr Rechenschaft darüber ablege, wer wieder über das Grundstück geschlichen ist und wie oft ich in die Stallungen humpele, um Holz für die Öfen zu holen, hat sie mein wirkliches Anliegen längst erraten, erwähnt es mit keinem Wort und lässt mich stillschweigend gewähren. Gerade ist sie abgefahren: angeblich, um ihre Schwester zu besuchen, aber wohl eher, weil ich ihr im Augenblick zu gallig bin.

Dies sind die Raunächte. Wie Marlene schaue ich bang auf meine Träume, ob sie auch nichts Tragisches verheißen, und jeden Morgen bin ich froh, wenn sich kein hypochondrisches Geschehen manifestiert hat. Letzte Nacht träumte ich von Wachstumshormonen im Regenwasser und wachte mit ungewohnter Leichtigkeit auf. Als ich aus dem Bett sprang, rief sich mein linkes Bein schmerzhaft in Erinnerung, die Hochstimmung sank wieder, aber zum Glück nicht auf den Nullpunkt, denn als Winfried Tile an die Scheiben klopfte, konnte ich ihn leidlich heiter empfangen und mit Tee bewirten.

»Ich sehe nur einmal nach der Datsche, nicht wahr?«, sagte er. »Und du? Schaust du auch nach dem Rechten?«

»Ich lasse hier mein Bein ausheilen«, antwortete ich und zeigte auf den Gips, »und schreibe eine Art Familienchronik.«

»Oh.«

»Was macht dein Buch zum Fresko?«

»Es ist kein Fresko.«

»Was macht dein Buch zum Wandbild?«

»Nicht nur zum Bild! Es geht ja um die ganze von Dredow'sche Linie, ihre Hintergründe, ihre Haltung zur bildenden Kunst. Dem Wandbild sind drei Kapitel gewidmet. Manuskript und Bildmaterial sind fertig, aber noch habe ich keinen Verlag; sie glauben alle nicht an den Verkaufserfolg, diese kleinmütigen Krämer. Nur Heidrun glaubt daran, oder sagen wir: Sie wünscht den Erfolg, nicht wahr?« Gedankenverloren nahm er sich eine Zigarette aus meinem Päckchen und steckte sie sich an. »Sonst bringe ich es im Selbstverlag heraus.«

»Hoffentlich sagt bald ein Verlag zu. Es selbst zu publizieren, wäre doch schade.«

»Warum schade? Goethe, Tolstoi, Schiller, die waren alle mal Selbstverleger. Oder die Exilliteraten! Es ist eine gute Tradition, zumal man hier bis 89 die besten verbotenen Sachen überhaupt nur abseits der Verlagsproduktion bekam. Du erinnerst dich, nicht wahr?« Herr Tile sah sich suchend um.

»Der Aschenbecher ist im Wintergarten«, sagte ich.

Er holte ihn und stellte ihn zwischen uns auf den Hocker.

»Ich möchte mit dem Rauchen aufhören«, erläuterte ich, »deswegen mache ich es mir ein bisschen schwerer.«

»Ja, man wird ganz kurzatmig davon«, stellte er fest und zog an seiner Zigarette. »Du solltest deine Familienchronik auch herausbringen. Gibt es denn Neues von den Wanders?«

»Wir haben zu Weihnachten telefoniert. Sie sind ziemlich beschäftigt. Alles neu dort für sie.«

Er nickte und stand auf. »Dürfte ich vielleicht einen kurzen Blick auf das Wandbild werfen?«

»Nur zu«, sagte ich. Und erschrak, als er Stunden später wieder im Salon stand. Ich hatte ihn vergessen und gerade nach Eremitenart mit mir selbst gesprochen.

6. März 2003

Seit Weihnachten habe ich kaum an meiner Chronik geschrieben, war auch nicht durchgängig im Haus und habe den Kater und die hungrigen Meisen zeitweise Frau Niemann überlassen. Elsa hatte meinen alten Wagen gegen einen neueren mit Automatikgetriebe ausgetauscht, sodass sich mein Radius plötzlich vergrößerte. Meine erste Fahrt ging zur Eröffnung ihrer Praxis. Ich bin froh, dass sie diesen Schritt gegangen ist und dass sie mit der Auswahl der Sprechstundenhilfen bessere Menschenkenntnis bewiesen hat als Konrad hier. Die ganze Unternehmung stimmt mich zuversichtlich.

Auch das Röntgenbild meines linken Unterschenkels gab Grund zur Zuversicht, und bald nach dem Gehgips kam eine Schiene – bei diesem Übergang habe ich mir geschworen, nicht mehr zu rauchen. Seitdem gilt es, die Langeweile der Physiotherapie zu ertragen, die schon erste Wirkung zeigt: Ich laufe täglich etwas weiter. Wenn ich hier in Plenskow bin, besorge ich die Lebensmittel auf den Wochenmärkten ringsum und koche wieder besser. Wann immer ich Frau Niemann zum Essen einlade, ist sie darüber erstaunt, auch wenn es nun schon oft der Fall war. Sie isst sehr wenig, hat überhaupt etwas Entschwindendes an sich, etwas Unstoffliches, und nichts ist herauszufinden über ihr Leben, ihre Vergangenheit, ihre Hoffnungen. Wir sprechen über die Wanders, an deren Schicksal sie viel Anteil nimmt, doch nicht darüber, wie sie nach Plenskow gekommen ist, ob sie je mit einem Mann zusammen war, ob sie einen Beruf gelernt oder studiert hat. Alice, wie ich sie seit Kurzem nennen darf, gibt nichts preis. Sie fragt nur. Wie steht es mit deinem Vorsatz, das Rauchen aufzugeben? Da will ich nicht sagen müssen: schlecht, und das hilft mir in schwierigen Momenten.

In der letzten Woche waren zwei Sendungen in der Post: erst das Buch von Herrn Tile. Er hat es selbst drucken lassen, und ich muss anerkennen, dass die Reproduktionen der Wandmalerei sehr gelungen sind, besonders in den Details, die großformatig und fast farbgetreu mehr offenbaren als der notgedrungen fernere Blick auf das Original. Nun erst habe ich erkannt, dass das fragliche rote Ding ein Taschenspiegel ist. Tile zufolge ist es allerdings ein Totenschädel, ein *Memento mori*, was er sehr gelehrt belegt, worin ich ihm aber trotzdem nicht zustimmen mag. Er hat ausführlich recherchiert, und ich bin froh, dass er die Lücke schließt, die ich mit meinen unvollständigen Berichten gelassen habe. Die Lektüre seines aufschlussreichen Werkes sei all jenen Lesern und Leserinnen empfohlen, die sich nicht von einem trockenen Historikerstil abschrecken lassen und denen die Kulturgeschichte des mecklenburgischen Landadels als ein Thema von äußerster Relevanz erscheint. (Winfried Tile: »Von Dredows in Mecklenburg 1298–1945. Ökonomie, Kultur, Pferdezucht«. Das Buch hat 180 Seiten mit zahlreichen farbigen Abbildungen und kostet € 29,95.)

Heute die zweite Sendung: endlich ein Brief von der Nordsee, geschrieben von Selmas Hand. Ich lege ihn diesen Aufzeichnungen bei.

3. März 2003

Lieber Niketsch,
Dein Brief hat uns über alle Maßen gefreut. Endlich Nachricht! Wir können uns das alte Haus wunderbar als Sanatorium für einen einzigen Patienten vorstellen. Wie traurig, dass es bald ein schnödes Hotel sein wird – der Kaufvertrag ist schon so gut wie unterschrieben, und dann ist es aus mit

dem Idyll. Ich bin gespannt, was die Konsum-Schulze zu den neuen Plenskowern sagt; schade nur, dass sie ihnen keine abgelaufenen Quarkpackungen mehr verkaufen kann ...

Aber Schluss mit den Gemeinheiten. Du willst sicherlich wissen, was wir hier so machen. Ich habe übers Wochenende das getan, was man »nach Hause fahren« nennt, und ein paar sehr vertraute Menschen und Dinge rechtfertigen diese Bezeichnung wohl. Am meisten Freude bereitet mir allerdings eine noch nicht so vertraute Person: Flavia, the joy of my old days. Laure ist im Liebesrausch, und Marlene dreht durch, wenn sie ihrer Enkelin ansichtig wird. Es läuft darauf hinaus, dass Flavia in einem Paralleluniversum aufwächst, in dem es keine unerfüllten Wünsche gibt.

Hier übrigens eine Neuigkeit, die Dich freuen wird: Flavias Vater ist da. Und das kam so. Carlos, so heißt er, wechselte, kurz nachdem Laure ihm verfallen war, seine Arbeitsstelle, war fortan nicht mehr Barmann in Pub A, sondern Barkeeper in Pub B, und weil der Wechsel nicht ganz freiwillig gewesen war und weil man sich nicht ganz im Guten getrennt hatte, leitete Pub A Laures Briefe nicht weiter. Eine andere Adresse hatte sie nicht. Dass er selbst auf die Idee kam, nach ihr zu suchen, hat andere Gründe, die sein und ihr Geheimnis sind, hinter das ich bei Gelegenheit kommen werde (dann verrate ich es Dir). Er hatte es natürlich leicht, sie zu finden, muss schon eine ganze Weile die Strick- und Einkochanleitungen auf Laures Weblog verfolgt haben, ehe er hier vor der Tür stand. Ich kannte ihn ja schon aus New York, meiner lieben Mutter aber blieb fast das Herz stehen, als sie ihn erblickte.

Jetzt erklärt sie jedem, Carlos sei eine Mischung aus Johnny Depp und dem ganz jungen Johnny Depp. Du wirst es nicht glauben, doch selbst Laure ist von Carlos ziemlich überwältigt, denn in der Zwischenzeit hat sie sich ihn aus naheliegenden Gründen ein bisschen hässlicher gedacht, als er tatsächlich ist. Am allermeisten überwältigt aber war er selbst, denn er konnte ja nicht ahnen, dass er in der Zwischenzeit Vater geworden war, und zwar nicht irgendein beliebiger Vater, sondern der des drolligsten Kindes weltweit. Flavia, die sich momentan allen Menschen gegenüber äußerst aufgeschlossen zeigt und jedem, der nicht schnell genug weg ist, brabbelnde Vorträge hält, ist von Carlos sehr angetan und nennt ihn Balu, was seiner Vaterliebe einen zusätzlichen Schub gibt. Wenn die Badesaison beginnt, hat er gute Chancen, hier eine Stelle zu finden. Laure bringt das etwas durcheinander, aber mich würde es sehr glücklich machen, wenn sie Flavia doch noch zusammen großziehen könnten. Nicht, weil ich allzu gediegenen Familienidealen anhängen würde, das fehlte noch!, sondern weil die Melange aus Mutter, Übermutter und Urübermutter Flavia dauerhaft nicht bekommen kann, es sei denn, das primäre Erziehungsziel bestände darin, sie zu einer Prinzessin zu machen, die sich für den Nabel der Welt hält. (Ritas erklärter Albtraum.)

Ach, und dann hat die liebe Laure natürlich Pläne, nicht zur schleunigen Umsetzung, aber zur künftigen. Seit Alischa Zwist ihr eine Liste von Musikhochschulen geschickt hat, will sie sich auf die Aufnahmeprüfungen vorbereiten und hat dafür schon eine Gesangslehrerin engagiert, die zwar doppelt so viel Geld nimmt wie Alischa, dafür aber nur halb so gut ist. Aber es ist ja nur für den Übergang. Eine dieser Hochschulen steht in Berlin; drück mir die Daumen, dass es dort klappt, damit ich mich als vollkommene Tante bewähren kann.

Zurück zum Thema Behausungen. Meine Mutter scharrt schon mit den Füßen. Sobald das Gutshaus verkauft ist, will sie zuschlagen, denn sie hält das Leben in einer engen Dienstwohnung nicht gut aus. Du kennst sie ja: Ohne Residenz kann sie nicht ordentlich residieren, und dann ist sie nur halb sie selbst. Sie behauptet natürlich, dass sie nicht etwa für sich ein Haus benötigt, sondern für uns, damit wir, wenn wir in alle Winde zerstreut sind, immer einen Ankerplatz haben, ein Zentrum zum Zurückkehren. Da wäre etwas dran, wenn das Haus, das sie im Blick hat, sich beim nächsten Sturm nicht selbst in alle Winde zerstreuen würde, denn die pittoresken hölzernen Planken, mit denen es verschalt ist, sind mindestens so alt wie das Menschengedenken. Ihr Café will sie dort vernünftigerweise nicht eröffnen, das gehört an die Strandpromenade. Am 1. Mai ist es so weit. Sie rechnet mit so viel Laufkundschaft, dass es keine Feste mehr geben wird, das zumindest hat sie bis gestern behauptet; heute dagegen erschien es ihr denkbar, wenigstens zum Holdertag ein paar Hollerküchel zu backen. Das ist der Anfang vom Ende, sage ich Dir, es wird hier alles so weitergehen wie gehabt, und bald steht ein Maibaum auf dem Sand … Mir ist das recht, ich habe die Feste immer gemocht und kann mir das Leben ohne sie nicht vorstellen.

Konrad sehe ich nur abends, und auch dann nicht immer. Er ist hier sehr gefragt, die Praxis läuft wie am Schnürchen, zumal der alte Herr Doktor seine Sprechstundenhilfe dagelassen hat, den Quotenmann in diesem Beruf, Herrn Ohlstedt. Er ist das, was man einen guten Geist nennt. Laure nennt er Fräulein, und sie tröstet sich damit, dass Flavia diesen Titel bald erben wird. Flavia liebt Herrn Ohlstedt sehr, aber am meisten liebt sie die Nordsee und ist immer sehr verwundert, wenn sie hinter der Strandpromenade nicht auftaucht. Für mich ist das auch etwas merkwürdig: Warum fährt man an einen Badeort, an dem die Hälfte der Zeit das Meer fehlt? Ist das Wasser da, sind Flavia und ich aber sehr zufrieden mit allem, was es hier zu sehen und zu entdecken gibt.

Nächste Woche erwarten wir Besuch, dann komme ich gleich wieder her, und auch Konrad muss sich wieder öfter zeigen. Es handelt sich nämlich um seine leibliche Schwester Agnes mit Frau, die sich zu Flavias Ehren über den Teich bequemen. Aber das weißt Du ja sicher schon. Vielleicht, wenn die Zeit reicht, fahren sie auch nach Plenskow zu Pavels Grab.

Ich denke gern an Plenskow. Die muffigen Einwohner habe ich schon fast vergessen, nur wenn mir der Geruch von faulendem Seetang in die Nase steigt, fallen sie mir ein. Ich glaube, ich brauche gar keinen bestimmten Ort zum Glücklichsein. Wir haben wohl alle die Lektion gelernt, dass so ein adeliges Haus ein ziemlicher Klotz am Bein ist. Oh Hilfe! Jetzt klinge ich schon so altklug, wie Rita es mir zeitlebens vorgeworfen hat … Also schnell das Thema gewechselt. Rita! Rita hat sich bestens eingelebt. Ihr aktuelles Projekt besteht darin, ihre Lebenszeit zu verlängern, um Alice Niemann zu überdauern. Dafür ist sie sogar für ein paar Tage in ein Hospital gegangen und nimmt nun brav ihre Pillen, stell Dir vor! Das Merkwürdigste aber ist, dass sie sich täglich mit einer Sportart verausgabt, die dem Wandern gleicht, aber Nordic Walking heißt, und die sie nicht allein, sondern mit ihrer Seniorenclique betreibt. Die hat sie im Chor kennengelernt.

Lieber Niketsch, nun habe ich Dir lang und breit von uns geschrieben und noch gar nicht nach Dir gefragt. Warum zum Teufel kommt Ihr nie her, Du und Elsa? Was ist los? Es hieß, Ihr solltet längst hier sein und Elmar bringen. Aber vielleicht hast Du auch genug von uns und willst mal Dein eigenes Ding machen? Nein, ausgeschlossen! Von uns kann man nie genug haben! Jakob wartet übrigens auch schon auf Deine Ankunft, denn seine Mathenoten sind verheerend. Er beruhigt sich damit, dass Entbindungshelfer keine höhere Mathematik beherrschen müssen. Aber ehrlich: Er vermisst Dich wirklich sehr, Dich, Elsa und April.

So, und nun lass Dich von den ganzen versammelten Ladys grüßen, und natürlich auch von den anwesenden Gentlemen. Flavia quiekt Dir etwas zu, das etwa klingt wie bla-bla-bla, und winkt. Gut, dann winke ich auch.
Adios, Niketsch, lass von Dir hören.
Deine Selma

15. März 2003

Am Morgen trat ich in den Garten und fühlte den Frühling kommen. Der Wind trieb mildere Luft und die ersten Kiebitze vor sich her, der Boden unter meinen Füßen war nass vom geschmolzenen Schnee, und April raste in wilder Freude durch die ausgedehnten Pfützen. Nebenan öffnete Herr Tile die Fensterläden zu seinem Sommerhaus.

Gestern der Anruf von Marlene – das Gutshaus ist jetzt in das Eigentum des Pflegemittelpaares übergegangen. Nun also packen und den Kater finden, der sich versteckt hält, als wollte er lieber bleiben, und warum sollte er nicht. Vielleicht, falls doch noch ein Nachtfrost kommt, das Wasser aus den Leitungen lassen und den Salon in Ordnung bringen.

So geht meine Schwebezeit zu Ende. Ich werde mein solides Leben wieder aufnehmen, es reanimieren, um endlich nach Kräften das Beste daraus zu machen: das Leben mit meiner großzügigen Frau, der ich von jetzt an ein zuverlässiger Begleiter sein werde; mit dem fordernden Klinikalltag, meinem glücklichen Wirkungsfeld; mit mir selbst, Nikita, Niketsch, Nick, für dessen Glück ich fortan die Verantwortung tragen will. Jetzt, da mir die alten Verstrickungen entknotet scheinen, wird es leichter auf meinen Schultern.

Am Nachmittag drehten April und ich eine letzte Runde durch das Dorf. Wir gingen die Straße hinunter, wo Klonski zum Gruß leicht seinen Hut hob, lenkten unsere Schritte auf den Friedhof, um Abschied zu nehmen von denen, die bleiben, von Pavel und dem alten Badstüber. Der Wind frischte auf, der Wetterhahn auf der Kirchturmspitze justierte sich quietschend. Wir zogen weiter in den Niederweg, wo Alice Niemann die Tür öffnete und den Schlüssel für das Gutshaus in die Schatulle legte, wo sie schon viele verwahrte. Einige benannte sie mir: Kirche, Haus des alten Badstübers, Nägelhof. Sie stimmte zu, sich des entlaufenen Katers anzunehmen, ohne Zögern und mit einem so hellen Blick, als würde ihr diese Bitte Freude machen. Sie winkte uns nach, bis wir im Windschatten am Graben innehielten und in die unerhörte Weite blickten, die uns und unser Schicksal so klein macht. In der Tasche fühlte ich nach dem Schlüssel des Gutshauses, den Marlene mir einst schenkte, der rechtmäßig mein ist und bleiben soll.

Auch meine Chronik geht zu Ende. Zu Hause werde ich diese lückenhaften Erinnerungen ausdrucken, und wenn der Blätterstapel verschnürt ist, werde ich ihn in den braunen Umschlag legen, der bereits an Marlene adressiert ist. Vielleicht liest in zehn oder zwanzig Jahren einmal jemand meine Aufzeichnungen, Flavia vielleicht, wenn sie größer geworden ist, oder Marlene auf der Suche nach einer verlorenen Erinnerung. Für Selma lasse ich die Stellen stehen, die ihr einen zweiten Vater geben.

Doch jetzt werde ich das Gepäck in den Wagen bringen und ihn auf den Feldweg fahren. Dann werde ich das Hauptportal sorgfältig verschließen, auf die Stufen der Freitreppe achtgeben und wie Hugo von Dredow den

Vorplatz abschreiten – April wird merken, wie mir zumute ist, und leise winseln – und ganz zuletzt werde ich mich noch einmal umschauen. Das Haus wird wie eh und je in den Himmel ragen, und der Nussbaum wird auch ohne uns in jedem Jahr seine Zaubernüsse in den Garten werfen.

Bibliografische Information der Deutschen Nationalbibliothek:
Die Deutsche Nationalbibliothek verzeichnet diese Publikation
in der Deutschen Nationalbibliografie;
detaillierte bibliografische Daten sind im Internet über
http://dnb.dnb.de abrufbar.

ISBN 978-3-948049-08-9

Gerichtsweg 28 · 04103 Leipzig
www.editionüberland.de

Die Originalausgabe erschien 2018 bei
BoD – Books on Demand, Norderstedt.

Umschlaggestaltung: atelier anita wertiprach
Abbildung auf dem Umschlag: ti.Na / photocase.de
Lektorat: Kirsten Gleinig
Layout und Satz: Barbara Brendel
Herstellung: Phillip Hailperin

Druck und Bindung:
Beltz Grafische Betriebe GmbH, Bad Langensalza

Printed in Germany

Bei edition überland erschienen

Barbara Handke
Sommergäste. Erzählung

144 Seiten
leinengebundenes Buch mit Fadenheftung
ISBN 978-3-948049-01-0

Hubert und wie er die Welt sieht

Wie jedes Jahr beginnt mit dem Sommer die Verwandlung des Hauses von Hubert und seiner Mutter in eine Pension: Die Zimmer bekommen Nummern – von 1 bis 3 – und die Sommergäste reisen einer nach dem anderen in die kleine Pension am Kolk. Während sie die Tage im Garten oder am Meer verbringen, beobachtet Hubert das Geschehen. Aber trotz aller Routine ist in diesem Jahr etwas anders als sonst: Huberts Mutter lässt nichts unversucht, um ihn unter die Haube zu bringen. Dass Hubert dafür absolut keine Notwendigkeit sieht, macht das Leben für ihn nicht leichter.

Barbara
Handke
Pension
Sommergäste
ERZÄHLUNG
edition
überland